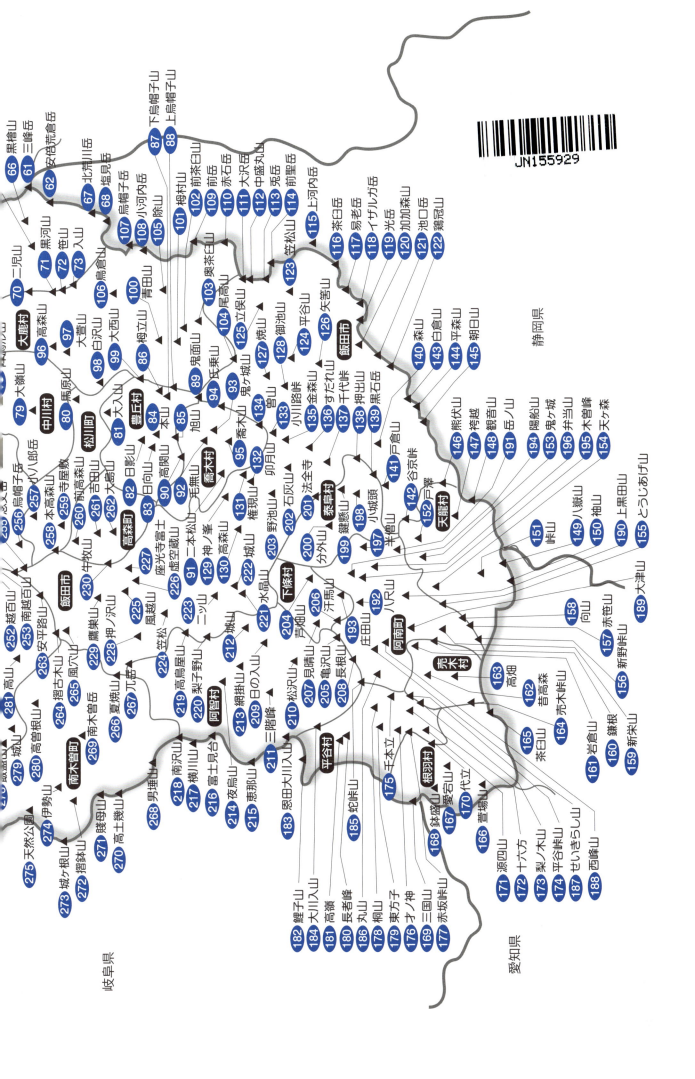

新版 信州の山

ほぼ全山掲載！ 南部

誰でも知っている里山から
マイナーな里山そしてアルプスまで網羅！

初心者からベテランまで役立つ、アプローチから山頂までのイラスト登山地図

326山

宮坂七郎

中央アルプス宝剣岳と伊那前岳

玉川ホトトギス

とりかぶと

赤と白の森

黄金の唐松林

雷鳥

信毎書籍出版センター

南アルプス鋸岳山頂付近

はじめに

　2013年に初版『信州の山』を出版した後、他の方の出版された本が気になりしばらく本屋さんに通いました、有名な山々の登山本は沢山出版されており、その種類の多さときれいな本に驚き、そんな中で、自分の本を恥ずかしく思ったものでした。

　里山でも地元の人しか知らない山やマイナーの山となると、的確な情報本はほとんど有りませんでした、昨今はヤブコギ山やルートファインディングする山の三角点を目指して冒険する人（以降この本ではピークハンターと呼ぶことにします）がいるのだと気が付きました。ならばきれいな本と言われなくても実用で役に立つ絵地図を本にし、他本と差別化しようと思い立ちました。

　アルプスから里山、更にピークハンター向きの山まで…結局信州の山全部を絵地図にし情報を提供しようと言うことです。但し無雪期に行ける山（積雪期はヤブ山も行けます）が条件です。

　登るか登らないかはご本人が決めれば良いことです。ヤブコギが強烈で諦めた山も数山有ります。

　ピークハンターが行く山はリスクが高い（一番は道迷い）ところも有ります。本に書いてあったからではなく、あくまでご自身の目と勘で判断し行動して頂き、この本は参考資料として自己責任で登山して下さい。筆者が歩いていない山やルートは掲載しておりません。実際に歩いたわけですから問題は無いと思いますが、責任は負いかねます。

　ピークハンターは、それなりに経験豊かでナビや装備、危険な状況の対処については心得ていると思います。また言わずとも地形図が読める人だと思います。

　山行は山頂だけにあらず、周辺のアプローチに有る神社仏閣・天然記念物・美術館・歴史博物館・郷土資料館・公園・池・城跡・名勝・温泉等セットで山行としたら楽しみ方も倍になります。

　この本はできる限りその情報を掲載いたしました。是非時間に余裕をもって下山後は見学等もしてみてはいかがでしょうか。

　信州の山も全体では、1000山を超えると推測します。その情報を本にするとなると分割して出版しなければなりません。

　どのように分割するか迷うところですが、天気予報で使う区分け方法で長野県北部・中部・南部と3区に分けることにしました。

　この本は新版『信州の山』として、南部で326山の登山口とルート及びコースの説明を絵地図にしました。

　情報を得たい山は今年（2017年）1年で終わる予定ですが、なにせ家内企業は一人で原稿を作成するものですからその準備に時間がかかりますので、中部の山は来春（2018年）北部は2018年か2019年に出版する予定です。

　心配なのは健康と資金源です。宜しくお願いいたします。

この本の見方

一覧表

- ●**山番号**…長野県を3分し南部の山は1〜326番まで、通し番号をつけました。
- ●**山岳名**…国土地理院の2万5千分の1の地形図を優先しました。
- ●**読み方**…国土地理院のデーターを優先しました。
- ●**標　高**…国土地理院地図の表示に対して、原則小数点以下切捨ててありますが、0.9の場合は切り上げて有ります。数値の誤差は概ね1M以内です。
- ●**登山口アプローチ等周辺の見どころ**…山頂の展望以外に、登山口までのアプローチや登山道等の面白いところ（公園・文化財・伝説・花の群生・池・滝・名勝・歴史等）をワンポイントで記載、コースが複数ある場合は原則往復時間の最短コースを記載しています。
- ●**難　度**…難易度のこと：主観的ですから参考程度に見てください。最高点を5点として、コースが複数ある場合は往復時間の最短コースで体力度・危険度（岩場・鎖場・道迷い・やぶこぎ）・技術度（ルートファインディング・特別装備要）等を総合してつけてあります。コースによって難易度は違ってきます。
- ●**所在地**…山頂の所在地で、長野県側の市町村について記載してあります。
- ●**山頂展望**…山頂の展望が360度絶景である場合は、◎で表してあります。以下
  - ○：山頂の展望が90度以上ある場合。
  - △：山頂の展望が少しでもある場合
  - －：山頂の展望が全くない場合。
- ●**途中展望**…山頂の展望は無くても登山口から山頂までの間の展望状況を、上記の山頂展望と同様の記号で表して有ります。展望状況も樹木の成長など経年変化で変化します。
- ●**往復時間**…マイカー・ゴンドラ・スキーリフト・バス等を利用。コースにより徒歩での往復時間は違ってきますが、最短コースの時間を記載して有ります。休憩時間は含まれません。あくまで参考時間です。
  まれに往復時間ではなく、周遊時間を表示の上で記載して有る場合があります。
  往復時間の0とは、山頂までマイカー等交通インフラを利用し、行ける意味です。

- ● 絵地図の情報は2017年4月現在のものです。経年などの理由により、変更されることがあります。
  　例えば、マイカーが通れた林道が侵入禁止になったり、登山口の標識が朽ちはてて無くなったり、道があったはずが薮になり、通れなくなったりすることがあります。またその逆もあります。登山道が開いたり、林道がマイカーで入れたり、薮刈りをして道ができたり等々。
  　情報の変化による事故等は責任を負いません。事前に十分な確認が必要です。
- ● 情報は雪のない時期を前提としています。

信州の山　南部326山　一覧表

◎ 山頂の展望が360度の山

山番号	山岳名	読み方	標高(m)	山頂展望	途中展望	登山口アプローチ等周辺の見どころ	難度	所在地	往復時間
1	山形村のてっぺん	やまがたむらのてっぺん	1748	－	△	♥清水寺・スカイランド清水♨温泉	1	山形村	1:30
2	朝日村の城山	しろやま	871	－	－	武居城公園	1	朝日村	0:25
3	長興寺山	ちょうこうじやま	953	△	○	歴史の里資料館	2	塩尻市	1:05
4	塩尻市の上野山	うえのやま	918	－	○	権展望台	2	塩尻市	1:20
5	上ノ山展望広場	うえのやまてんぼうひろば	868	○	－	城跡	1	塩尻市	0:45
6	鳴雷山	なるかみやま	1092	－	－	平出遺跡・泉	1	塩尻市	1:25
7	霧訪山	きりとうやま	1305	◎	○	たまらずの池	2	塩尻市	1:25
8	大芝山	おおしばやま	1210	－	△	カタクリ	2	塩尻市	1:40
9	尖剣山	せんけんやま	1181	－	－	本山そばの里	2	塩尻市	2:00
10	からたきの峯	からたきのみね	1858	○	△	木曽義仲の宿木	4	塩尻市・朝日村	4:00
11	朝日村の鉢盛山	はちもりやま	2447	○	○		3	松本市・木祖村・朝日村	3:40
12	塩尻市の若神子山	わかみこさん	1508	△	○	若神社、カタクリ	2	塩尻市	3:50
13	穴倉山	あなぐらやま	1365	○	－	三十六童子の石仏	2	辰野町	2:20
14	辰野町の城山	しろやま	876	○	○	龍ヶ崎公園	1	辰野町	0:40
15	大城山	おおじょうやま	1027	○	－	日本中心0ポイント	1	辰野町	1:05
16	楡沢山	にれさわやま	1249	－	－	のろし台	2	辰野町	1:30
17	近江山	おうみやま	1447	△	○	萱葺の館・四季の森	2	辰野町	2:00
18	長畑山	ながはたやま	1612	△	△	横川ダム公園	3	辰野町	4:00
19	桑沢山	くわさわやま	1538	△	－	長田の湯	3	辰野町・箕輪町	1:20
20	坊主岳	ぼうずだけ	1960	◎	○	奈良井ダム	3	塩尻市・辰野町	5:30
21	辰野町の大滝山	おおたきやま	1737	－	－	蛇石・三級の滝	3	辰野町	7:00
22	仏谷	ほとけだに	2184	－	－	奈良井ダム	4	塩尻市・辰野町	8:00
23	経ヶ岳	きょうがたけ	2296	－	◎	仲仙寺　Cコース	4	南箕輪村・辰野町	6:30
24	黒沢山	くろさわやま	2127	△	△	ブナの大木	4	南箕輪村・塩尻市	6:55
25	権兵衛峠	ごんべえとうげ	1523	△	△	駐車場絶景	1	南箕輪村・塩尻市	0:05
26	権兵衛無線中継所	むせんちゅうけいじょ	1806	○	○	権兵衛峠駐車場絶景	2	南箕輪村・塩尻市	1:15
27	小式部城山	こしきぶじょうやま	1120	△	－	城跡	1	箕輪町・辰野町	1:50
28	花戸屋	はなとや	1241	－	－	秋のもみじ湖絶景	2	箕輪町	2:40
29	守屋山	もりやさん	1650	◎	○	5コース有り	2	諏訪市・伊那市	2:30
30	三ッ峰	みつみね	1391	－	－		1	諏訪市・箕輪町	1:30
31	萱野高原	かやのこうげん	1200	○	△	福与城跡	1	箕輪町	0:15
32	野口の春日城址	かすがじょうし	905	－	－	城址	1	伊那市	0:25
33	手良の水無山	みずなしやま	1237	△	－	萱野高原側から	1	伊那市	0:30
34	伊那市の鳩吹山	はとぶきやま	1320	○	－	鳩吹公園・坐禅草	1	伊那市	0:15
35	伊那市の権現山	ごんげんやま	1749	○	△	伊那スキーリゾート	3	伊那市	2:40
36	物見や城	ものみやじょう	1122	○	－	野田山あやめ園	1	伊那市	0:50
37	宮田村の城山	じょうやま	850	△	－	宮田観音	2	宮田村	0:30
38	牛ヶ城	うしがじょう	984	－	△	遊歩道	1	伊那市	0:40
39	高烏谷山	たかずやさん	1331	○	－	山頂まで自動車OK	1	伊那市・駒ヶ根市	1:25
40	三界山	みつがいさん	1396	－	－	五郎山方面から最短	2	伊那市	1:30
41	伊那富士倉山	とくらやま	1681	○	○	入野谷♨	3	駒ヶ根市・伊那市	1:40
42	伊那市の鉢伏山	はちぶせやま	1453	△	－	峯よ林道コース	3	伊那市	2:30
43	不動峰	ふどうみね	1374	△	△	さくらの湯♨	3	伊那市	1:40

エーデルワイス

本書の特徴

里山からアルプスまで
信州の無雪期登山可能な山、ほぼ全山網羅！

★行ってみて、山に登ってみて、はじめて気がつく不安、注意点等、著者が自らの足と目でチェックし、絵地図に詳細記載！

★ビギナーからベテランまで、ハイカーの実践に役立つ情報が満載の本書は、安全で楽しい山登りをするための事前計画に活用いただける実用書です！

★複数コース又はルートのある山は、できる限り絵地図にして有ります。

絵地図

山番号の前に有る記号の説明

：登山口標識や登山道が明瞭で、家族や子供も安心して登れる山。コースと表現

：登山口標識や登山道が有り、普通の登山ができる山。コースと表現

：登山口標識や登山道は無く（あっても踏跡程度）、ルートファインディングやヤブコギ、マーキングをしないと山頂往復ができない山。…ルートと表現し、ピークハンター向きの山です。

●登山口標識や登山道が有り、普通の登山ができる山
●一覧表にある山番号

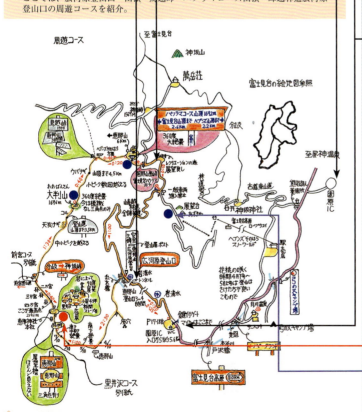

- ●山岳名・読み方・標高…前述した通り、一覧表と同じですが、地元の人の読み名、別名は別途記述してあります。
- ●往復時間…コースが複数の場合は、そのページの絵地図に於ける徒歩での最短コースの時間を記載してありますが、時間は参考程度に見てください（休息時間は含まれません）。往復時間0とは山頂までマイカー等交通インフラを利用して行ける意味です。勿論ハイキングコースがある場合は地図にしてあります。
- ●アクセス…最寄りの高速道路IC・JR駅を表記してあります。
- ●登山コース…縦走可能なコースは実線で表わしています。
- ●コースとルート…全く同じ意味ですが、イメージが違うので使い分けをしてあります。
- ●登山口…標識や目印が有るか等、状況を明記しています。
- ●トイレ…登山口の周辺にあるかないか、状況をWCで表わしてあります。
- ●駐車場…登山口又は周辺に公的駐車場（有料の場合は明記）又は路肩スペースがあるかないか、およその台数等Pで表わしてあります。
- ●絵地図の車道や登山道の曲がり具合、方向、寸法は正確なものではありません。
- ●絵地図の上のコースタイムは参考程度にして下さい。（休憩時間は含まれません）。
- ●面白い山はできるだけ複数コースを紹介してあります。一山で何度も楽しめるためです。
- ●テント場… ▲ 指定されている場所
  ▲ 非常時はテントが張れる可能な場所（普段はテント禁止です）
  テント場＝テン場の両方表現してある場合があります。
- ●バリルート＝バリエーションルート
- ● はそのページの山の山頂
- ● はそのページの山の山頂ではありませんが、別紙絵地図が有る山頂又はそのページにおいて重要な目安地点です

信州の山　南部 326 山　一覧表

◎ 山頂の展望が 360 度の山

山番号	山岳名	読み方	標高(m)	山頂展望	途中展望	登山口アプローチ等周辺の見どころ	難度	所在地	往復時間
1	山形村のてっぺん	やまがたむらのてっぺん	1748	―	△	♥清水寺・スカイランド清水♨温泉	1	山形村	1:30
2	朝日村の城山	しろやま	871			∴武居城公園	1	朝日村	0:25
3	長興寺山	ちょうこうじやま	953	△	○	歴史の里資料館	2	塩尻市	1:05
4	塩尻市の上野山	うえのやま	918	―	△	櫓展望台	2	塩尻市	1:20
5	上ノ山展望広場	うえのやまてんぼうひろば	868	○	―	∴城跡	1	塩尻市	0:40
6	鳴雷山	なるかみやま	1092	―	○	∴平出遺跡・泉	2	塩尻市	1:25
7	霧訪山	きりとうやま	1305	◎	○	たまらずの池	2	塩尻市	1:25
8	大芝山	おおしばやま	1210	―	△	カタクリ	2	塩尻市	1:40
9	尖剣山	せんげんやま	1181	―	△	本山そばの里	3	塩尻市	2:00
10	からたきの峯	からたきのみね	1858	○	△	木曽義仲の宿木	2	塩尻市・朝日村	4:00
11	朝日村の鉢盛山	はちもりやま	2447	○	○		3	松本市・木祖村・朝日村	3:40
12	塩尻市の若神子山	わかみこさん	1508	△	○	若神子社、カタクリ	3	塩尻市	3:50
13	穴倉山	あなぐらやま	1365	○	―	三十六童子の石仏	3	辰野町	2:20
14	辰野町の城山	しろやま	876	○	○	龍ヶ崎公園	2	辰野町	0:40
15	大城山	おおじょうやま	1027	○	―	日本中心０ポイント	1	辰野町	0:10
16	楡沢山	にれさわやま	1249	―	○	∴のろし台	2	辰野町	1:50
17	近江山	おうみやま	1447	△	―	萱葺の館・四季の森	2	辰野町	2:00
18	長畑山	ながはたやま	1612	△	△	横川ダム公園	3	辰野町	4:00
19	桑沢山	くわさわやま	1538	△	○	長田の湯♨	3	辰野町・箕輪町	1:20
20	坊主岳	ぼうずだけ	1960	◎	○	奈良井ダム	3	塩尻市・辰野町	3:50
21	辰野町の大滝山	おおたきやま	1737	―	―	蛇石・三級の滝	3	辰野町	7:00
22	仏谷	ほとけだに	2184	―	○	奈良井ダム	4	塩尻市・辰野町	8:00
23	経ヶ岳	きょうがたけ	2296	―	◎	仲仙寺　Ｃコース	3	南箕輪村・辰野町	6:30
24	黒沢山	くろさわやま	2127	△	△	ブナの大木	4	南箕輪村・辰野町	6:55
25	権兵衛峠	ごんべえとうげ	1523	△	○	駐車場絶景	1	南箕輪村・塩尻市	0:25
26	権兵衛峠の無線中継所	むせんちゅうけいじょ	1806	△	○	権兵衛峠駐車場絶景	2	南箕輪村・塩尻市	1:15
27	小式部城山	こしきがじょうやま	1120	△	○	∴城跡	1	辰野町・箕輪町	1:50
28	花戸屋	はなとや	1241	―	―	秋のもみじ湖絶景	3	箕輪町	2:40
29	守屋山	もりやさん	1650	◎	○	5コース有り	2	諏訪市・伊那市	2:30
30	三つ峰	みつみね	1391	―	―		1	諏訪市・箕輪町	0:30
31	萱野高原	かやのこうげん	1200	○	○	∴福与城跡	1	箕輪町	0:15
32	野口の春日城址	かすがじょうし	905	―	―	∴城址	1	伊那市	0:25
33	手良の水無山	みずなしやま	1237	△	―	萱野高原側から	1	伊那市	0:30
34	伊那市の鳩吹山	はとぶきやま	1320	◎	―	鳩吹公園・坐禅草	1	伊那市	0:15
35	伊那市の権現山	ごんげんやま	1749	○	△	伊那スキーリゾート	2	伊那市	2:40
36	物見や城	ものみやじょう	1122	○	△	野田山あやめ園	1	伊那市	0:50
37	宮田村の城山	じょうやま	850	△	―	宮田観音	2	宮田村	0:30
38	牛ヶ城	うしがじょう	984	―	△	遊歩道	2	伊那市	0:40
39	高烏谷山	たかずやさん	1331	○	―	山頂まで自動車OK	2	伊那市・駒ケ根市	1:25
40	三界山	みつがいさん	1396	○	―	五郎山方面から最短	1	伊那市	0:30
41	伊那富士戸倉山	とくらやま	1681	○	△	入野谷♨	3	駒ケ根市・伊那市	1:40
42	伊那市の鉢伏山	はちぶせやま	1453	△	―	峯山林道コース	3	伊那市	2:30
43	不動峰	ふどうみね	1374	△	―	さくらの湯♨	3	伊那市	1:40

信州の山　南部326山　一覧表

◎　山頂の展望が360度の山

山番号	山岳名	読み方	標高(m)	山頂展望	途中展望	登山口アプローチ等周辺の見どころ	難易度	所在地	往復時間
44	伊那市の天神山	てんじんやま	806	—	—	∴天神山古墳	1	伊那市	0:15
45	蟻塚城跡	ありづかじょうせき	820	△	—	諏訪大明神	1	伊那市	0:30
46	守屋山城跡	もりややまじょうせき	960	—	△	蟻塚城跡の先	2	伊那市	1:10
47	月蔵山	がつぞうざん	1192	△	△	∴高遠城跡・花の丘	1	伊那市	1:50
48	鹿嶺高原	かれいこうげん	1852	○	○	美和湖	1	伊那市	0:15
49	入笠山	にゅうかさやま	1955	◎	○	大阿原湿原	1	伊那市・富士見町	0:30
50	大沢山	おおさわやま	1870	△	△	すずらん	1	伊那市・富士見町	0:30
51	アカノラ山	あかのらやま	1799	○	△	ゴンドラで行ける	1	富士見町	0:40
52	釜無山	かまなしやま	2116	—	△	テイ沢大阿原湿原	3	伊那市・富士見町	4:40
53	白岩岳	しろいわだけ	2267	○	○		4	伊那市・富士見町	5:15
54	鋸岳	のこぎりだけ	2685	◎	○	仙流荘♨戸台から	5	伊那市	13:30
55	三ッ石山	みついしやま	2017	—	○	バス途中下車	4	伊那市	3:00
56	甲斐駒ケ岳	こまがたけ	2967	◎	○	北沢峠	3	伊那市	5:50
57	仙丈ヶ岳	せんじょうがたけ	3033	◎	○	北沢峠	3	伊那市	6:40
58	伊那荒倉岳	いなあらくらだけ	2519	○	○	仙丈ヶ岳から縦走	3	伊那市	13:40
59	松峰	まつみね	2080	—	△	地蔵尾根	3	伊那市	3:40
60	地蔵岳	じぞうだけ	2371	△	△	地蔵尾根	4	伊那市	5:30
61	三峰岳	みぶだけ	2999	◎	○	仙塩尾根	4	伊那市	22:10
62	安倍荒倉岳	あべあらくらだけ	2693	○	○	仙塩尾根	4	伊那市	28:40
63	伊那市の丸山	まるやま	2224	—	○		4	伊那市	10:50
64	小瀬戸山	こせどやま	2293	—	△		4	伊那市	11:55
65	風巻峠	かざまきとうげ	1995	—	○	林道歩きが長い	3	伊那市	11:30
66	伊那市の黒檜山	くろべいやま	2540	—	△	林道歩きで1日	5	伊那市	22:40
67	北荒川岳	きたあらかわだけ	2698	◎	○	仙塩尾根	4	伊那市	17:10
68	塩見岳	しおみだけ	3052	◎	○	三伏峠から	3	伊那市	14:00
69	入野谷山	いりのややま	1772	—	—	山頂先40分展望有り	2	伊那市・大鹿村	2:10
70	二児山	ふたごやま	2243	○	○	青いケシ	2	伊那市・大鹿村	1:50
71	黒河山	くろかわやま	2127	—	○	駐車場が大展望地	1	伊那市・大鹿村	1:10
72	笹山	ささやま	2121	△	○		1	伊那市・大鹿村	1:30
73	入山	いりやま	2186	—	◎		3	伊那市・大鹿村	4:30
74	中曽倉	なかそくら	1115	○	—	コブシの里	1	駒ケ根市	1:10
75	中沢	なかざわ	1636	—	○	花桃の里	2	駒ケ根市	4:00
76	大松尾山	おおまとうやま	1738	△	○	高森山の登山口から	3	駒ケ根市・大鹿村	1:20
77	飯島町の傘山	からかさやま	1542	○	○	新規登山道整備	2	飯島町・駒ケ根市	3:30
78	陣馬形山	じんばがたやま	1445	◎	—	山頂下まで自動車	1	中川村	0:10
79	大嶺山	おおみねさん	1020	△	△	∴大草城址 Cコース	1	中川村	0:25
80	馬原山	ばばらやま	1044	○	—	観陽丘に展望有り	1	松川町	0:15
81	大入山	おおいりやま	1012	—	—		3	豊丘村	1:50
82	日影山	ひかげやま	939	—	△		2	豊丘村	1:15
83	日向山	ひなたやま	935	—	—	大宮神社絶景地有り	2	豊丘村	0:15
84	本山	もとやま	1133	○	○		2	豊丘村	1:30
85	旭山	あさひやま	1025	—	—		1	豊丘村・喬木村	0:25
86	栂立山	つがたてやま	1759	—	○	新九郎の滝	4	豊丘村	5:00

信州の山　南部326山　一覧表

◎ 山頂の展望が360度の山

山番号	山岳名	読み方	標高(m)	山頂展望	途中展望	登山口アプローチ等周辺の見どころ	難度	所在地	往復時間
87	下烏帽子山	しもえぼしやま	1496	—	○	野田平キャンプ場	3	豊丘村	2:30
88	上烏帽子山	かみえぼしやま	1820	△	○		4	豊丘村・大鹿村	4:10
89	鬼面山	きめんざん	1889	○	○	地蔵峠の方が楽かも	2	豊丘村・飯田市	3:10
90	高関山	たかせきやま	953	△	—	阿島里山公園	1	豊丘村・喬木村	0:40
91	二本松山	にほんまつやま	942	△	△	奥の院石仏33番まで	1	喬木村	1:10
92	喬木村の毛無山	けなしやま	1130	○	○	ゴルフ場コース	2	喬木村	3:30
93	鬼ヶ城山	おにがじょうやま	1483	△	△		3	喬木村	2:10
94	氏乗山	うじのりやま	1818	△	○	鬼ヶ城山の先	4	喬木村・飯田市	5:40
95	喬木山	たかぎやま	1193	△	△	矢筈ダム公園	3	喬木村	2:10
96	大鹿村の高森山	たかもりやま	1541	—	△		3	大鹿村	5:10
97	大萱山	おおがやさん	1478	—	△	鹿塩温泉♨	3	大鹿村	4:10
98	白沢山	しらさわやま	1268	△	—		2	大鹿村	1:30
99	大西山	おおにしやま	1741	—	△		2	大鹿村・豊丘村	3:40
100	青田山	せいだやま	1707	△	—		2	大鹿村	1:10
101	栂村山	つがむらやま	2113	—	○		3	大鹿村	3:20
102	前茶臼山	まえちゃうすやま	2331	—	○	栂村山の先	4	大鹿村	6:20
103	奥茶臼山	おくちゃうすやま	2474	—	○	青木林道ルート有り	3	大鹿村	6:10
104	尾高山	おたかやま	2213	○	○	しらびそ峠から	2	大鹿村・飯田市	2:20
105	除山	のぞきやま	2041	—	—		4	大鹿村	7:20
106	鳥倉山	とりくらやま	2023	△	—	島ヶ池キャンプ場	3	大鹿村	1:40
107	南アルプス烏帽子岳	えぼしだけ	2726	◎	△	三伏峠から	3	大鹿村	7:20
108	小河内岳	こごうちだけ	2802	◎	◎	烏帽子岳から縦走	3	大鹿村	10:40
109	荒川前岳	まえだけ	3068	◎	◎	小河内岳から縦走	3	大鹿村	22:40
110	赤石岳	あかいしだけ	3120	◎	◎	小渋川から	5	大鹿村	16:20
111	大沢岳	おおさわだけ	2819	◎	◎	中盛丸山から縦走	4	飯田市	22:00
112	中盛丸山	なかもりまるやま	2807	◎	◎	兎岳から縦走	4	飯田市	20:40
113	兎岳	うさぎだけ	2818	◎	◎	前聖岳から縦走	4	飯田市	17:20
114	前聖岳	まえひじりだけ	3013	◎	○	聖光小屋から	4	飯田市	12:50
115	上河内岳	かみこうちだけ	2803	◎	○	聖光小屋から	3	静岡市	16:30
116	南アルプス茶臼岳	ちゃうすだけ	2604	◎	○	易老岳から縦走	3	飯田市	12:40
117	易老岳	いろうだけ	2354	—	△	易老渡から	3	飯田市	7:10
118	イザルガ岳	いざるがだけ	2540	◎	△	易老岳から縦走	3	飯田市	12:00
119	光岳	てかりだけ	2591	—	△	易老岳から縦走	3	飯田市	13:00
120	加加森山	かかもりやま	2419	—	○	光岳から縦走	4	飯田市	20:00
121	池口岳	いけぐちだけ	2392	—	○	大島口から	3	飯田市	9:30
122	鶏冠山	とさかやま	2248	—	○	池口岳から縦走	4	飯田市	13:00
123	笠松山	かさまつやま	1976	—	○	長い林道歩き	4	飯田市	8:00
124	平谷山	ひらややま	1661	—	○		3	飯田市	7:00
125	立俣山	たちまたやま	2366	○	△		4	飯田市	13:50
126	飯田市の矢筈山	やはずやま	1593	△	△	モノレールルート	2	飯田市	3:15
127	しらびそ峠の焼山	やけやま	1976	○	○	隕石クレーター跡	1	飯田市	0:35
128	御池山	おいけやま	1905	△	—	中郷御池	1	飯田市	1:00
129	神ノ峯	かんのみね	772	○	△	∴城跡と資料館	—	飯田市	0
130	飯田市の高森山	たかもりやま	684	—	—	八坂神社	1	飯田市	0:50

信州の山 南部 326 山 一覧表

◎ 山頂の展望が 360 度の山

山番号	山岳名	読み方	標高(m)	山頂展望	途中展望	登山口アプローチ等周辺の見どころ	難度	所在地	往復時間
131	飯田市久堅の権現山	ごんげんやま	1091	—	—	山頂まで自動車	—	飯田市	0
132	卯月山	うづきやま	1102	△	—		1	飯田市	0:50
133	小川路峠	おがわじとうげ	1642	△	○	歴史街道・反射板	2	飯田市	5:00
134	曽山	そやま	1600	△	△	赤石峠から最短道	4	飯田市・喬木村	3:40
135	金森山	かなもりやま	1703	△	○	小川路峠から	3	飯田市	6:50
136	すだれ山	すだれやま	1593	—	△	千代峠から	3	飯田市	7:40
137	千代峠	ちよとうげ	1360	—	△	小嵐稲荷神社から	2	飯田市	2:40
138	押出山	おしでやま	1463	—	—		3	飯田市・泰阜村	4:10
139	黒石岳	くろいしだけ	1377	—	—	かぐらの湯♨	2	飯田市・泰阜村	1:40
140	遠山郷の森山	もりやま	718	—	○	∴和田城	2	飯田市	3:00
141	飯田市の戸倉山	とくらさん	1167	○	△	南の沢橋から	2	飯田市	2:40
142	谷京峠	やきょうとうげ	848	△	—	為栗駅から	2	飯田市・天龍村	2:00
143	白倉山	しらくらやま	1851	○	○	白倉川橋から	4	飯田市	6:40
144	平森山	ひらもりやま	1813	—	○	朝日山から縦走	4	飯田市	7:30
145	朝日山	あさひやま	1692	—	○	兵越峠から	3	飯田市	3:20
146	熊伏山	くまぶしやま	1653	○	○	青崩峠から	2	飯田市・天龍村	3:00
147	袴越	はかまごし	1052	△	○	鉄塔ルート〜周遊	4	天龍村	4:40
148	観音山	かんのんやま	1418	○	○	小城地区から	3	天龍村	4:40
149	八嶽山	やたけさん	1140	△	○	東又峠から	2	天龍村	1:10
150	袖山	そでやま	1187	—	—	東又峠から	2	天龍村	1:00
151	天龍村の峠山	とうげやま	1197	—	—	おきよめの里♨	2	天龍村	0:30
152	戸澤	とざわ	519	△	○	平岡ダム	2	天龍村	0:50
153	鬼ヶ城	おにがしろ	863	△	—		1	天龍村	0:10
154	天ヶ森	あまがもり	994	—	—		2	天龍村	0:45
155	とうじあげ山	とうじあげやま	1132	—	△	信仰の山	1	天龍村・阿南町	0:25
156	仮称新野峠山	にいのとうげやま	1070	—	—		1	天龍村・阿南町	0:40
157	仮称赤笹山	あかざさやま	1087	—	—		2	天龍村・阿南町	0:50
158	仮称向山	むかいやま	1104	△	○		3	天龍村・阿南町	1:20
159	新栄山	しんえいざん	1005	○	—	展望台巣山湖行人様	1	阿南町	0:05
160	鎌根	かまね	1074	△	—	巣山湖	3	阿南町・売木村	1:30
161	仮称岩倉山	いわくらやま	1032	—	—		2	売木村	1:20
162	昔高森	むかしたかもり	972	○	—	こまどりの湯♨	1	売木村	0:40
163	仮称高畑	たかはた	1134	—	△	長島峠から	2	売木村	1:20
164	仮称売木峠山	うるぎとうげやま	1268	○	—	売木峠から・牧場	2	売木村・根羽村	1:00
165	根羽村の茶臼山	ちゃうすやま	1415	—	○	茶臼山湖	1	根羽村	0:30
166	萱場山	かやばやま	1131	—	○		2	根羽村	0:50
167	根羽村の愛宕山	あたごやま	865	—	—		2	根羽村	0:50
168	根羽村の鉢盛山	はちもりやま	992	△	—	小戸名渓谷	2	根羽村	1:20
169	根羽村の三国山	みくにやま	1162	—	○	亀甲岩・∴信玄塚	1	根羽村	1:00
170	代立	しろたて	1322	△	—	平谷湖フィッシング	2	根羽村・平谷村	2:40
171	源四山	げんしやま	1290	—	△	平谷湖フィッシング	3	平谷村	3:50
172	十六方	じゅうろっぽう	1194	—	—	平谷湖フィッシング	2	平谷村	1:20
173	梨ノ木山	なしのきやま	1319	—	△	平谷峠（恋し峠）	2	平谷村・売木村	1:50
174	仮称平谷峠山	ひらやとうげやま	1223	△	—	恋し峠絶景	2	平谷村・売木村	1:00

信州の山　南部326山　一覧表

◎　山頂の展望が360度の山

山番号	山岳名	読み方	標高(m)	山頂展望	途中展望	登山口アプローチ等周辺の見どころ	難度	所在地	往復時間
175	千本立	せんぼんだち	1466	○	○	平谷湖・イワナの里	1	平谷村	3:10
176	才ノ神	さいのかみ	1149	―	―		3	平谷村	1:20
177	仮称赤坂峠山	あかさかとうげやま	1185	―	―	平谷高原キャンプ場	2	平谷村・根羽村	1:00
178	桐山	きりやま	1305	○	○	ひまわりの湯♨	3	平谷村	2:20
179	東方子	とうほうし	1130	―	―	平谷道の駅	2	平谷村	1:00
180	長者峰	ちょうじゃみね	1574	◎	○	ひまわりの湯♨	―	平谷村	0
181	高嶺	たかね	1599	○	◎	長者峰まで自動車	1	平谷村	0:45
182	鯉子山	こいごやま	1590	―	―	ウエストン公園	3	平谷村	3:20
183	恩田大川入山	おんだおおかわいりやま	1921	△	○	あららぎ高原	3	阿智村	5:20
184	大川入山	おおかわいりやま	1908	○	○	スキー場から	2	平谷村・阿智村	4:20
185	蛇峠山	じゃとうげやま	1664	○	○	治部坂高原から	2	平谷村・阿智村・阿南町	1:20
186	阿南町の丸山	まるやま	1484	―	○	丸山高津神社から	3	阿南町	2:30
187	せいきらし山	せいきらしさん	1292	―	○	西峰山の先	2	阿南町	0:55
188	西峰山	にしみねやま	1124	△	―		1	阿南町	0:10
189	大津山	おおつやま	895	―	―		3	阿南町	2:00
190	上黒田山	かみくろださん	862	―	○		2	阿南町	0:35
191	岳ノ山	たけのやま	627	―	―		1	阿南町	0:10
192	八尺山	はっちゃくやま	1219	―	○	和合地区から	1	阿南町	0:10
193	庄田山	しょうだやま	966	―	○	新井展望公園絶景	1	下條村	0:30
194	陽船山	ひふねやま	645	―	―	化石館	1	阿南町	0:15
195	木曽峰	きそみね	1006	―	―	弁当山近く	2	阿南町	1:10
196	弁当山	べんとうやま	981	○	―	山頂まで自動車	―	阿南町	0
197	半僧山	はんぞうやま	593	―	―		1	阿南町	0:10
198	小城頭	こじろがしら	1040	○	△	北側登山口から	1	泰阜村	1:00
199	鍵懸山	かぎかけやま	1126	△	―	小城頭の先	2	泰阜村	0:50
200	分外山	ぶんがいざん	964	―	△	しらかば高原から	1	泰阜村	1:10
201	法全寺	ほうぜんじ	1092	○	○	周遊すれば難度5	4	泰阜村・飯田市	2:50
202	石灰山	せっかいやま	1281	―	△	周遊コース	3	飯田市	3:20
203	野池山	のいけやま	898	―	○		1	飯田市	1:00
204	芦畑山	あしばたやま	590	△	―	山頂まで自動車	―	下條村	0
205	亀沢山	かめざわやま	1359	―	○	極楽峠方面から	3	阿智村・阿南町	3:00
206	汗馬山	かんばやま	1255	―	○	入登山神社から	3	阿南町・下條村	3:40
207	見晴山	みはらしやま	1267	○	△	極楽峠方面から	2	下條村	1:10
208	長根山	ながねやま	1337	△	○	Aルート	2	阿智村・阿南町	2:35
209	日の入山	ひのいりやま	1072	―	―		2	阿智村	0:40
210	松沢山	まつざわやま	1416	―	△		2	阿智村	2:30
211	三階峰	さんがいみね	1465	△	○	山頂直下まで自動車	1	阿智村	0:05
212	阿智村の城山	じょうやま	693	―	○	∴駒場城址長岳寺	1	阿智村	0:30
213	網掛山	あみかけやま	1133	―	○	頭権現から周遊	2	阿智村	2:30
214	夜烏山	よがらすやま	1320	―	△	∴一番清水	3	阿智村	3:35
215	恵那山	えなさん	2190	○	◎	広河原から周遊	3	阿智村	9:20
216	富士見台	ふじみだい	1739	◎	○	神坂神社から	2	阿智村	5:40
217	横川山	よこかわやま	1620	○	○	南沢山から縦走	2	阿智村	3:25
218	南沢山	みなみさわやま	1564	△	―	清内路方面Dコース	2	阿智村・南木曽町	2:40

信州の山　南部326山　一覧表

◎ 山頂の展望が360度の山

山番号	山岳名	読み方	標高(m)	山頂展望	途中展望	登山口アプローチ等周辺の見どころ	難度	所在地	往復時間
219	高鳥屋山	たかどやさん	1398	○	—	鳩打峠から	2	飯田市・阿智村	1:40
220	梨子野山	なしのやま	1315	—	○	梨子野峠経由	2	飯田市・阿智村	1:50
221	飯田市の水晶山	すいしょうざん	798	△	—	山頂まで自動車	—	飯田市	0
222	飯田市の城山	じょうやま	733	○	—	山頂まで自動車	—	飯田市	0
223	飯田市の二ッ山	ふたつやま	773	—	—		2	飯田市	1:10
224	笠松	かさまつ	1271	○	○	梅ヶ久保公園から	2	飯田市	2:20
225	飯田市の風越山	かざこしやま	1535	—	○	押洞コース・名水	2	飯田市	4:10
226	飯田市の虚空蔵山	こくぞうさん	1130	○	△	風越山麓公園から	1	飯田市	2:00
227	座光寺富士	ざこうじふじ	1270	△	—	一本杉コース	3	飯田市	2:20
228	押ノ沢山	おしのさわやま	1499	—	—	飯田峠から	3	飯田市	2:20
229	鷹巣山	たかのすやま	1444	—	○	一の瀬橋から	3	飯田市	4:30
230	牛牧山	うしまきやま	1481	—	○	湯ヶ洞♨	3	飯田市・高森町	2:50
231	中央アルプス茶臼山	ちゃうすやま	2652	◎	○	こがらスキー場から	3	塩尻市・木曽町	6:30
232	将棊頭山	しょうぎかしらやま	2730	◎	○	信大ルート	4	伊那市・宮田村・木曽町	7:20
233	黒川山	くろかわやま	2244	—	△	北御所バス停から	4	宮田村	5:50
234	木曽の駒ケ岳	こまがたけ	2956	◎	◎	ロープウエイ利用	3	上松町・宮田村・木曽町	3:40
235	木曽の中岳	なかだけ	2925	◎	◎	ロープウエイ利用	2	上松町・宮田村	2:40
236	宝剣岳	ほうけんだけ	2931	◎	◎	ロープウエイ利用	3	上松町・宮田村・駒ケ根市	2:20
237	伊那前岳	いなまえだけ	2883	◎	○	ロープウエイ利用	2	宮田村	3:10
238	三沢岳	さんのさわだけ	2846	◎	◎	ロープウエイ利用	4	上松町・大桑村	4:40
239	檜尾岳	ひのきおだけ	2728	◎	◎	ロープウエイ利用	3	駒ケ根市・大桑村	5:30
240	簫ノ笛山	しょうのふえやま	1761	—	—	磐田の森公園から	3	駒ケ根市	3:40
241	尻無山	しりなしやま	1969	—	○	池山方面から	3	駒ケ根市	3:40
242	池山	いけやま	1774	○	○	林道終点から	2	駒ケ根市	1:20
243	熊沢岳	くまざわだけ	2778	◎	◎	檜尾岳から縦走	4	駒ケ根市・大桑村	12:50
244	東川岳	ひがしかわだけ	2671	◎	◎	空木岳から縦走	4	駒ケ根市・大桑村	12:50
245	空木岳	うつぎだけ	2864	◎	○	池山から縦走	3	駒ケ根市・大桑村	9:20
246	黒覆山	くろおおいやま	1905	△	△	オンボロ沢経由	4	飯島町	6:40
247	麦草岳	むぎくさだけ	2733	◎	○	福島Bコース	3	木曽町・上松町	7:10
248	木曽前岳	きそまえだけ	2826	◎	○	上松Aコース	3	木曽町・上松町	9:40
249	赤椰岳	あかなぎだけ	2798	○	◎	南駒ヶ岳から縦走	3	飯島町・大桑村	12:40
250	南駒ケ岳	みなみこまがたけ	2841	◎	○	福栃平から	4	飯島町・大桑村	11:00
251	仙涯嶺	せんがいれい	2734	○	◎	越百山から縦走	4	飯島町・大桑村	11:30
252	越百山	こすもやま	2613	◎	△	福栃平から	3	飯島町・大桑村	9:00
253	南越百山	みなみこすもやま	2569	○	◎	越百山から縦走	3	飯島町・大桑村	9:40
254	奥念丈岳	おくねんじょうだけ	2303	◎	◎	念丈岳から縦走	4	飯田市・飯島町・大桑村	12:40
255	念丈岳	ねんじょうだけ	2291	◎	◎	烏帽子岳から縦走	4	飯田市・飯島町	10:00
256	飯島町の烏帽子岳	えぼしだけ	2194	◎	○	小八郎岳から縦走	3	飯島町	5:50
257	小八郎岳	こはちろうだけ	1470	○	—	鳩打峠から	1	松川町	1:40
258	本高森山	ほんたかもりやま	1890	—	—	高森CC方面から	1	松川町・高森町・飯田市	4:30
259	寺屋敷	てらやしき	1479	△	△	遊歩道有り	2	松川町	2:20
260	前高森山	まえたかもりやま	1646	—	—	高森CC方面から	2	高森町	2:40

信州の山　南部326山　一覧表

◎　山頂の展望が360度の山

山番号	山岳名	読み方	標高(m)	山頂展望	途中展望	登山口アプローチ等周辺の見どころ	難度	所在地	往復時間
261	吉田山	よしだやま	1450	△	△	堂所森林公園から	2	高森町	3:10
262	大島山	おおじまさん	941	—	—	堂所森林公園から	2	高森町	1:10
263	安平路山	あんぺいじやま	2363	—	○	摺古木山から縦走	3	飯田市・大桑村	7:10
264	摺古木山	すりこぎやま	2169	○	○	東沢林道終点から	2	飯田市・大桑村	3:00
265	風穴山	ふうけつやま	2058	○	—	東沢林道終点から	3	飯田市	2:00
266	夏焼山	なつやけやま	1503	○	△	大平峠から	1	飯田市・南木曽町	1:00
267	兀岳	はげだけ	1636	○	—	大平峠から	2	飯田市・阿智村	2:00
268	男埴山	おだるやま	1342	△	—	南蘭林道終点から	4	南木曽町	3:00
269	南木曽岳	なぎそだけ	1677	△	○	あららぎ登山口から	3	南木曽町	4:50
270	高土幾山	たかときやま	1037	—	○	馬籠峠から	3	南木曽町	2:50
271	賤母山	しずもやま	767	—	—	賤母道の駅から尾根	3	南木曽町	3:40
272	摺鉢山	すりばちやま	797	—	—		2	南木曽町	1:20
273	城ヶ根山	じょうがねやま	836	—	—	川上峠から	2	南木曽町	1:00
274	伊勢山	いせやま	1373	—	○	柿其峠から	3	南木曽町	3:20
275	天然公園	てんねんこうえん	1580	○	○	名勝　田立の滝	3	南木曽町	5:15
276	奥三界岳	おくさんがいだけ	1810	○	○	中津川市側から	3	大桑村	7:10
277	砂小屋山	すなごややま	1471	—	—	阿寺渓谷	—	大桑村	—
278	飯盛山	いいもりやま	1074	—	△	恋路峠から	2	大桑村	2:30
279	大桑村の城山	しろやま	1100	△	○	牧場コース	3	大桑村	1:40
280	高曽根山	たかそねやま	1119	△	○	∴与川古典庵	2	南木曽町	2:40
281	大桑村の高山	たかやま	1243	—	△		3	大桑村	3:40
282	横山	よこやま	1408	△	—		3	大桑村	5:10
283	糸瀬山	いとせやま	1866	△	○	のろし岩	3	大桑村	5:30
284	木曽上松町の風越山	かざこしやま	1698	—	○		2	上松町	2:20
285	阿寺山	あでらさん	1557	—	—	平沢橋わきから	3	上松町・大桑村	3:10
286	大鈴山	おおすずやま	1386	—	—	かもしか山荘から	3	上松町・大桑村	3:40
287	鳥捕山	とりほやま	1271	—	—	かわとりざわ橋から	3	上松町・大桑村	4:30
288	加瀬木山	かせぎやま	1113	—	△	床集落から	2	上松町	1:50
289	上松町の愛宕山	あたごやま	910	△	○	山頂まで自動車	—	上松町	0
290	台ヶ峰	だいがみね	1502	—	—	台ヶ峰林道から	3	木曽町・上松町	3:40
291	甚太郎山	じんたろうやま	1332	—	○	岳見峠から	2	上松町	3:25
292	卒塔婆山	そとばやま	1541	—	—	北股橋から	—	上松町・王滝村	—
293	西股山	にしまたやま	1716	—	—		—	上松町・王滝村	—
294	高樽山	たかたるやま	1673	○	○	真弓峠まで林道歩き	3	王滝村	7:50
295	小秀山	こひでやま	1982	◎	○	白巣峠側から	3	王滝村	3:30
296	白草山	しらくさやま	1641	◎	○	舞台峠側から	3	王滝村	3:10
297	箱岩山	はこいわやま	1669	○	◎	白草山の先	3	王滝村	3:40
298	椹谷山	さわらたにやま	1884	—	○	濁河高原側から	5	王滝村	10:50
299	御嶽山	おんたけさん	3067	◎	◎	7主峰　田ノ原口	3	王滝村・木曽町	5:00
300	三笠山	みかさやま	2256	—	○	田ノ原駐車場から	1	王滝村	0:25
301	小三笠山	こみかさやま	2029	—	—	田ノ原駐車場から	4	王滝村	3:50
302	仮称上垂山	かみだれやま	1378	○	—	林道本洞線	2	木曽町	1:40
303	仮称西沢山	にしざわやま	1182	—	△		3	木曽町	2:20
304	木曽町の城山	じょうやま	1281	—	○	山村代官屋敷～周遊	3	木曽町	3:30

信州の山　南部326山　一覧表

◎　山頂の展望が360度の山

山番号	山岳名	読み方	標高(m)	山頂展望	途中展望	登山口アプローチ等周辺の見どころ	難度	所在地	往復時間
305	大棚入山	おおだないりやま	2375	—	○	水沢山から縦走	4	木曽町・塩尻市	9:10
306	木曽町の水沢山	みずさわやま	2003	—	△		3	木曽町	3:40
307	宮ノ越の御嶽神社	おんたけじんじゃ	1188	—	○	3コース有り	1	木曽町	0:35
308	姥神峠	うばがみとうげ	1277	—	○	これでもR361線	1	塩尻市・木曽町	1:10
309	神谷峠	かみやとうげ	1191	—	—	老神トンネル側から	2	木曽町・木祖村	0:50
310	山吹山	やまぶきやま	1090	○	○	∴義仲館と廟所	1	木曽町	1:00
311	木祖村の風吹峠	かざふきとうげ	1400	○	—	きさらぎの里	2	木曽町・木祖村	3:30
312	木祖村の峠山	とうげやま	1415	○	△	鳥居峠から徒歩	1	塩尻市・木祖村	1:10
313	木祖村の高遠山	たかとうやま	1463	—	—	奈良井宿側から	3	塩尻市・木祖村	3:30
314	どんねま	どんねま	1410	—	○	柳沢尾根公園から	2	木祖村	1:40
315	木祖村の三沢山	みさわやま	1318	—	△	∴衣更着神社	2	木祖村	1:50
316	立ヶ峰	たてがみね	1689	○	○	あやめ公園池	1	木祖村	2:30
317	奥峰	おくみね	1711	—	○	藪原高原スキー場	3	木曽町・木祖村	3:50
318	木曽川源流の里	きそがわげんりゅうのさと	1604	—	△	笹川林道から	1	木祖村	1:50
319	木曽福島スキー場	きそふくしまスキーじょう	1904	○	○	折橋隧道跡から	1	木曽町	2:20
320	樽上	たるうえ	1500	—	—	折橋峠の四岳神社	3	木曽町	2:30
321	切立山	きったてやま	1388	○	△	火伏の神・祠有り	1	木曽町	1:10
322	辰ヶ峰	たつがみね	1817	—	○	∴開田考古博物館	4	木曽町	4:10
323	木曽町西野峠の城山	しろやま	1422	○	—	最短の西野地区から	1	木曽町	1:00
324	木曽町の三ツ森	みつもり	1555	—	—	関谷峠から	3	木曽町	3:00
325	高山市の鎌ヶ峰	かまがみね	2121	—	◎	野麦峠から	5	松本市・木曽町	6:30
326	野麦峠	のむぎとうげ	1672	○	○	お助け小屋・館	—	松本市	0

経ヶ岳八合目から伊那谷

CONTENTS

信州の山　南部 326 山　イラスト登山地図

- はじめに……………❶
- この本の見方…………❹
- 信州の山南部 326 山岳マップ……❻
- 信州の山南部 326 山一覧表…………❼

№	山名	よみ	頁
1	山形村のてっぺん	やまがたむらのてっぺん	1
2	朝日村の城山	しろやま	2
3	長興寺山	ちょうこうじやま	3
4	塩尻市の上野山	うえのやま	4
5	上ノ山展望広場	うえのやまてんぼうひろば	4
6	鳴雷山	なるかみやま	5
7	霧訪山	きりとうやま	6
8	大芝山	おおしばやま	6
9	尖剣山	せんげんやま	7
10	からたきの峯	からたきのみね	8
11	朝日村の鉢盛山	はちもりやま	9・10・11
12	塩尻市の若神子山	わかみこさん	12
13	穴倉山	あなぐらやま	13
14	辰野町の城山	しろやま	13
15	大城山	おおじょうやま	14
16	楡沢山	にれさわやま	15
17	近江山	おうみやま	16・17
18	長畑山	ながはたやま	16・17
19	桑沢山	くわさわやま	18
20	坊主岳	ぼうずだけ	19・20
21	辰野町の大滝山	おおたきやま	21
22	仏谷	ほとけだに	22
	経ヶ岳と黒沢山へのルートの総図		23
	経ヶ岳へのアプローチ図		24
23	経ヶ岳	きょうがたけ	25・26
	黒沢山へのアプローチ図		27
24	黒沢山	くろさわやま	28・29
25	権兵衛峠	ごんべえとうげ	30
26	権兵衛峠の無線中継所	むせんちゅうけいじょ	30
27	小式部城山	こしきがじょうやま	31
28	花戸屋	はなとや	32
29	守屋山	もりやさん	33・34
30	三つ峰	みつみね	34
31	萱野高原	かやのこうげん	35
32	野口の春日城址	かすがじょうし	36
33	手良の水無山	みずなしやま	36
34	伊那市の鳩吹山	はとぶきやま	37

南駒ヶ岳

南アルプス茶臼山から富士山

赤沢美林

CONTENTS

№	名称	読み	頁
35	伊那市の権現山	ごんげんやま	38
36	物見や城	ものみやじょう	39
37	宮田村の城山	じょうやま	40
38	牛ヶ城	うしがじょう	41
39	高烏谷山	たかずやさん	42
40	三界山	みつがいさん	43・44
41	伊那富士戸倉山	とくらやま	45・46
42	伊那市の鉢伏山	はちぶせやま	47・48
43	不動峰	ふどうみね	48
44	伊那市の天神山	てんじんやま	49
45	蟻塚城跡	ありづかじょうせき	49
46	守屋山城跡	もりややまじょうせき	49
47	月蔵山	がつぞうざん	50
48	鹿嶺高原	かれいこうげん	51
49	入笠山	にゅうかさやま	52
50	大沢山	おおさわやま	52
51	アカノラ山	あかのらやま	52
52	釜無山	かまなしやま	53
53	白岩岳	しろいわだけ	54
	南アルプス鋸岳付近総図		55
54	南アルプス伊那市側鋸岳	のこぎりだけ	56
54	南アルプス富士見町側鋸岳	のこぎりだけ	57
55	三ッ石山	みついしやま	58
56	甲斐駒ケ岳	こまがたけ	59
57	仙丈ヶ岳	せんじょうがたけ	59・61
58	伊那荒倉岳	いなあらくらだけ	59
	地蔵尾根へのアプローチ図		60
59	松峰	まつみね	61
60	地蔵岳	じぞうだけ	61
61	三峰岳	みぶだけ	62
62	安倍荒倉岳	あべあらくらだけ	62
	塩見新道登山口アプローチ図		63
63	伊那市の丸山	まるやま	64
64	小瀬戸山	こせどやま	64
65	風巻峠	かざまきとうげ	65
66	伊那市の黒檜山	くろべいや	66
67	北荒川岳	きたあらかわだけ	67
68	塩見岳	しおみだけ	67
	入野谷山全体図		68
69	入野谷山	いりのややま	69
70	二児山	ふたごやま	70・71
71	黒河山	くろかわやま	71
72	笹山	ささやま	71
73	入山	いりやま	71
74	中曽倉	なかそくら	72
75	中沢	なかざわ	73
76	大松尾山	おおまとうやま	73・90
77	飯島町の傘山	からかさやま	74
	陣馬形山アプローチ図		75
78	陣馬形山	じんばがたやま	76
79	大嶺山	おおみねさん	77
80	馬原山	ばばらやま	78
81	大入山	おおいりやま	79
82	日影山	ひかげやま	80
83	日向山	ひなたやま	80
84	本山	もとやま	81
85	旭山	あさひやま	81
86	栂立山	つがたてやま	82
87	下烏帽子山	しもえぼしやま	82
88	上烏帽子山	かみえぼしやま	82
89	鬼面山	きめんざん	83
90	高関山	たかせきやま	84
91	二本松山	にほんまつやま	85
92	喬木村の毛無山	けなしやま	86・87
93	鬼ヶ城山	おにがじょうやま	88
94	氏乗山	うじのりやま	88
95	喬木山	たかぎやま	89
96	大鹿村の高森山	たかもりやま	90
97	大萱山	おおがやさん	91
98	白沢山	しらさわやま	92
99	大西山	おおにしやま	93
100	青田山	せいだやま	94
101	栂村山	つがむらやま	94・95
102	前茶臼山	まえちゃうすやま	94 95
103	奥茶臼山	おくちゃうすやま	95・96
104	尾高山	おたかやま	96
105	除山	のぞきやま	97
106	鳥倉山	とりくらやま	98

信州の山　南部326山　イラスト登山地図

107	南アルプス烏帽子岳	えぼしだけ 99
108	小河内岳	こごうちだけ 99
109	荒川前岳	まえだけ 99
	小渋川から赤石岳方面アプローチ図パートⅠ 100	
	小渋川から赤石岳方面アプローチ図パートⅡ 101	
110	赤石岳	あかいしだけ 102
111	大沢岳	おおさわだけ ....102・103
112	中盛丸山	なかもりまるやま 102
113	兎岳	うさぎだけ 102
114	前聖岳	まえひじりだけ 102
	南アルプスの玄関口（光岳・茶臼山・聖岳方面）易老渡及び便ヶ島までのアプローチ図 104	
115	上河内岳	かみこうちだけ 105
116	南アルプス茶臼岳	ちゃうすだけ 105
117	易老岳	いろうだけ 105
118	イザルガ岳	いざるがだけ 106
119	光岳	てかりだけ 106
120	加加森山	かかもりやま 106
121	池口岳	いけぐちだけ 107
122	鶏冠山	とさかやま 107
123	笠松山	かさまつやま 108
124	平谷山	ひらややま 109
125	立俣山	たちまたやま 109
126	飯田市の矢筈山	やはずやま 110
127	しらびそ峠の焼山	やけやま 111
128	御池山	おいけやま 111
129	神ノ峯	かんのみね 112
130	飯田市の高森山	たかもりやま 112
131	飯田市久堅の権現山	ごんげんやま 113
132	卯月山	うづきやま 113
133	小川路峠	おがわじとうげ ....114・115
134	曽山	そやま ....116・117
135	金森山	かなもりやま ....115・118
136	すだれ山	すだれやま 118
137	千代峠	ちよとうげ ....118・119
138	押出山	おしでやま 119
139	黒石岳	くろいしだけ 120
140	遠山郷の森山	もりやま 121
141	飯田市の戸倉山	とくらさん 122
142	谷京峠	やきょうとうげ 122
143	白倉山	しらくらやま ....123・124
144	平森山	ひらもりやま ....123・124
145	朝日山	あさひやま ....123・124・125
146	熊伏山	くまぶしやま 126
147	袴越	はかまごし 127
148	観音山	かんのんやま 128
149	八嶽山	やたけさん ....129・130
150	袖山	そでやま 129
151	天龍村の峠山	とうげやま 131
152	戸澤	とざわ 132
153	鬼ヶ城	おにがしろ 133
154	天ヶ森	あまがもり 133
155	とうじあげ山	とうじあげやま 133
156	仮称新野峠山	にいのとうげやま 134

おんたけさん

CONTENTS

157	仮称赤笹山	あかざさやま	134
158	仮称向山	むかいやま	134
159	新栄山	しんえいざん	135
160	鎌根	かまね	135
161	仮称岩倉山	いわくらやま	136
162	昔高森	むかしたかもり	137
163	仮称高畑	たかはた	138
164	仮称売木峠山	うるぎとうげやま	139
165	根羽村の茶臼山	ちゃうすやま	139
166	萱場山	かやばやま	140
167	根羽村の愛宕山	あたごやま	141
168	根羽村の鉢盛山	はちもりやま	141
169	根羽村の三国山	みくにやま	142
170	代立	しろたて	143
171	源四山	げんしやま	143
172	十六方	じゅうろっぽう	143
173	梨ノ木山	なしのきやま	144
174	仮称平谷峠山	ひらやとうげやま	144
175	千本立	せんぼんだち	145
176	才ノ神	さいのかみ	146
177	仮称赤坂峠山	あかさかとうげやま	146
178	桐山	きりやま	147
179	東方子	とうほうし	147
180	長者峰	ちょうじゃみね	148
181	高嶺	たかね	148
182	鯉子山	こいごやま	171
183	恩田大川入山	おんだおおかわいりやま	149
184	大川入山	おおかわいりやま	149
185	蛇峠山	じゃとうげやま	150
186	阿南町の丸山	まるやま	151
187	せいきらし山	せいきらしさん	152
188	西峰山	にしみねやま	152
189	大津山	おおつやま	152
190	上黒田山	かみくろださん	153
191	岳ノ山	たけのやま	153
192	八尺山	はっちゃくやま	154
193	庄田山	しょうだやま	155
194	陽船山	ひふねやま	155
195	木曽峰	きそみね	156
196	弁当山	べんとうやま	156
197	半僧山	はんぞうやま	156
198	小城頭	こじろがしら	157
199	鍵懸山	かぎかけやま	157
200	分外山	ぶんがいざん	158
201	法全寺	ほうぜんじ	159
202	石灰山	せっかいやま	160
203	野池山	のいけやま	161
204	芦畑山	あしばたやま	162
205	亀沢山	かめざわやま	163・164
206	汗馬山	かんばやま	163
207	見晴山	みはらしやま	164
208	長根山	ながねやま	165
209	日の入山	ひのいりやま	166
210	松沢山	まつざわやま	166
211	三階峰	さんがいみね	166
212	阿智村の城山	じょうやま	167
213	網掛山	あみかけやま	168
214	夜烏山	よがらすやま	169
215	恵那山	えなさん	170・171
216	富士見台	ふじみだい	172
217	横川山	よこかわやま	172
218	南沢山	みなみさわやま	172
219	高鳥屋山	たかどやさん	173・174
220	梨子野山	なしのやま	173・174
221	飯田市の水晶山	すいしょうざん	175
222	飯田市の城山	じょうやま	175
223	飯田市の二ッ山	ふたつやま	176
224	笠松	かさまつ	177

塩見岳山頂

信州の山　南部326山

225	飯田市の風越山	かざこしやま	178
226	飯田市の虚空蔵山	こくぞうさん	178
227	座光寺富士	ざこうじふじ	179
228	押ノ沢山	おしのさわやま	180
229	鷹巣山	たかのすやま	181
230	牛牧山	うしまきやま	182
231	中央アルプス茶臼山	ちゃうすやま	183・194
232	将棊頭山	しょうぎかしらやま	183・187
	中央アルプス北側、アプローチⅠ		184
	中央アルプス北側、アプローチⅡ		185
	中央アルプス北側、アプローチⅢ		186
	中央アルプス東側、アプローチ図		188
233	黒川山	くろかわやま	188
234	木曽の駒ケ岳	こまがたけ	189
235	木曽の中岳	なかだけ	189
236	宝剣岳	ほうけんだけ	189
237	伊那前岳	いなまえだけ	189
238	三沢岳	さんのさわだけ	189
239	檜尾岳	ひのきおだけ	189
	中央アルプス伊那谷側菅ノ台から空木岳・池山登山口アプローチ図		190
240	簫ノ笛山	しょうのふえやま	191
241	尻無山	しりなしやま	191
242	池山	いけやま	191
243	熊沢岳	くまざわだけ	192
244	東川岳	ひがしかわだけ	192
245	空木岳	うつぎだけ	192
246	黒覆山	くろおおいやま	193
	中央アルプス木曽川、アプローチⅠ		194
	中央アルプス木曽川、アプローチⅡ		195
247	麦草岳	むぎくさだけ	196
248	木曽前岳	きそまえだけ	196
	中央アルプス木曽川、アプローチⅢ		197
249	赤梛岳	あかなぎだけ	198
250	南駒ケ岳	みなみこまがたけ	198
251	仙涯嶺	せんがいれい	198
252	越百山	こすもやま	198
253	南越百山	みなみこすもやま	198
254	奥念丈岳	おくねんじょうだけ	199
255	念丈岳	ねんじょうだけ	199
256	飯島町の烏帽子岳	えぼしだけ	199
257	小八郎岳	こはちろうだけ	199
258	本高森山	ほんたかもりやま	199
259	寺屋敷	てらやしき	201
260	前高森山	まえたかもりやま	202
261	吉田山	よしだやま	202
262	大島山	おおじまさん	203
263	安平路山	あんぺいじやま	199
264	摺古木山	すりこぎやま	199
265	風穴山	ふうけつやま	199
266	夏焼山	なつやけやま	204
267	兀岳	はげだけ	204
268	男埵山	おだるやま	205
269	南木曽岳	なぎそだけ	206
270	高土幾山	たかときやま	207
271	賤母山	しずもやま	208
272	摺鉢山	すりばちやま	209
273	城ヶ根山	じょうがねやま	210
274	伊勢山	いせやま	211
275	天然公園	てんねんこうえん	212
276	奥三界岳	おくさんがいだけ	213・214
277	砂小屋山	すなごややま	215
278	飯盛山	いいもりやま	216
279	大桑村の城山	しろやま	217・218
280	高曽根山	たかそねやま	219
281	大桑村の高山	たかやま	220
282	横山	よこやま	221
283	糸瀬山	いとせやま	222

ススキが原

CONTENTS

信州の山　南部326山　イラスト登山地図

284	木曽上松町の風越山	かざこしやま	223
	上松町赤沢自然休養林周辺の山全体図		224
285	阿寺山	あでらさん	225
286	大鈴山	おおすずやま	226
287	鳥捕山	とりほやま	227
288	加瀬木山	かせぎやま	227
289	上松町の愛宕山	あたごやま	228
290	台ヶ峰	だいがみね	229・230
291	甚太郎山	じんたろうやま	231
292	卒塔婆山	そとばやま	232
293	西股山	にしまたやま	232
294	高樽山	たかたるやま	233
295	小秀山	こひでやま	234・235
296	白草山	しらくさやま	236
297	箱岩山	はこいわやま	236
298	椹谷山	さわらたにやま	237
299	御嶽山	おんたけさん	238・239・240・241・242
300	三笠山	みかさやま	243
301	小三笠山	こみかさやま	243
302	仮称上垂山	かみだれやま	244
303	仮称西沢山	にしざわやま	244
304	木曽町の城山	じょうやま	245
305	大棚入山	おおだないりやま	246
306	木曽町の水沢山	みずさわやま	246
307	宮ノ越の御嶽神社	おんたけじんじゃ	247
308	姥神峠	うばがみとうげ	248
309	神谷峠	かみやとうげ	249
310	山吹山	やまぶきやま	250
311	木祖村の風吹峠	かざふきとうげ	251
312	木祖村の峠山	とうげやま	252
313	木祖村の高遠山	たかとうやま	253
314	どんねま	どんねま	254
315	木祖村の三沢山	みさわやま	255
316	立ヶ峰	たてがみね	255
317	奥峰	おくみね	255
318	木曽川源流の里	きそがわげんりゅうのさと	256
319	木曽福島スキー場	きそふくしまスキーじょう	257
320	樽上	たるうえ	258
321	切立山	きったてやま	259
322	辰ヶ峰	たつがみね	260
323	木曽町西野峠の城山	しろやま	261
324	木曽町の三ッ森	みつもり	262
325	高山市の鎌ヶ峰	かまがみね	263
326	野麦峠	のむぎとうげ	264

巫女淵の無名滝　　しずも山岩かかえのなら

1 山形村のてっぺん
やまがたむらのてっぺん／1748m／往復1時間30分

山形村に有る山

地理院地図に無い無名山であるが、2014年8月信州の山の日を記念して村民有志約60名が山頂にケルンを建てた。

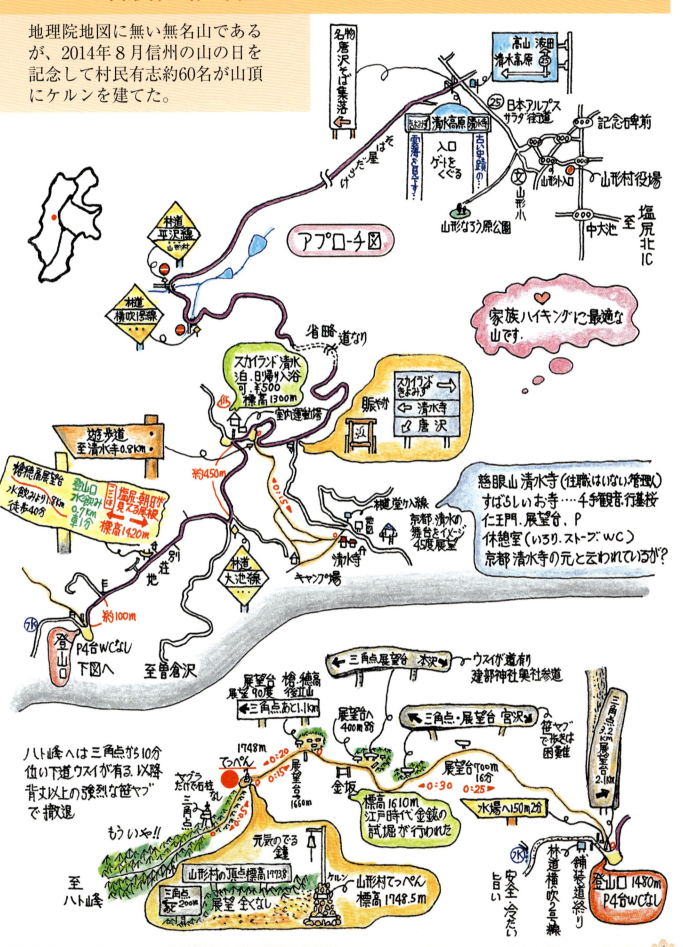

2 朝日村の城山　しろやま／871m／往復25分

別名：武居城跡又は洗馬城跡（せばじょうせき）
朝日村に有る山

城主は三村氏：1221年頃の承久の乱（鎌倉幕府の執権者北条義時ＶＳ後鳥羽上皇）の軍功により洗馬を与えられ、南北朝時代に築城したと言われている。
戦国時代は、信濃守護職小笠原氏に組した、三村氏は拠点を妙義山城（長興寺山）に移した。その後勝弦峠・塩尻峠において武田信繁（典厩）ＶＳ小笠原長時の合戦が行われたが、小笠原氏を裏切り武田方に組した、小笠原氏は敗れ越後上杉を頼って敗走した。
1550年武田氏の家臣甘利氏により誅殺され三村氏は没落する。この城は武田氏滅亡後、再び小笠原貞慶（さだよし、長時の三男小笠原流弓馬礼法者）により改修された。

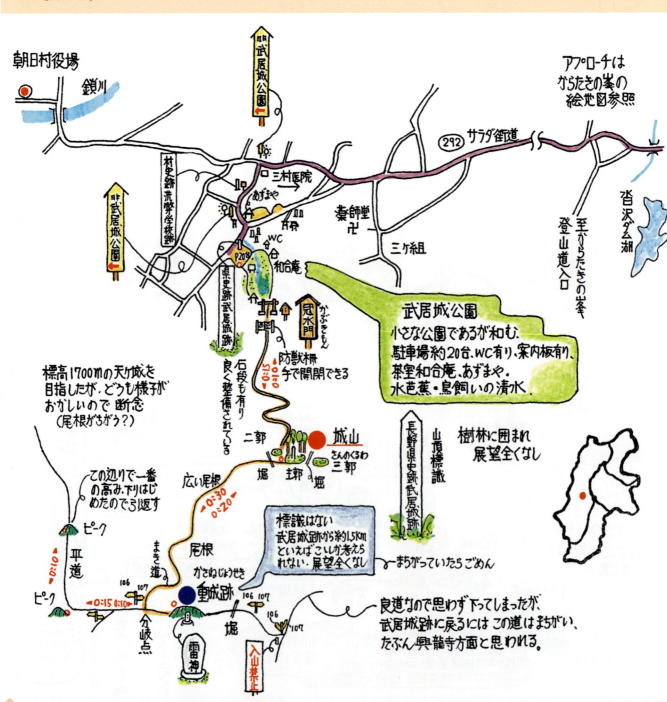

3 長興寺山 ちょうこうじやま／953m／往復1時間5分
塩尻市に有る山

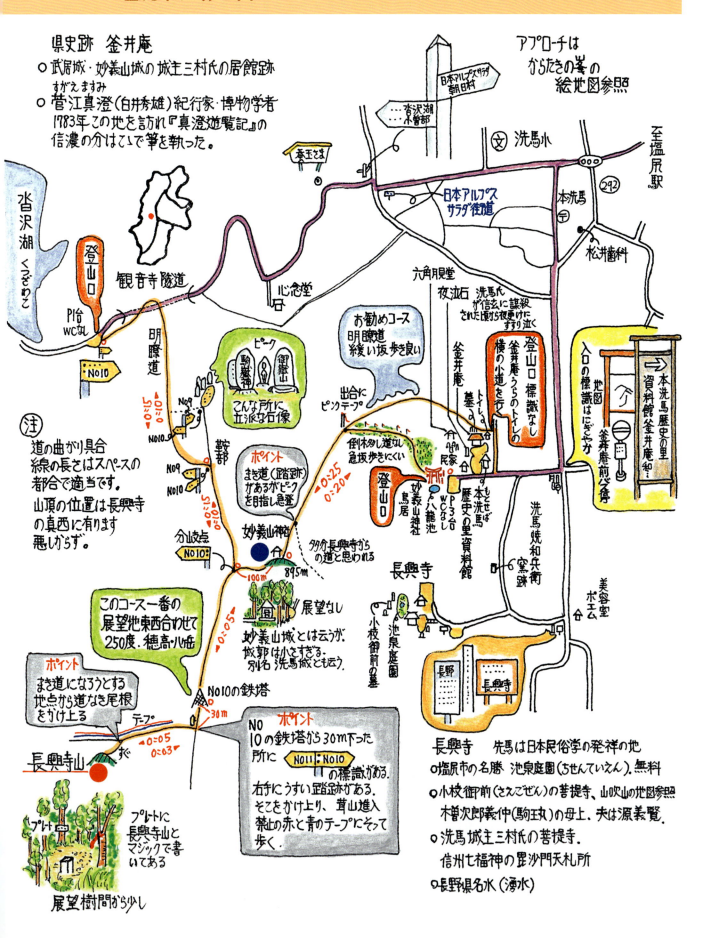

4 塩尻市の**上野山** うえのやま／918m／往復1時間20分
5 **上ノ山展望広場** うえのやまてんぼうひろば 約868m／往復40分

別名：上ノ山城址　塩尻市に有る山

ホームページに上野山と上ノ山展望広場を混同して書いてありますが、二山は別物です。
積雪期には渡れないことはないが、無積期はヤブコギで無理です。

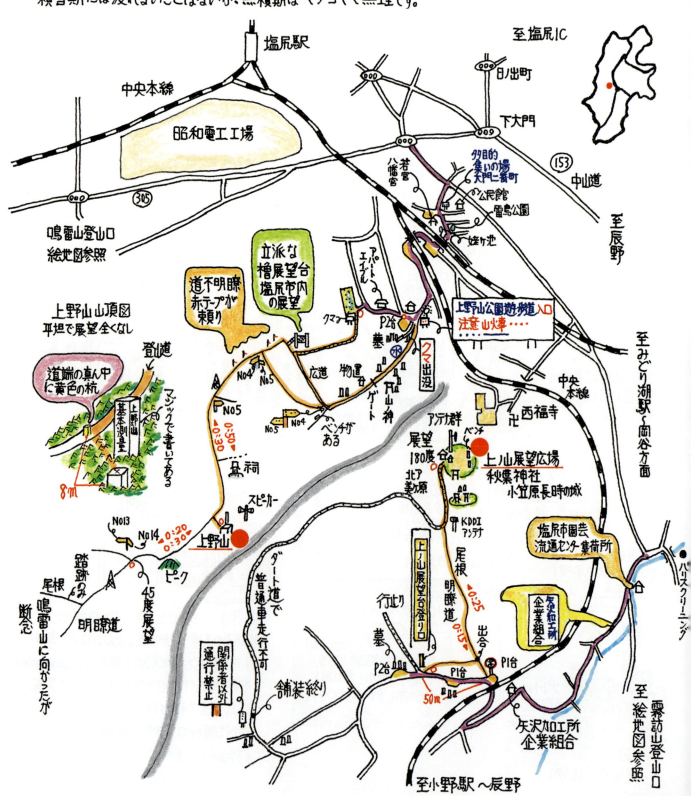

6 鳴雷山　なるかみやま／1092m／往復1時間25分
別名：鳴雷城址　塩尻市に有る山

床尾神社の「鳴雷山の火祭り」…毎年お盆すぎ雨乞いや豊作祈願の神事で松明をかざして上る山。

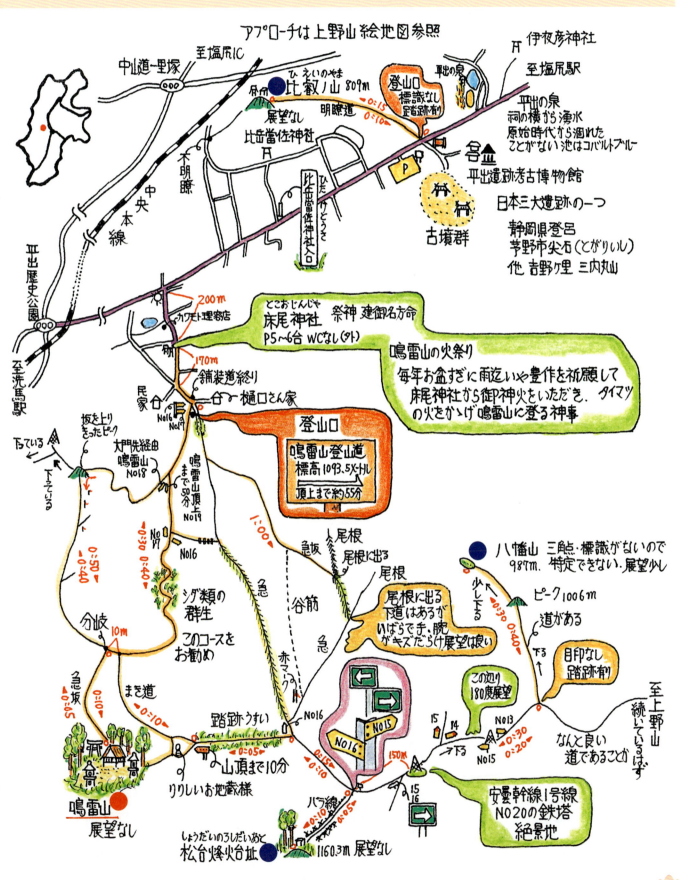

7 霧訪山 きりとうやま／1305m／往復1時間25分
8 大芝山 おおしばやま／1210m／往復1時間40分

塩尻市に有る山

里山にも関わらず360度の展望、一望千里の絶景。

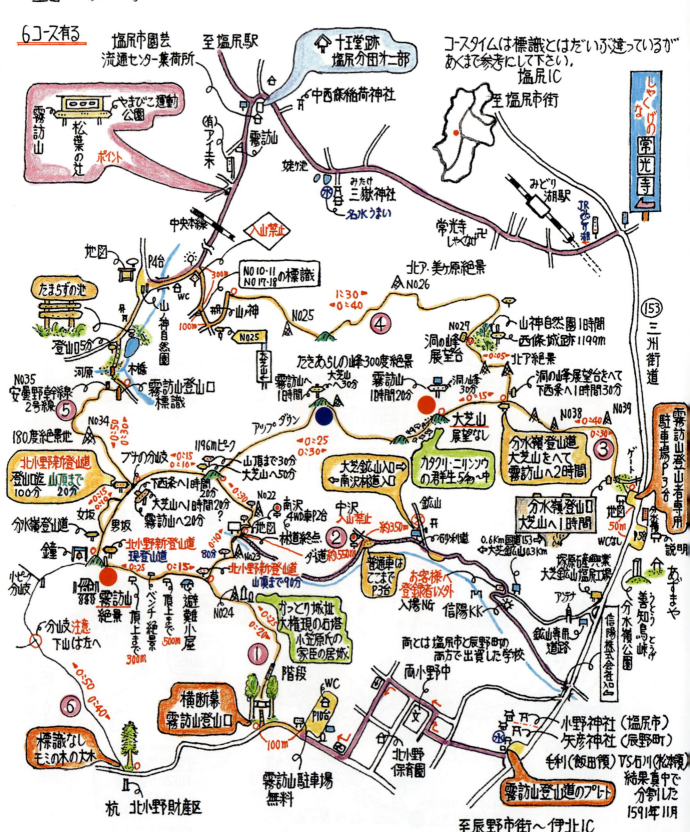

9 尖剣山 せんげんやま／1181m／往復2時間
塩尻市に有る山

10 からたきの峯 からたきのみね／1858m／往復4時間
塩尻市と朝日村の境の山

地理院地図に載っていない山

11 朝日村の鉢盛山（アキンド平・ハト峰）
朝日村側からのアプローチ図

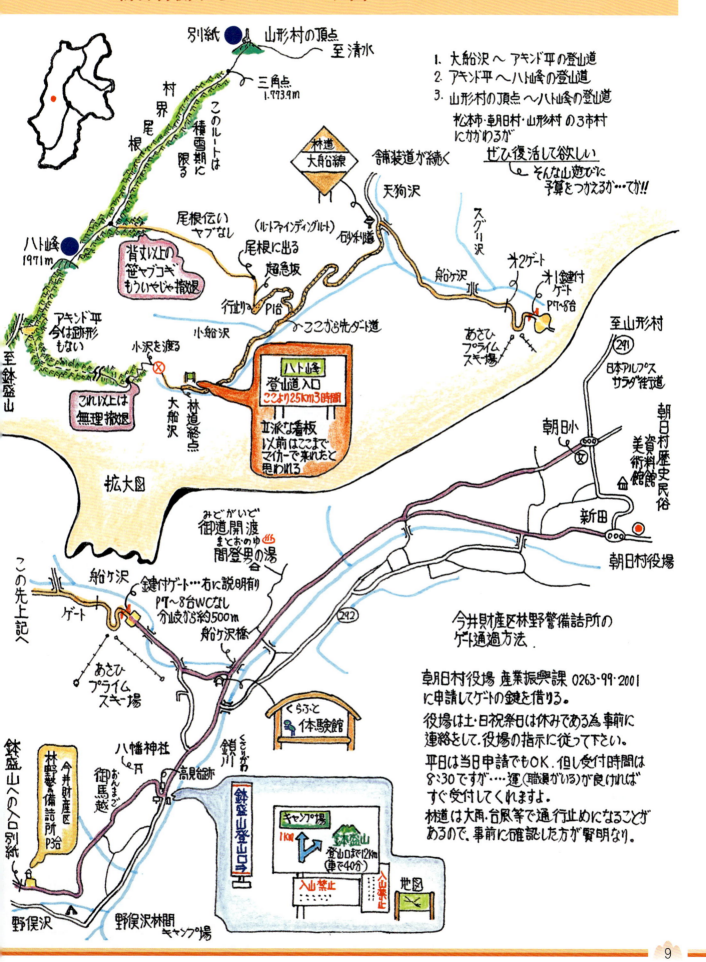

11 朝日村の鉢盛山　はちもりやま／2447m／往復3時間40分
松本市・木祖村と朝日村の境の山
木祖村側＆朝日村側からのコース

11 朝日村の鉢盛山 はちもりやま／2447m／往復6時間
松本市・木祖村と朝日村の境の山

松本市側からのコース
山周辺は2002年版の地図と比較すると、すっかりかわってしまったので、新地図で計画のこと。

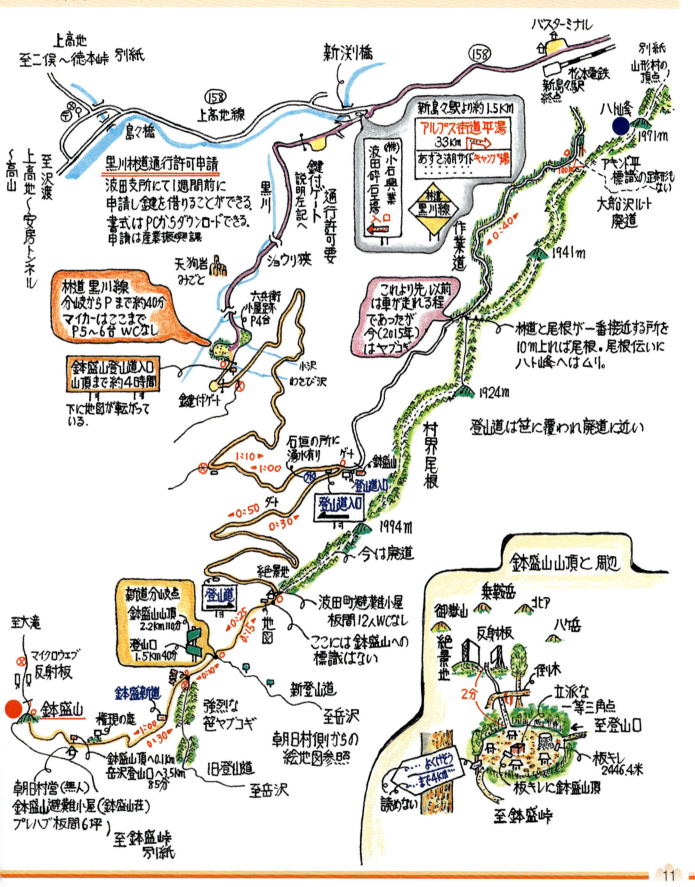

12 塩尻市の若神子山　わかみこさん／1508m／往復3時間50分
塩尻市に有る山

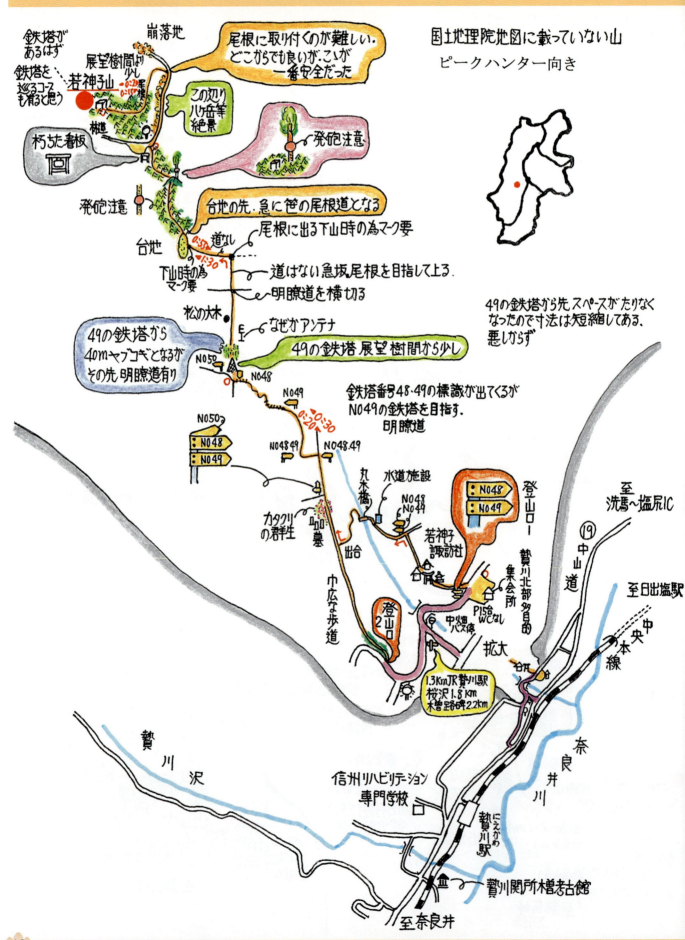

13 穴倉山 あなぐらやま／1365m／往復2時間20分
14 辰野町の城山 しろやま／876m／往復40分
辰野町に有る山

穴倉山は信仰の山：子供を亡くした家族が供養のために三十六童子の石仏を安置してある。

城山は別名龍ヶ崎城跡：1545年深志の小笠原長時はこの城で武田軍に対峙したが、武田家臣の板垣信方の攻撃により落城した。

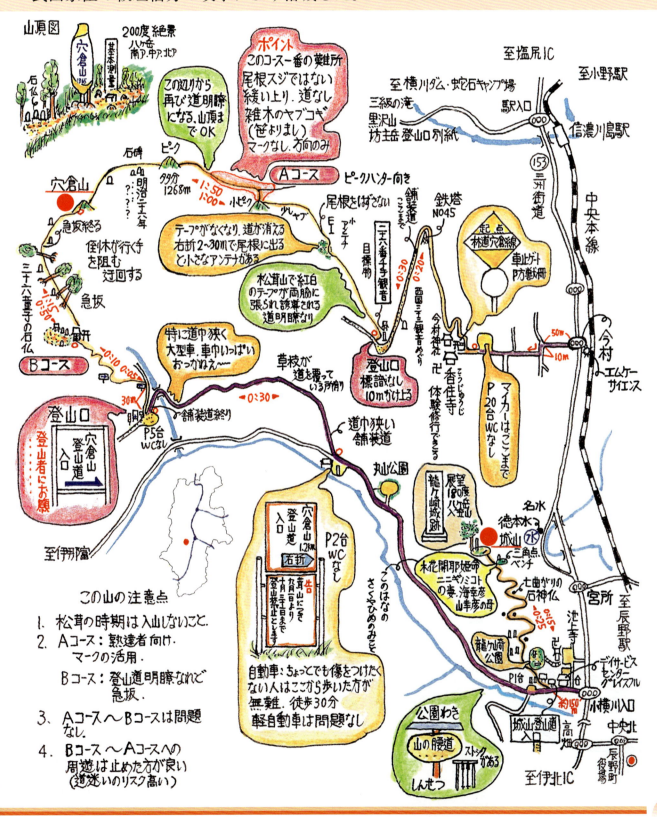

15 大城山 おおじょうやま／1027m／往復10分
辰野町に有る山…登山口は王城山になっている

パラグライダーのできる山。
北側には日本中心のゼロポイント地がある。

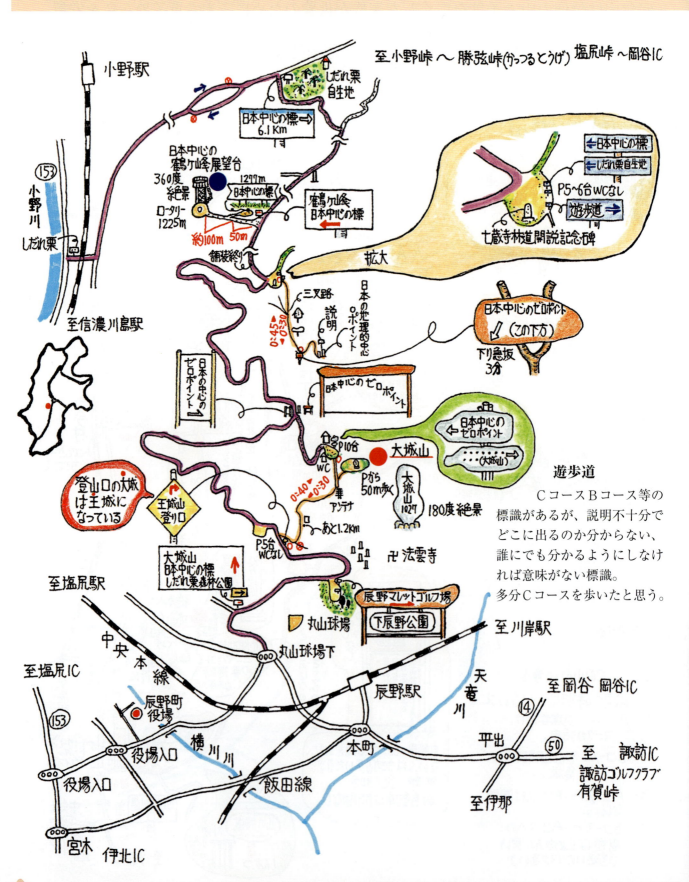

16 楡沢山　にれさわやま／1249m／往復1時間50分
辰野町に有る山

ハイキングに適した山、松茸の頃は止めた方が良い。

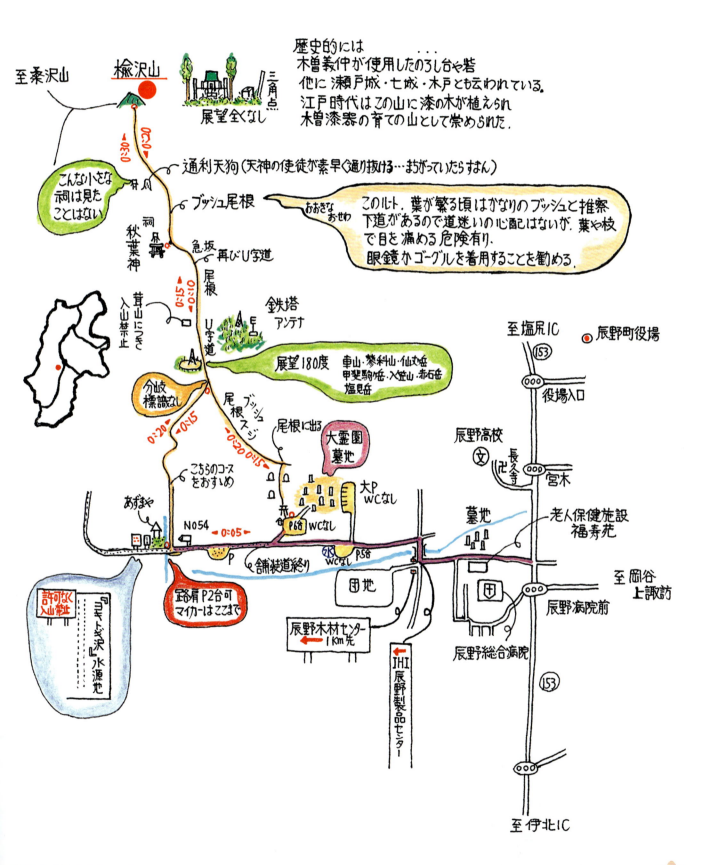

17 近江山 おうみやま／1447m／往復2時間
18 長畑山 ながはたやま／1612m／往復4時間40分
辰野町に有る山

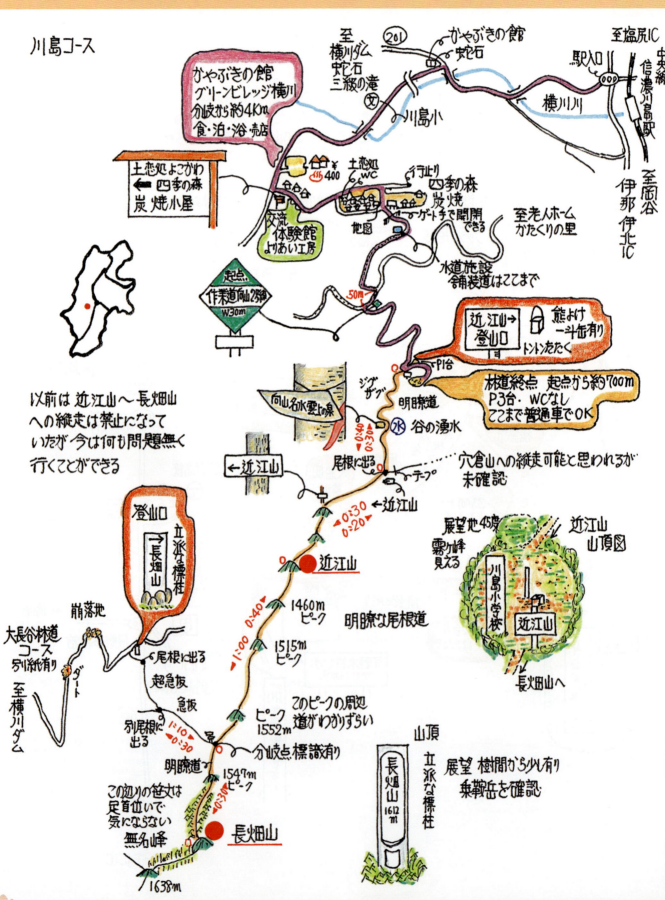

17 近江山 おうみやま／1447m／往復4時間40分
18 長畑山 ながはたやま／1612m／往復4時間

辰野町に有る山

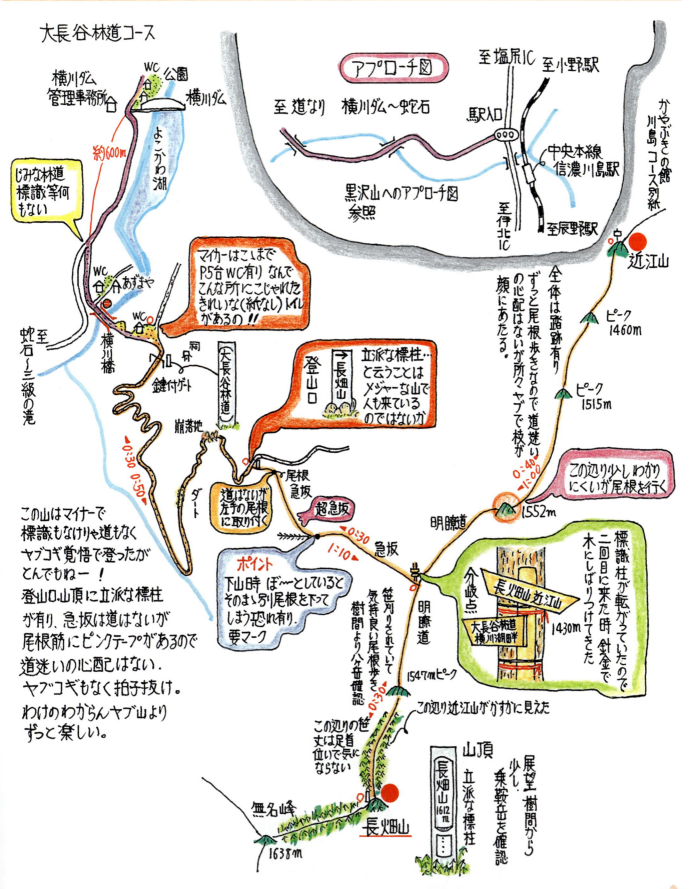

19 桑沢山 くわさわやま／1538m／往復1時間20分
辰野町と箕輪町の境の山

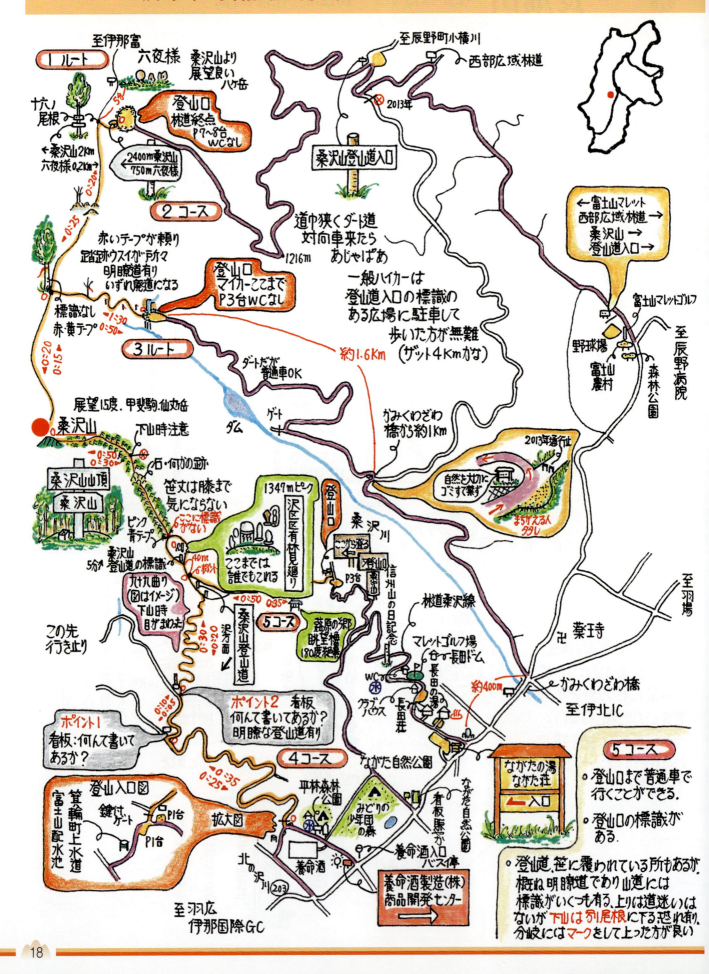

20 坊主岳 ぼうずだけ／1960m／往復8時間50分
塩尻市と辰野町の境の山

辰野町側　唐沢コース
無雪期は、ヤブコギ覚悟していたが、ヤブコギは無い、明瞭な登山道でハイカーが行ける山…難点は尾根に取付くまでが長距離（約3時間）

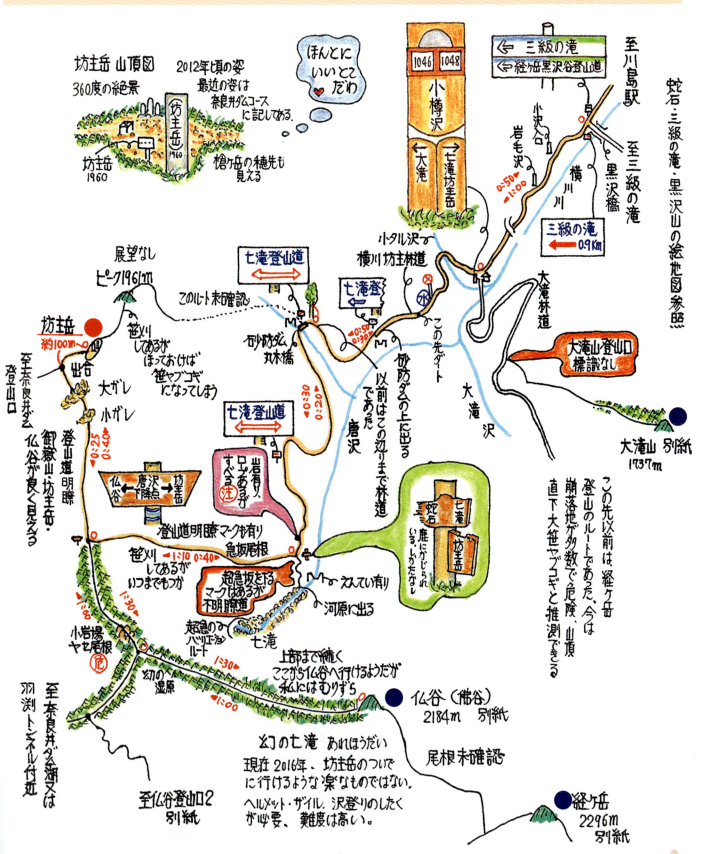

20 坊主岳 ぽうずだけ／1960m／往復3時間50分
塩尻市と辰野町の境の山

塩尻市側 奈良井ダムコースは2012年10月末笹刈してくれて、明瞭なる登山道になった。
誰でも安心して行ける山。辰野町側より遥かに楽で早い。笹が伸びても下道があるので問題はない。

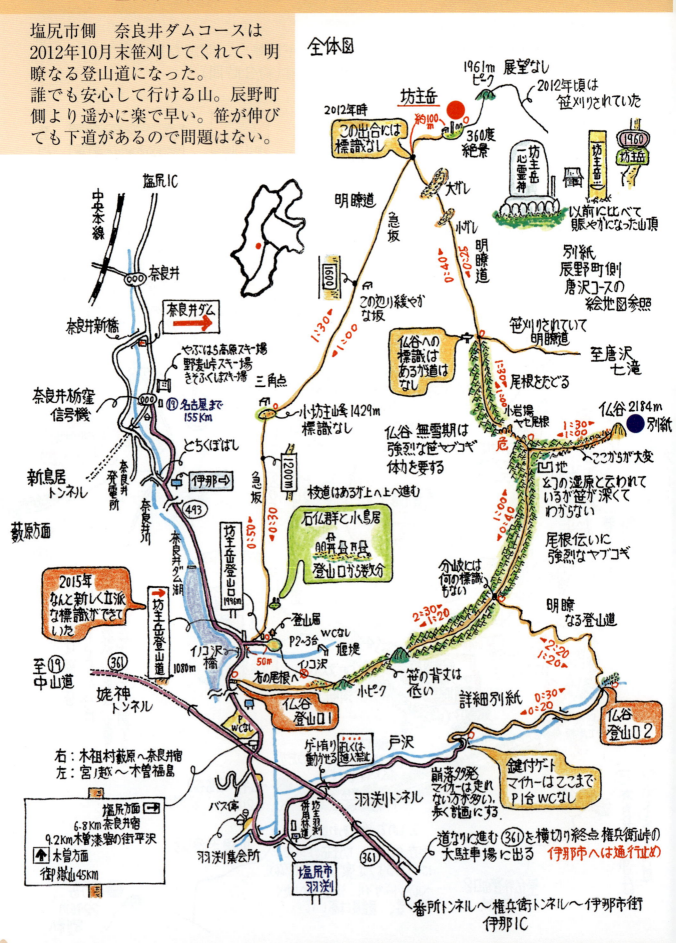

21 辰野町の大滝山　おおたきやま／1737m／往復7時間
辰野町に有る山

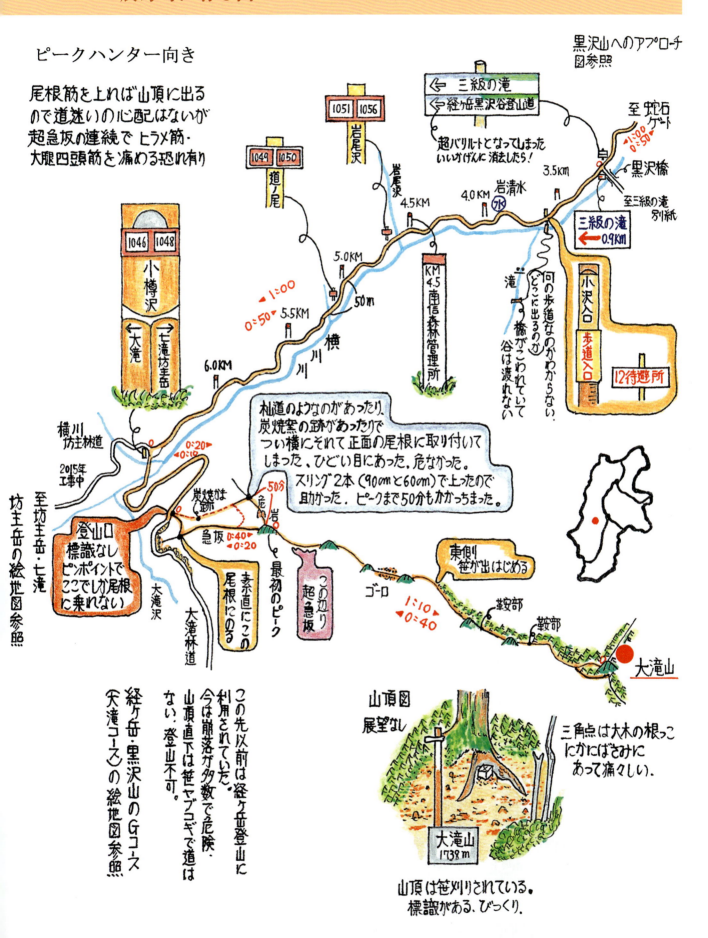

22 仏谷 ほとけだに／2184m／往復8時間
塩尻市と辰野町の境の山

経ヶ岳と黒沢山へのルートの総図
南箕輪村飛地と辰野町の境の山

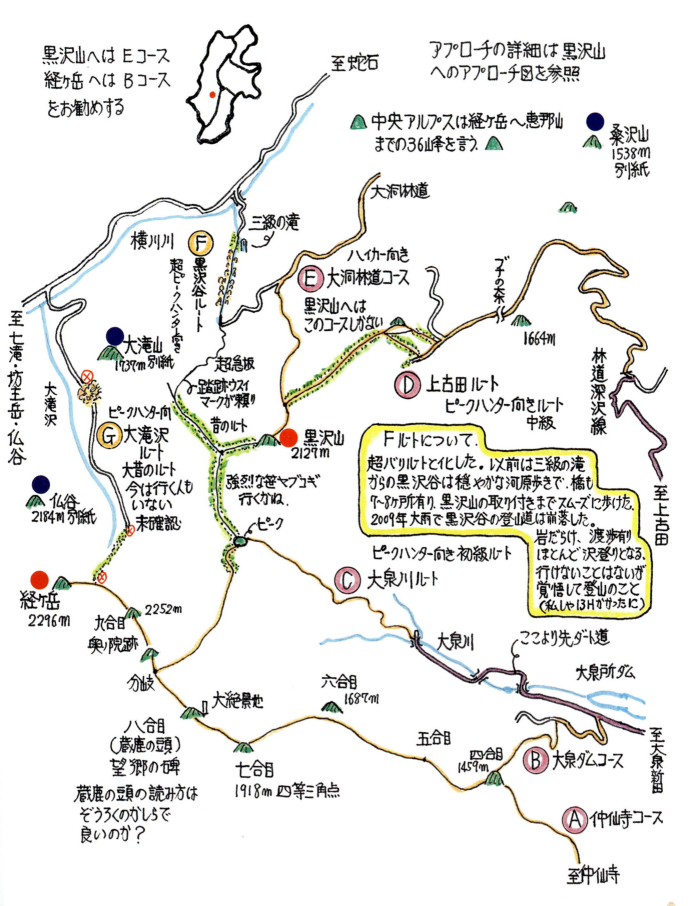

経ヶ岳へのアプローチ図

・Aコース：仲仙寺登山口　・Bコース：大泉所ダム登山口　・Cコース：大泉川上流登山口　経ヶ岳への本コースはBコースで1合目から標識が有り4合目で仲仙寺コースと出会う

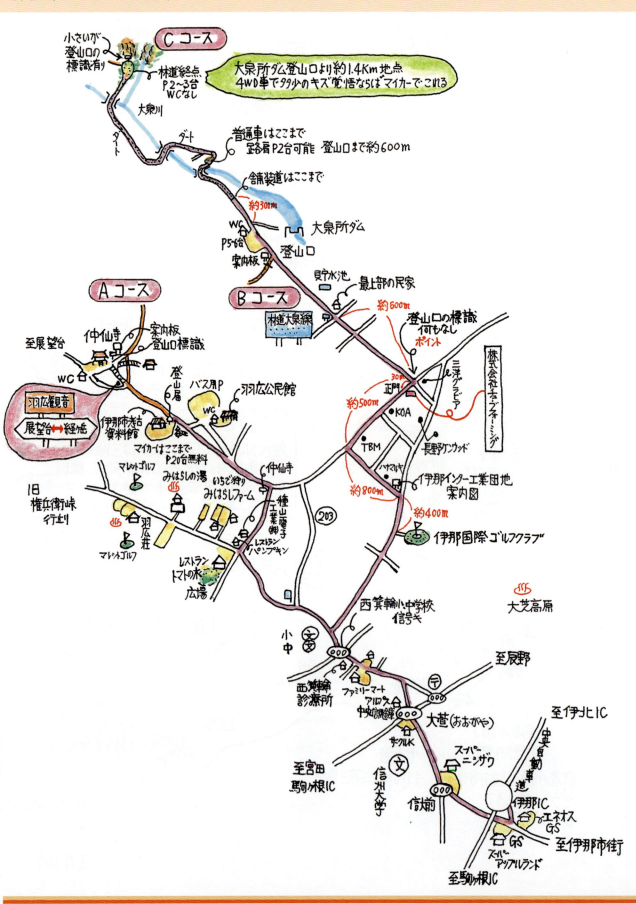

23 経ヶ岳 きょうがたけ／2296m／往復6時間40分
南箕輪村飛地と辰野町の境の山

A 仲仙寺コース　B 大泉ダムコース

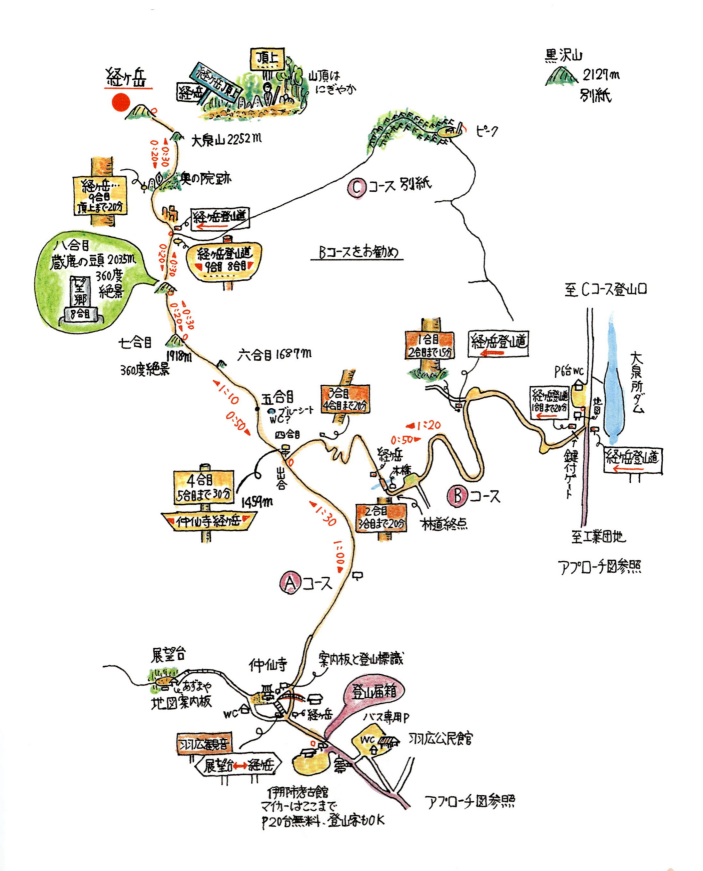

23 経ヶ岳 きょうがたけ／2296m／往復6時間30分
南箕輪村飛地と辰野町の境の山

C 大泉川コース

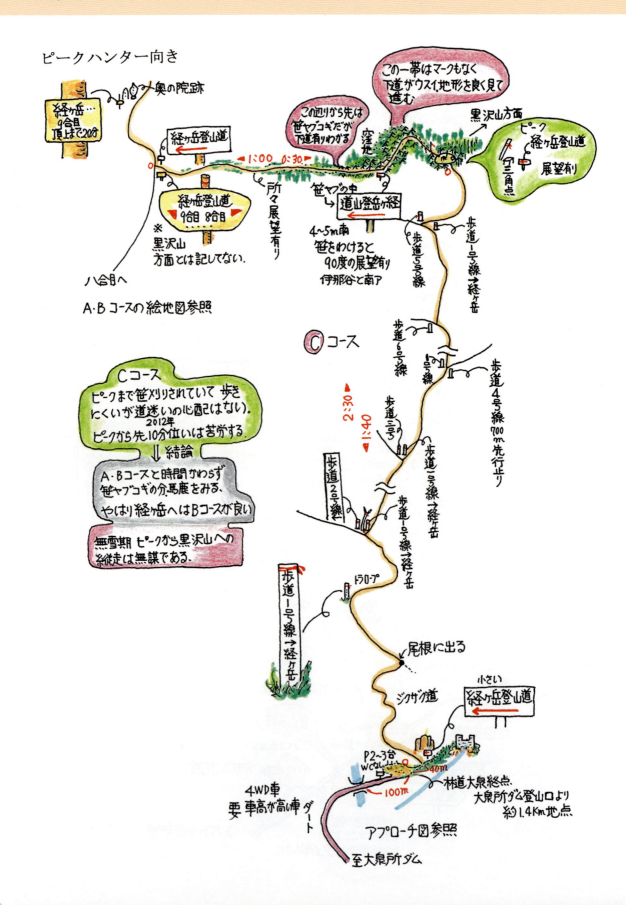

黒沢山 くろさわやま へのアプローチ図
辰野町側からのアプローチ

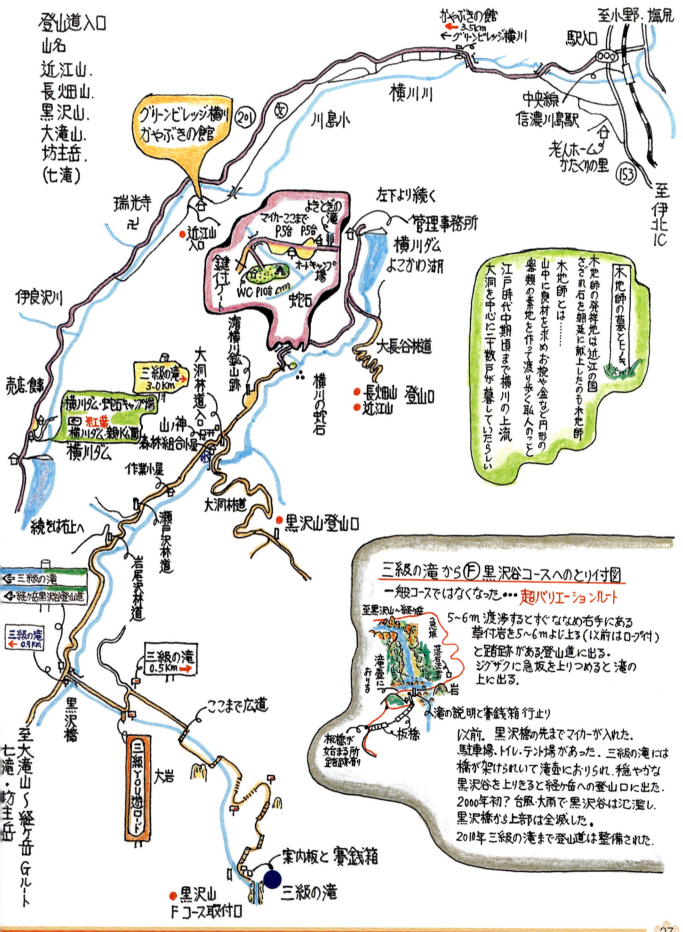

24 黒沢山 くろさわやま／2127m／往復6時間55分
辰野町と南箕輪村飛地の境の山

D：上古田（かみふるた）ルート

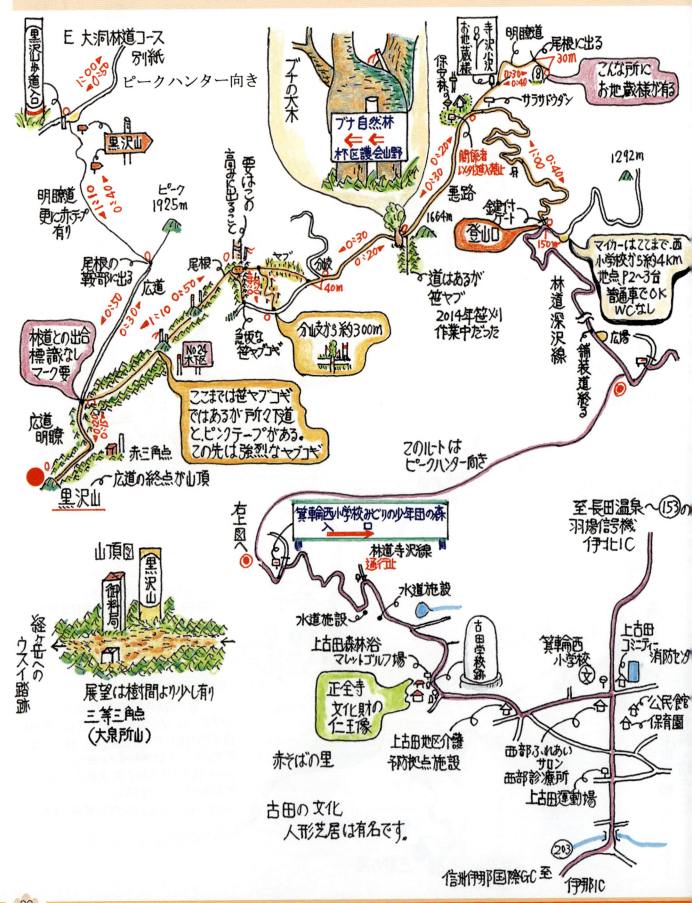

24 黒沢山 くろさわやま／2127m／往復8時間45分
辰野町と南箕輪村飛地の境の山

E：大洞林道（おおぼらりんどう）コース

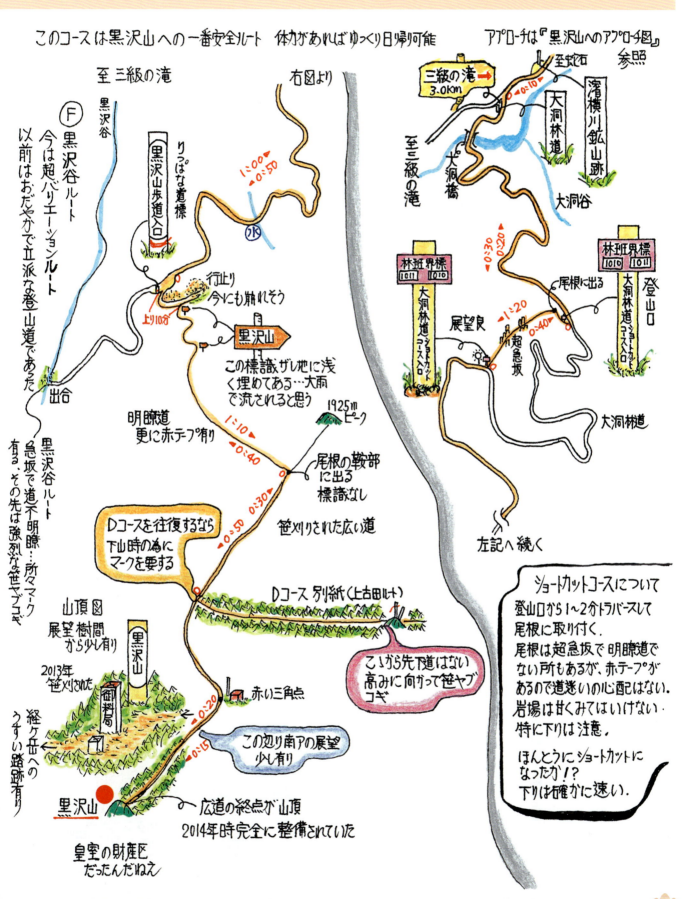

25 権兵衛峠 ごんべえとうげ／1523m／往復25分
26 権兵衛峠の無線中継所 むせんちゅうけいじょ／1806m／往復1時間15分

南箕輪村と塩尻市の境の山

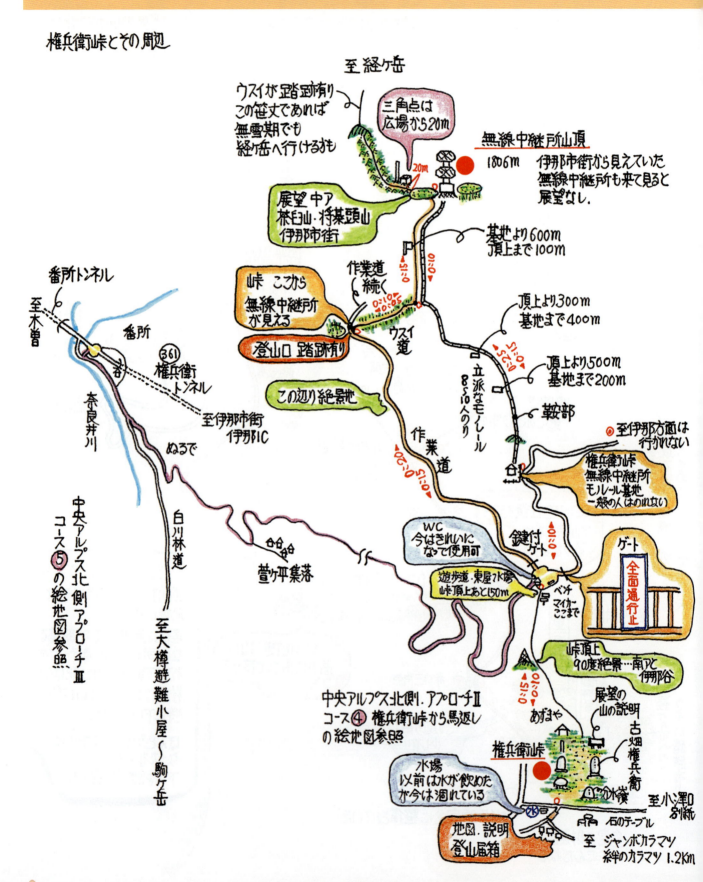

27 小式部城山　こしきがじょうやま／1120m／往復1時間50分
辰野町と箕輪町の境の山

案内板には、古式部城（こしきがじょう）とある、堀切もあり確かに城郭に見えるが小さすぎる。「平安時代末期小笠原氏によって築かれた狼煙台であると伝えられ戦国時代は武田氏の信濃侵攻時の狼煙台に用いられた」…と記してある。

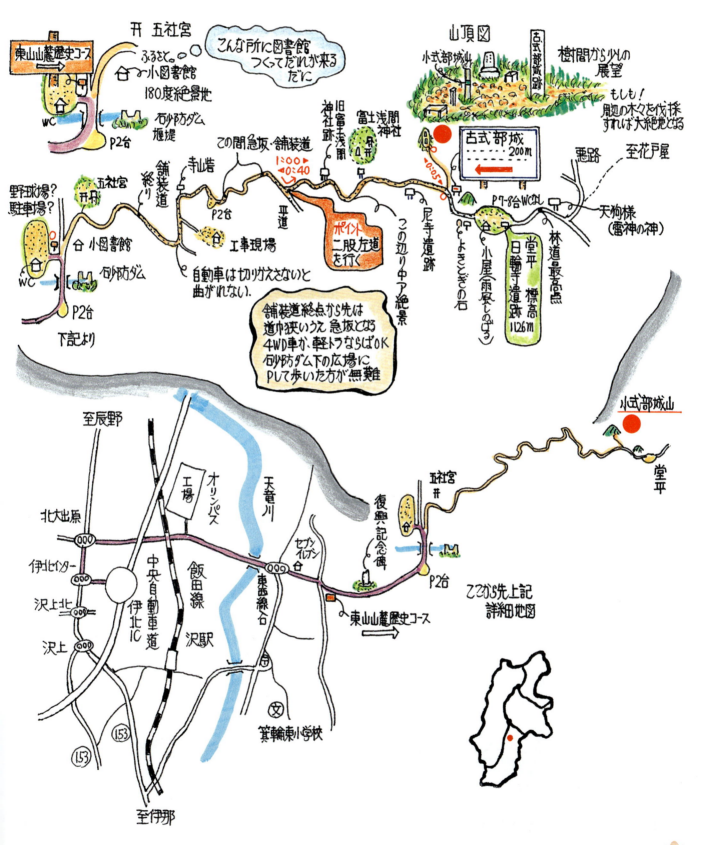

28 花戸屋 はなとや／1241m／往復2時間40分
箕輪町に有る山

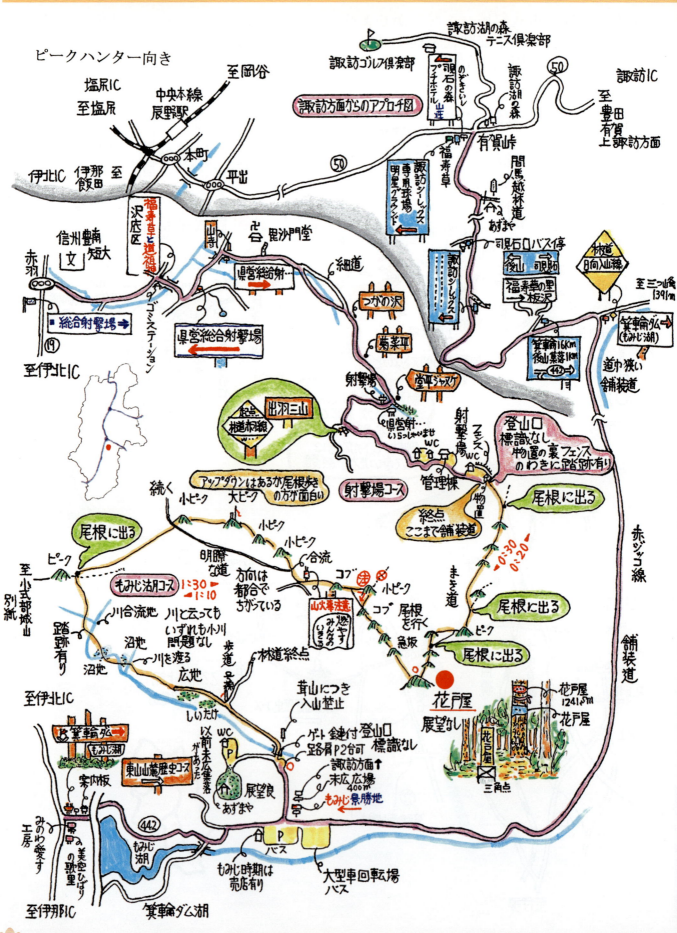

29 守屋山 もりやさん／1650m／往復2時間30分
諏訪市と伊那市の境の山

Ⅰ 杖突峠コース・立石コース・守屋神社コース

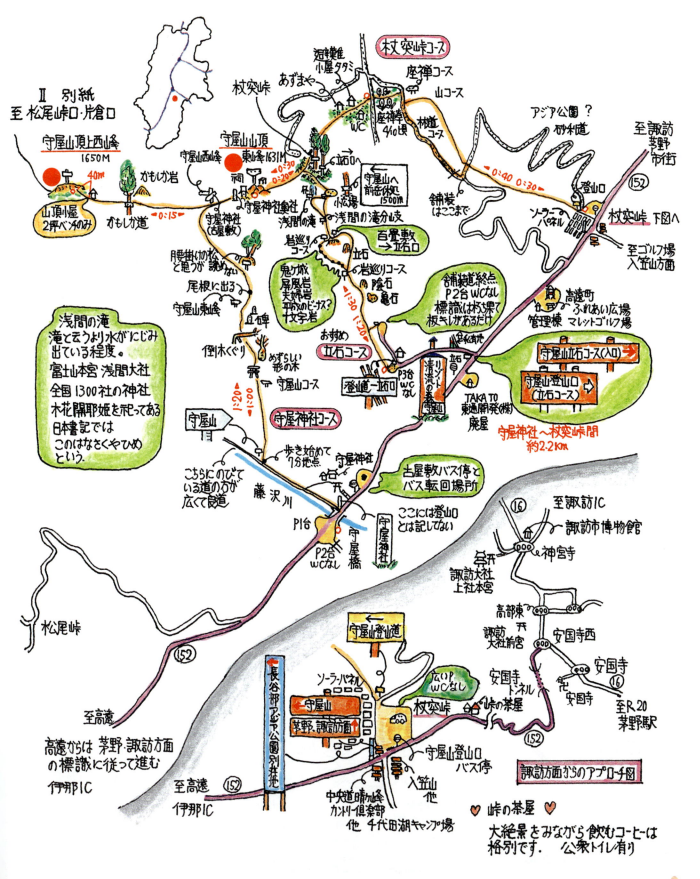

29 守屋山 もりやさん／1650m／往復2時間35分
諏訪市と伊那市の境の山

30 三つ峰 みつみね／1391m／往復30分
諏訪市と箕輪町の境の山

Ⅱ　松尾峠口コース・片倉口コース

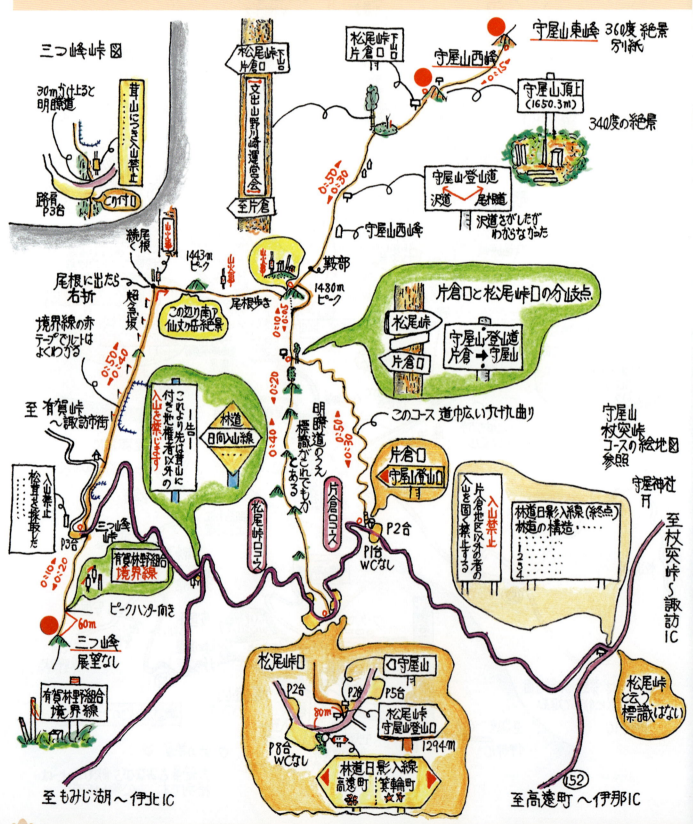

31 萱野高原 かやのこうげん／1200m／往復15分
箕輪町に有る山

福与城跡（ふくよじょうせき）別名：箕輪城跡又は鎌倉城跡
藤沢頼親の居城、1545年武田信玄に攻められ落城した。武田家滅亡後返り咲くが、高遠城の保科正直に攻められ落城した。

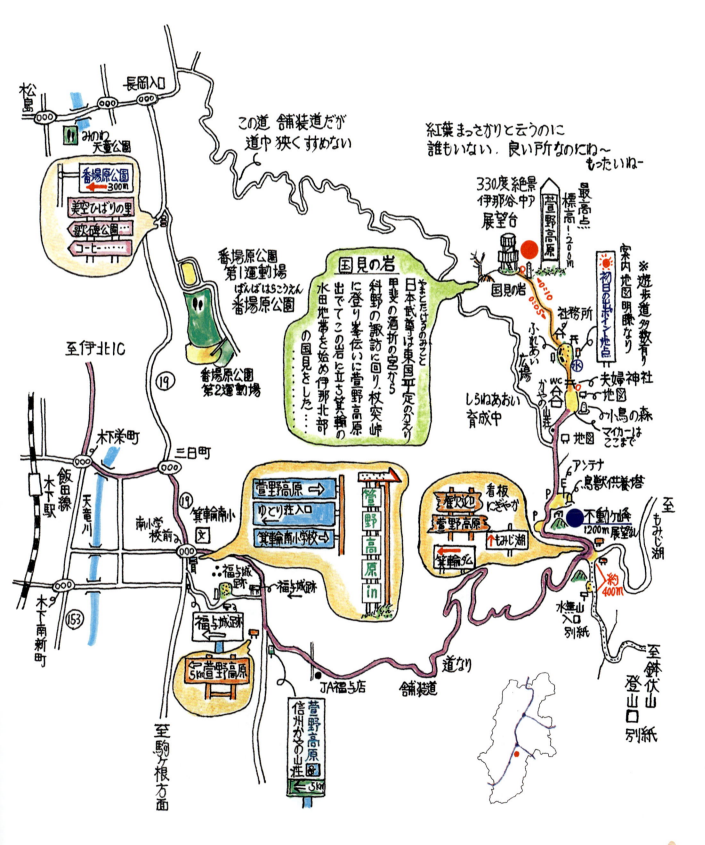

32 野口の春日城址　かすがじょうし／三角点905m／往復25分
別名野口城址とも言う

33 手良の水無山　みずなしやま／1237m／往復30分
伊那市に有る山

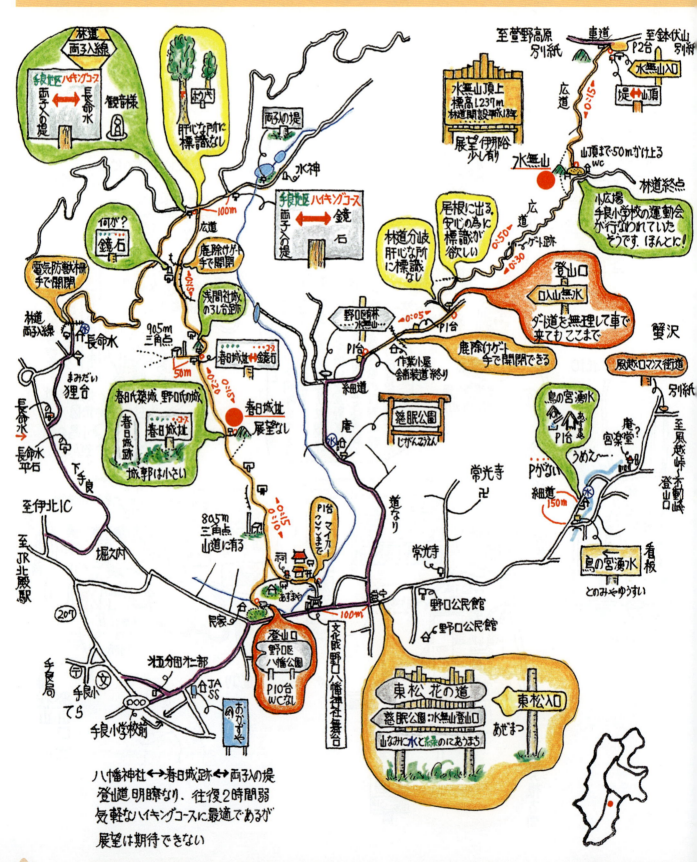

34 伊那市の鳩吹山　はとぶきやま／1320m／往復15分
伊那市に有る山

西駒ヶ岳登山コース①

　2015年8月「西駒ヶ岳、旧道15年ぶりに復活」のNEWSをローカルTVで見て…すぐに行ってみた。横山維者舎（よこやまいじゃや）の14人のメンバーで約5kmの登山道の整備をしてくれたとのこと。感謝申し上げます。

　以前はヤブコギ道で、大変疲れたが今回はヤブコギも無く、水場もあてにでき、時間も30分短縮できた。安全・安心で初心者でも登山OKになった。

　一こと言わせてもらうと、鳩吹山及び西駒登山口まで県外の人達にもわかるように、標識等で誘導してもらえれば有難い。地元の人達だけが分かっていたのではもったいない。

鳩吹山城址

　約1530年～1550年頃、倉田将監安光氏の居城と云われているが、城郭は非常に小さくほんとうに居城であったか疑問。

　福与城の藤沢氏に組し、木曽軍とも戦う。
登山道は…

　山頂まで笹刈りされていて明瞭道となり家族ハイキングも可能になった。

　あとは山頂標柱の修理と展望地までの案内標識を設置、案内が無いと知らない人は山頂までで帰ってしまう、もったいない。

35 伊那市の権現山　ごんげんやま／1749m／往復2時間40分

伊那市に有る山

中央アルプスの一角…将棊ノ頭から権現づるねを東に下る最後の山。

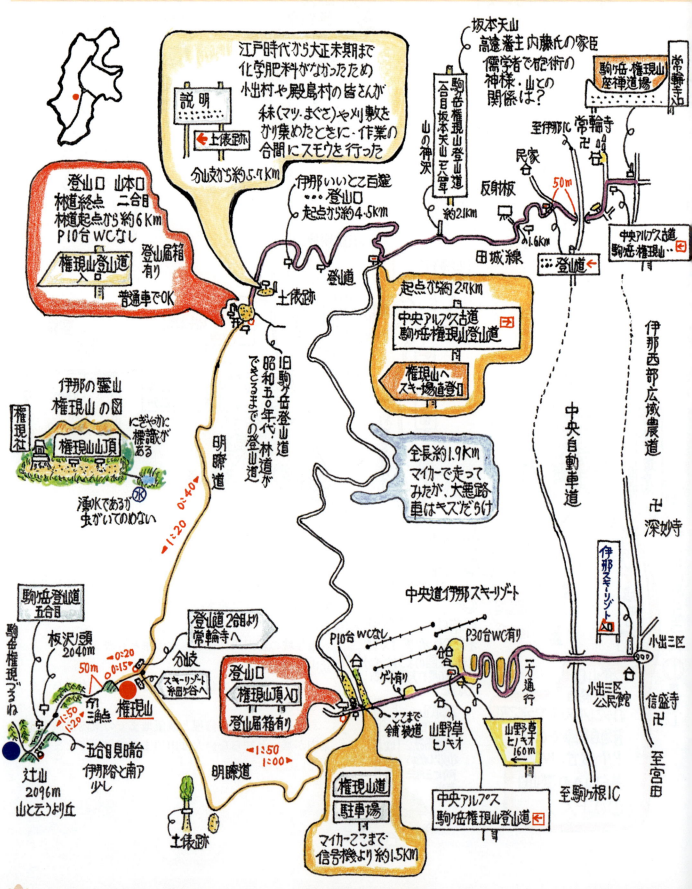

36 物見や城　ものみやじょう／1122m／往復50分
伊那市に有る山

標高：国土地理院地図では1122m…山頂標識は1125m
戦国時代：城があったわけではなく、のろしもりが常駐し非常時に狼煙を上げた場所。周辺には野田山あやめ園があるが毎年さびれて、行く人も少なくなった。
のろし：良く煙が立ち昇るのは、狼の糞を乾燥したものであったらしい。

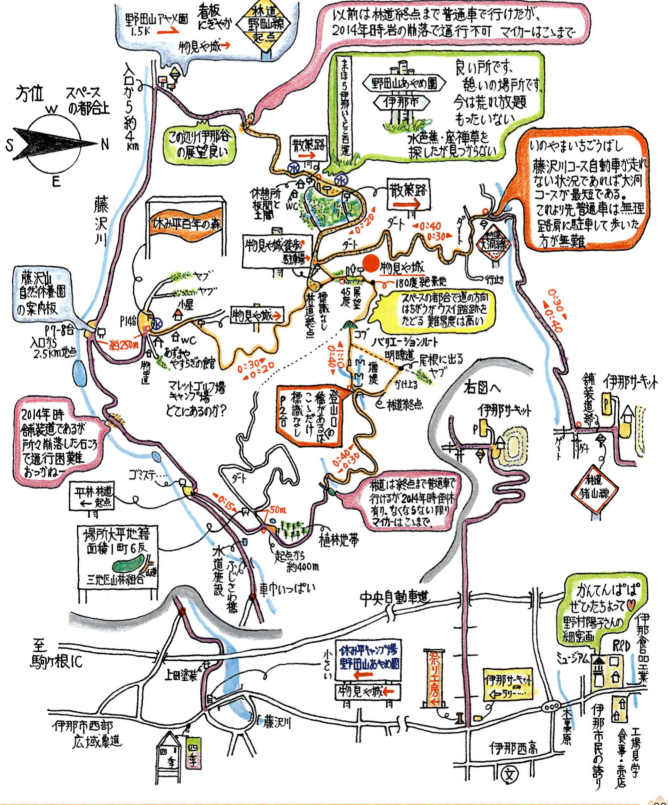

37 宮田村の城山　じょうやま／850m／往復30分
別名：宮田城跡又は北割城山　宮田村に有る山

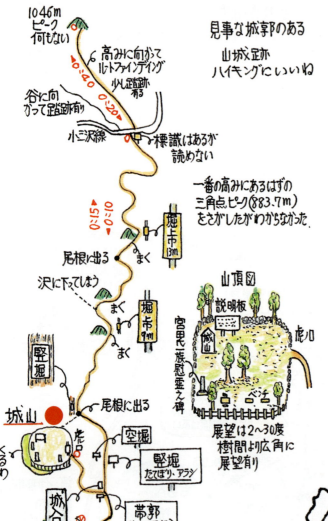

史跡　城山（じょうやま）
説明板から抜粋

周りに土塁をめぐらした主郭を中心に、東の虎口（入口）のある側に十段・西側と南側に二から三段の帯郭のほか、東側の斜面に二本の竪堀と、北の尾根にも四箇所の深い堀と、そこから山裾までの長い竪堀がある。

この城は、鎌倉時代から室町時代の間と思われます。

室町時代の合戦記や諏訪神社の祭礼の記録に、伊那侍の中に宮田を姓とする者がいたことが記されています。

その宮田氏の居館があった場所として、北割地籍が有効とされていることから、この山城は宮田氏のものであったと、考えられます。

「甲陽軍鑑」には、1556年伊那へ攻め入った武田信玄が、伊那侍を成敗したとして宮田殿ら八人の名が記されています。

宮田村教育委員会
宮田城跡保存会

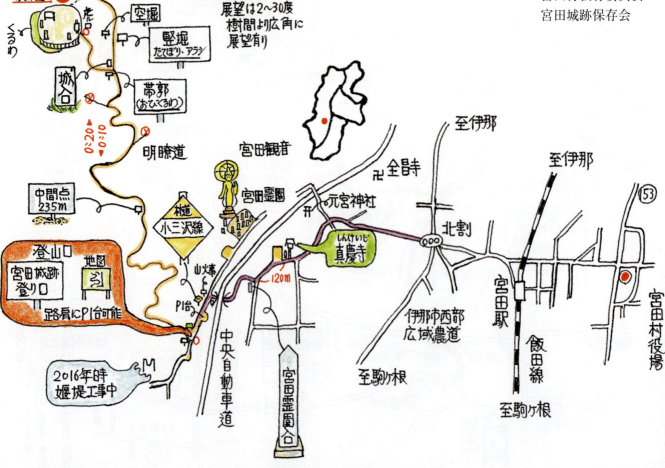

38 牛ヶ城 うしがじょう／984m／往復40分
伊那市に有る山

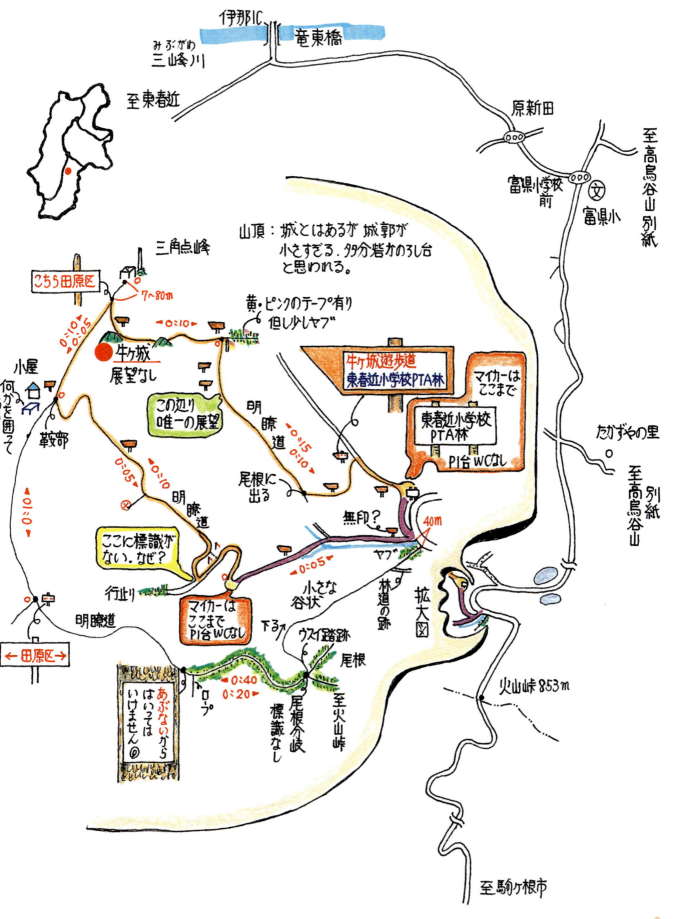

39 高烏谷山 たかずやさん／1331m／往復1時間25分
伊那市と駒ヶ根市の境の山

山頂は絶景、舗装道で自動車で行ける山です、避難小屋・トイレ・あずまや・展望案内板があり、良く整備されています。

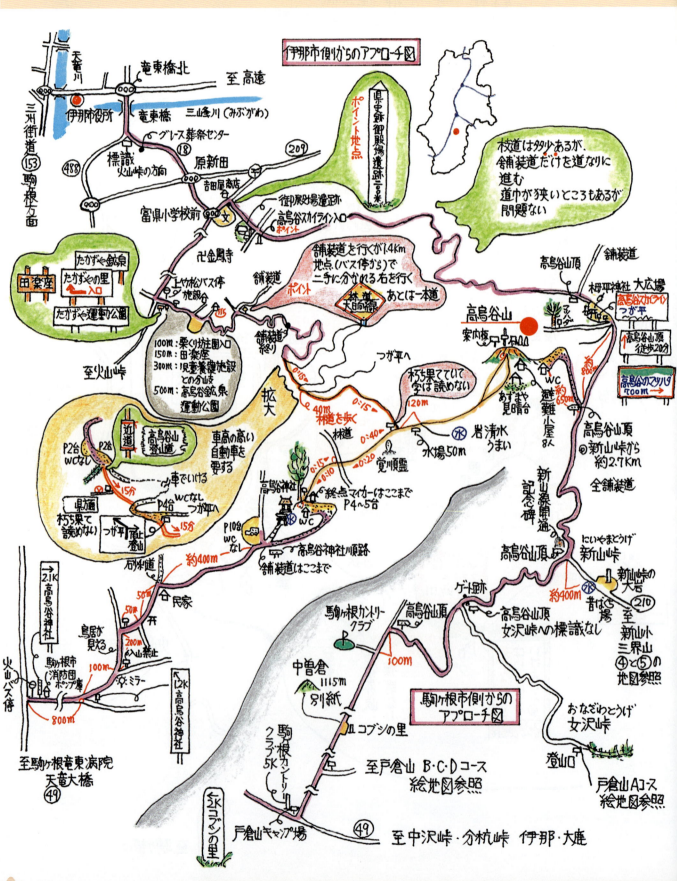

40 三界山 みつがいさん／1396m／往復30分
伊那市に有る山

5通りあるが①と④が正規のルート…止山に入ることは、昔なら殺されても文句が言えない重罪

☆……………………① 龍勝寺～又は五郎山林道コース（林道から山頂へは一番楽ちん）
入山禁止……………② 林道雨乞線　芝尾沢コース
止山につき絶対駄目③ 伊那エースCCからのコースⅠ　芝尾沢コースと合流
☆……………………④ 伊那エースCCからのコースⅡ　新山峠コースと合流
入山禁止……………⑤ 和手地区からのコース　新山峠コースと合流
①と②のコース

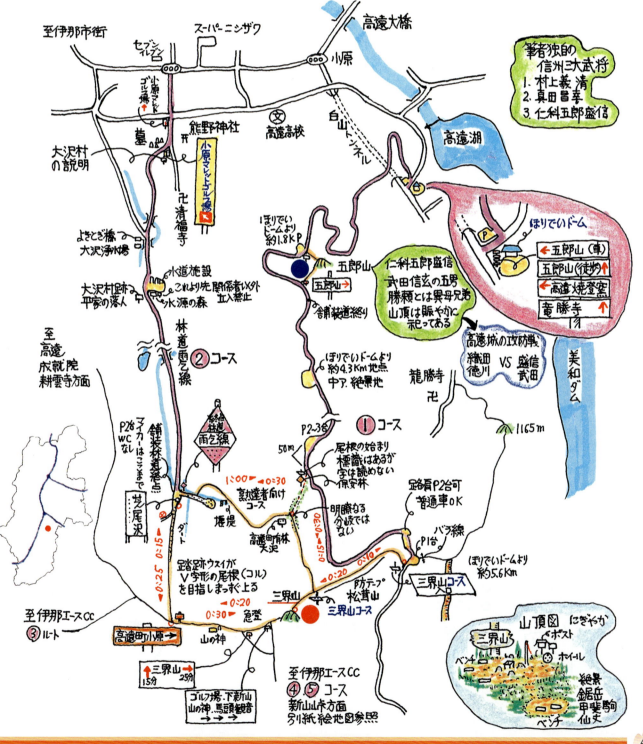

40 三界山 みつがいさん／1396m／往復2時間50分
伊那市に有る山

④と⑤のコース

41 伊那富士戸倉山　とくらやま／1681m／往復2時間10分
駒ヶ根市と伊那市の境の山

古くは十蔵山と言った。
登山コースは概ね5通り有る：ハイキングには手頃な山、山頂は東峰と西峰が有る。
日本一高所に庚申塔（こうしんとう）・摩利支天尊碑・不動明王像等祭られている。
Aコース：女沢峠～西峰…熟達者向け　難度3.0
Bコース：キャンプ場～上の森コースと合流～沢コースと合流～西峰　難度1.0
Cコース：上の森～キャンプ場コースと合流～西峰　距離一番長いと思う　難度2.0
Dコース：木地師平沢コース～西峰　距離一番短いと思う　難度2.0
Eコース：市野瀬部落（入野谷近く）～東峰　難度1.0
Aコース～Dコースの図

41 伊那富士戸倉山 とくらやま／1681m／往復1時間40分

駒ヶ根市と伊那市の境の山

市野瀬部落（入野谷近く）〜東峰
前ページからの続きEコースの図

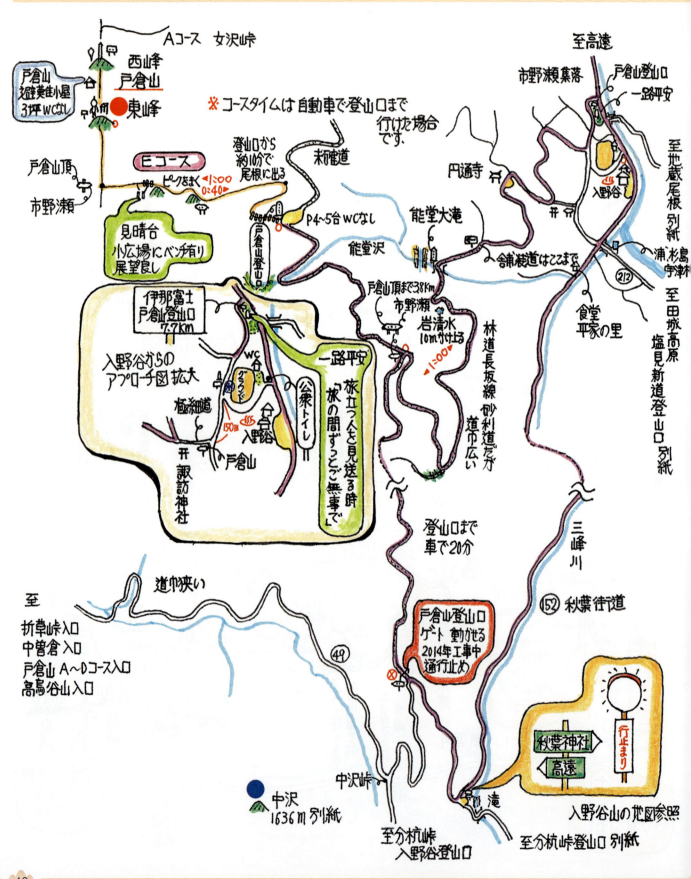

42 伊那市の鉢伏山 はちぶせやま／1453m／往復2時間30分
伊那市に有る山

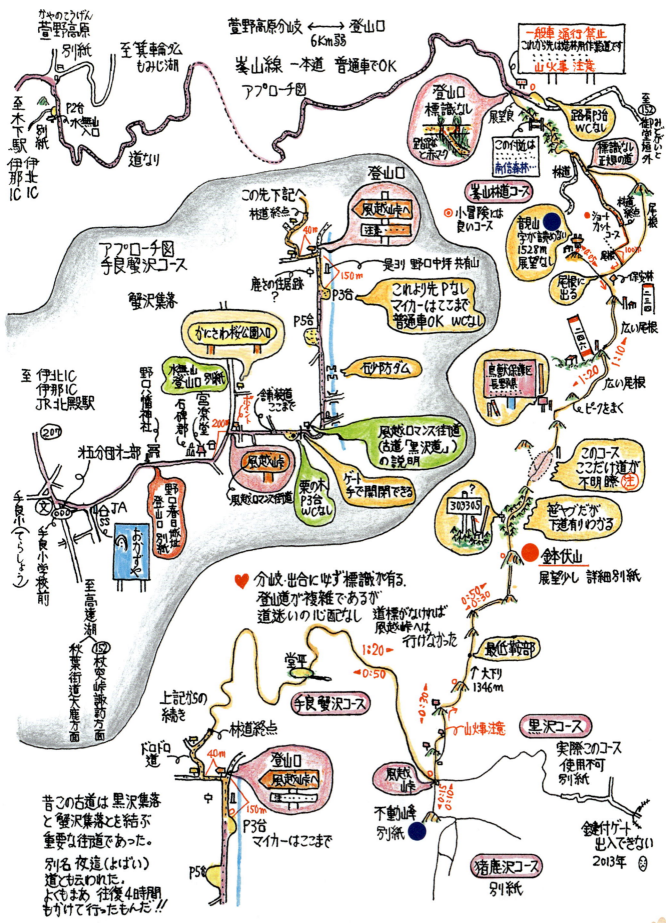

42 伊那市の鉢伏山　はちぶせやま／1453m／往復4時間30分
43 不動峰　ふどうみね／1374m／往復1時間40分
伊那市に有る山

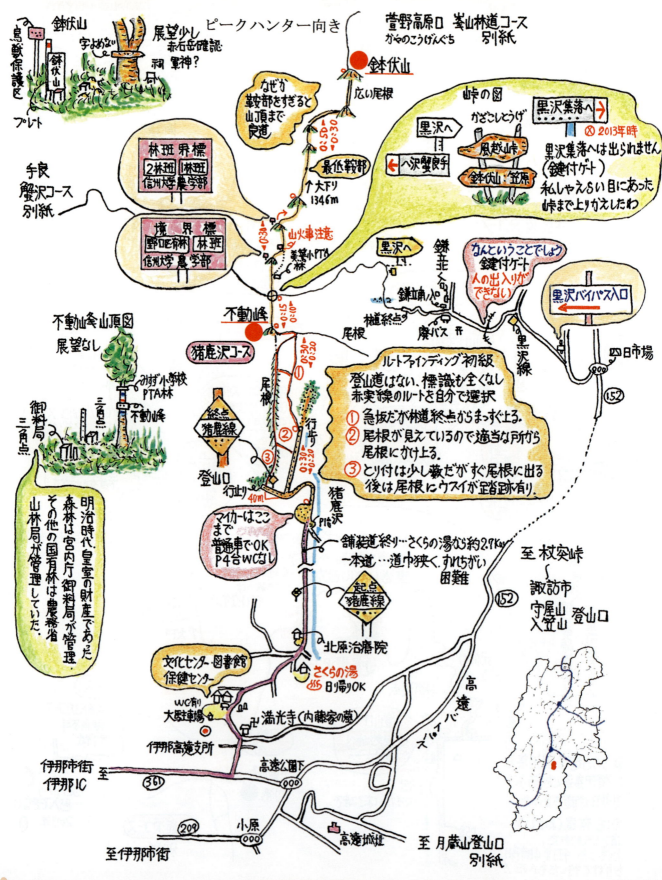

	44	伊那市の天神山	てんじんやま／806m／往復15分
	45	蟻塚城跡	ありづかじょうせき／820m／往復30分
	46	守屋山城跡	もりややまじょうせき／960m／往復1時間10分

伊那市に有る山

久々に見た大きい城郭。蟻塚城跡と守屋山城跡は大きくすばらしい山城跡である。

守屋山城跡は登山道を整備すれば良いハイキングコースとなるでしょう、一人でも多くの人に見てもらうと良いと思う。

また周辺は本当に『いいとこ百選』だわ！！

天神山：別名天神山城、平安時代の笠原氏のもので蟻塚城の支城と思われる。
蟻塚城跡：別名中の城、諏訪一族の分家で地名から笠原を名乗った笠原氏の居城。
源平合戦の頃、平氏に仕えていた笠原平五頼直は木曽義仲の配下村山氏・栗太氏と戦い破れ越後に逃れた。
守屋山城跡：蟻塚城の詰めの城、守屋山の砦とも云う、標高は約960m。

47 月蔵山 がつぞうざん／1192m／往復1時間50分
伊那市に有る山　別名：つきくらやま

高遠と云えば歴史の町……下諏訪町と並び歴史の宝庫
高遠城：南北朝時代の頃から諏訪家一族である高遠氏が支配したが、後武田信玄に敗れる。
1547年：武田信玄が拡張、改築した名城。1582年織田信忠軍ＶＳ安曇野城主仁科五郎盛信の戦いで織田軍が勝利する。徳川時代保科家に二代将軍秀忠の隠し子正之が養子となり、保科正之の歴史が始まる（徳川家光の時松平正之を名乗る）……その後山形最上より鳥居忠春・摂津より内藤修理亮昌豊（ないとうしゅりのすけまさとよ）が入城し内藤家は明治維新まで続くことになる。
進徳館：1860年内藤家８代藩主頼直は三の丸に学問所を開設し進徳館と名付けた（文学部・武学部）。1872年（明治５年）小学校ができ、筑摩県では78校設立される……現在の長野県の教育のルーツがここにある。偉大な人物が育っている：阪本天山「砲術の神様」・中村元恒（もとつね）父・中村元起（げんき）子「学者」・中村弥六「近代林学の権威者」・伊沢修二「東京師範学校長・東京音楽学校学長(現東京芸術大学)」・「点字の基礎を創る」。
新宿御苑：デートスポット……内藤家の江戸屋敷跡。
他の見所：絵島の囲み屋敷跡・明治８年からのこひがん桜・諏訪勝頼の墓・勝頼の母の墓等々

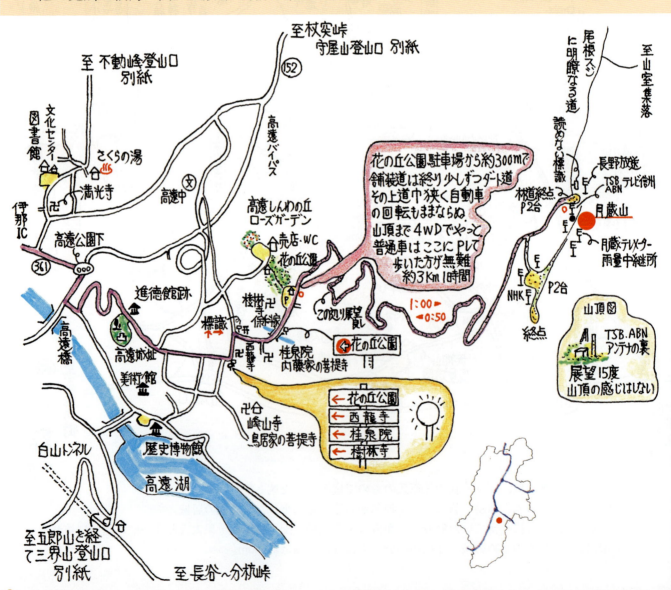

48 鹿嶺高原 かれいこうげん／1852m／往復15分
伊那市に有る山

家族ハイキングに最適な山・入笠山〜鹿嶺高原トレッキングコース

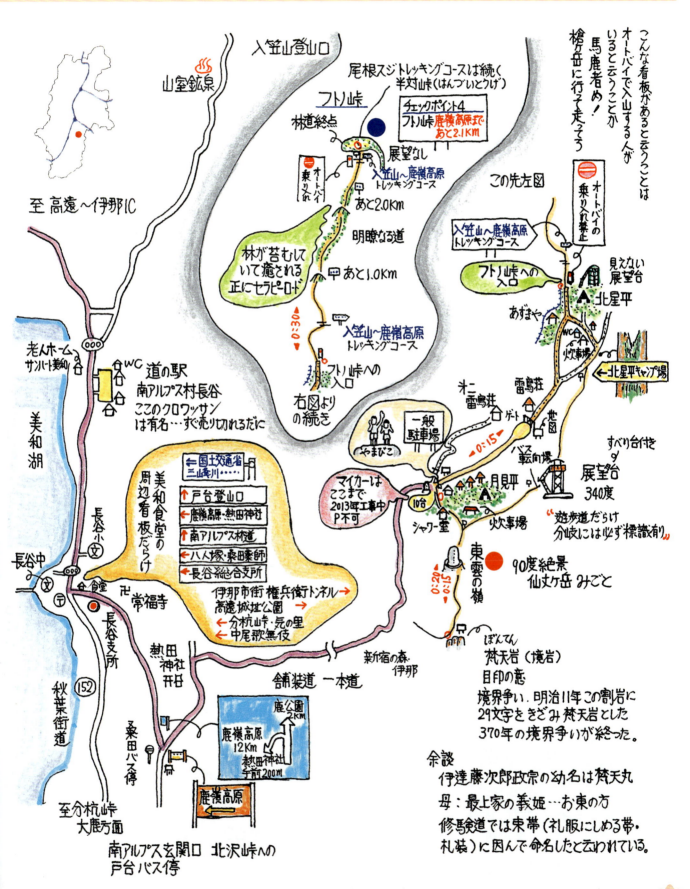

49 入笠山　にゅうかさやま／1955m／往復30分
50 大沢山　おおさわやま／1870m／往復30分
伊那市と富士見町の境の山
51 アカノラ山　あかのらやま／1799m／往復40分
富士見町に有る山

高山植物の豊かな、1年中遊べる安全安心の山・すずらんの群生地。
入山ルート多数有り…伊那市側：戸台・杖突峠。諏訪市側：杖突峠。
富士見町側：沢入・ゴンドラ。

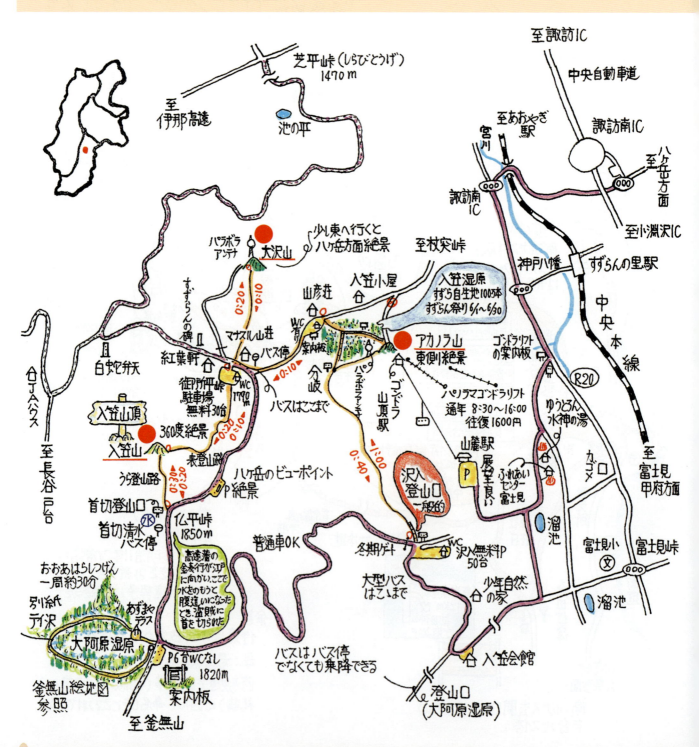

52 釜無山 かまなしやま／2116m／往復4時間40分
伊那市と富士見町の境の山
テイ沢から大阿原湿原ルート

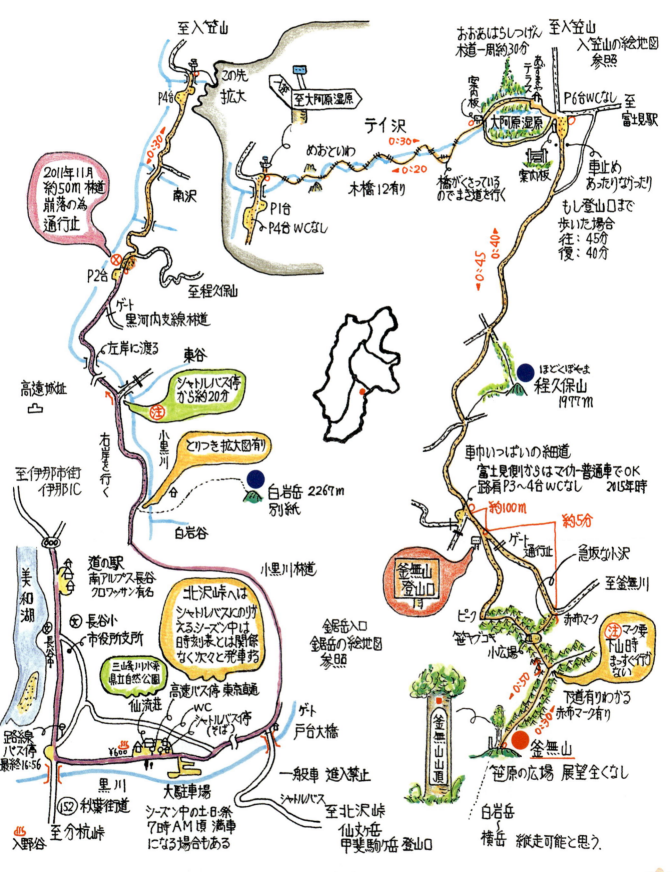

53 白岩岳　しろいわだけ／2267m／往復5時間15分

伊那市と富士見町の境の山

この山をメジャーの山にして、多数の人が安心安全登山が出来るようにしたいものです、山頂展望は270度位ですが、展望の方角が良い（すばらしい）…南アの鋸岳が奥穂のジャンダルムに見える。

難度はやや高い…①取付き場所が解りにくい（登山道の標識は一切なし）
②踏跡がうすい為マークが頼り…屋根に取付くまでは、マークがありすぎて迷う、ルートファインディングが要求される。

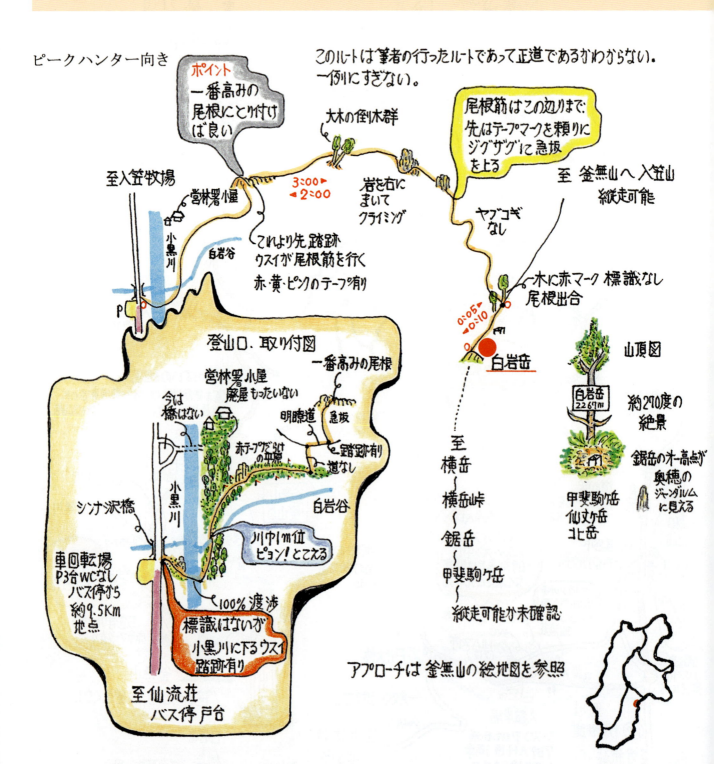

南アルプス鋸岳付近総図

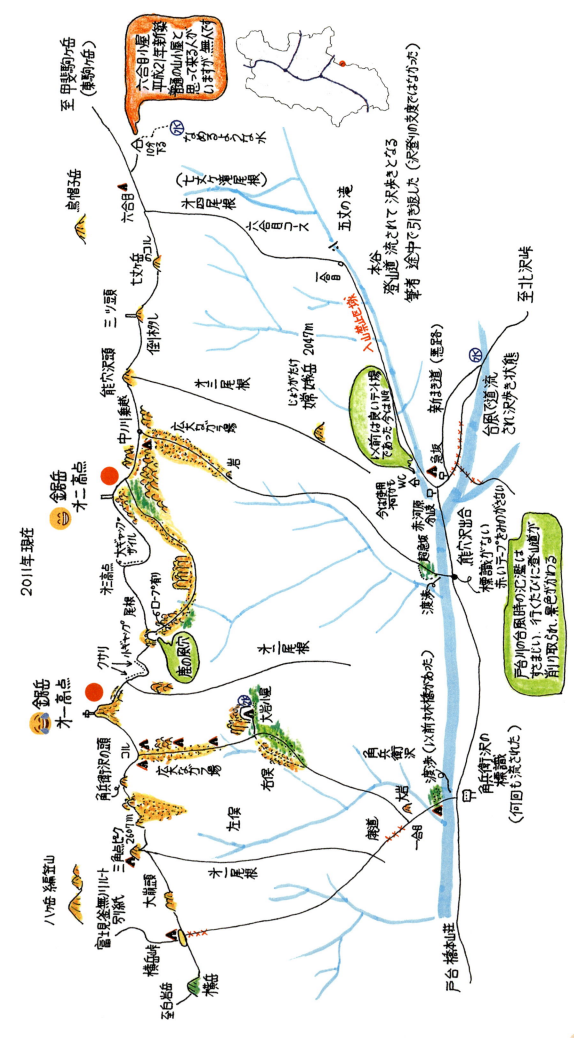

54 南アルプス伊那市側 鋸岳 のこぎりだけ／2685m／往復13時間30分
伊那市と山梨県北杜市の境にある山

全体的には難度は高いが、今はクサリが付き、登山道もわかるので、行って来た人の難しい話に惑わされず、思い切って挑戦すればいい、（注意すべき点は落石と体力）。

第一高点だけであれば、富士見町の釜無川からのルートを勧める…難度は下がり仙丈ヶ岳の登山ができれば、問題ない。

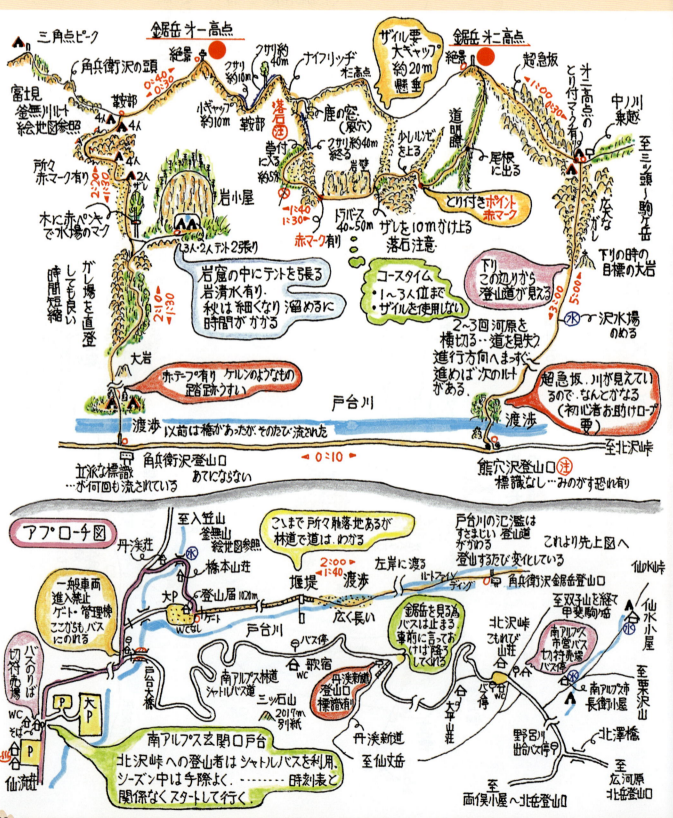

54 南アルプス富士見町側 鋸岳 のこぎりだけ／2685m／往復12時間20分
伊那市と山梨県北杜市の境にある山

このコースは第一高点までを往復（1泊2日のテント泊）…健脚者は日帰り可能。
又は第二高点までを往復（2泊3日テント泊）…健脚者は1泊2日可能。

55 三ッ石山 みついしやま／2017m／往復3時間
伊那市に有る山

| 56 | **甲斐駒ヶ岳** | こまがたけ／2967m／往復5時間50分 |

伊那市と山梨県北杜市の境の山

| 57 | **仙丈ヶ岳** | せんじょうがたけ／3033m／往復6時間40分 |
| 58 | **伊那荒倉岳** | いなあらくらだけ／2519m／往復13時間40分 |

伊那市と山梨県南アルプス市の境の山

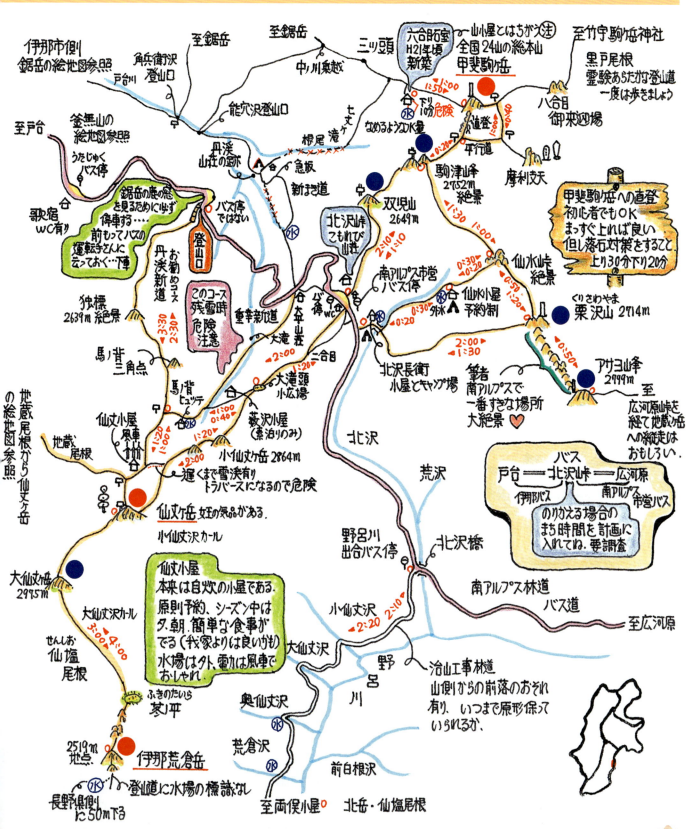

南アルプス仙丈ヶ岳
地蔵尾根 (じぞうおね) へのアプローチ図

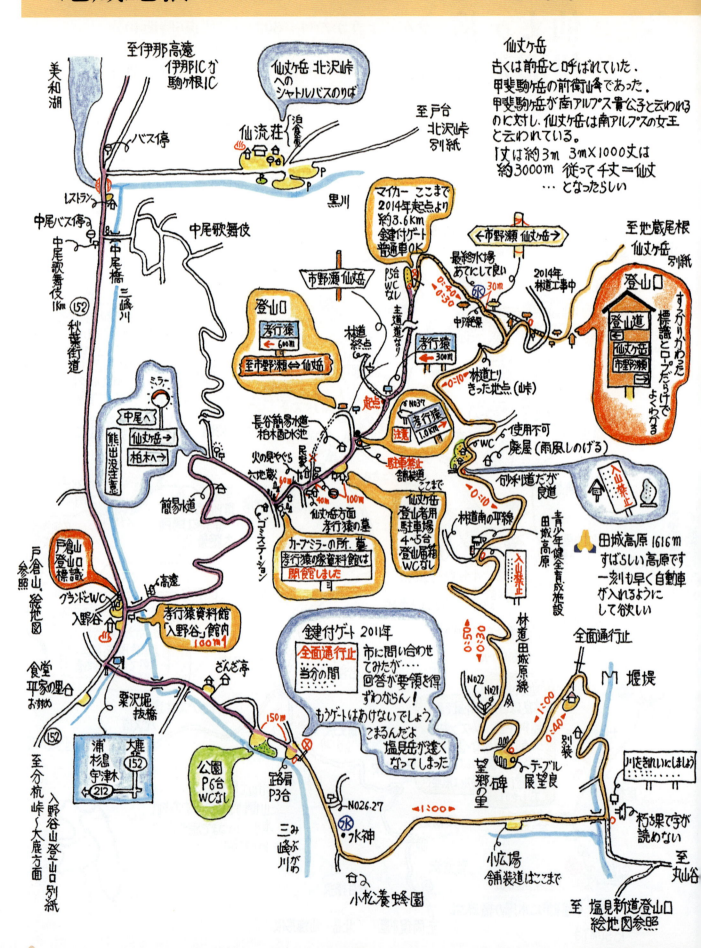

57	仙丈ヶ岳	せんじょうがたけ／3033m／往復11時間15分
59	松峰	まつみね／2080m／往復3時間40分
60	地蔵岳	じぞうだけ／2371m／往復5時間30分

伊那市に有る山

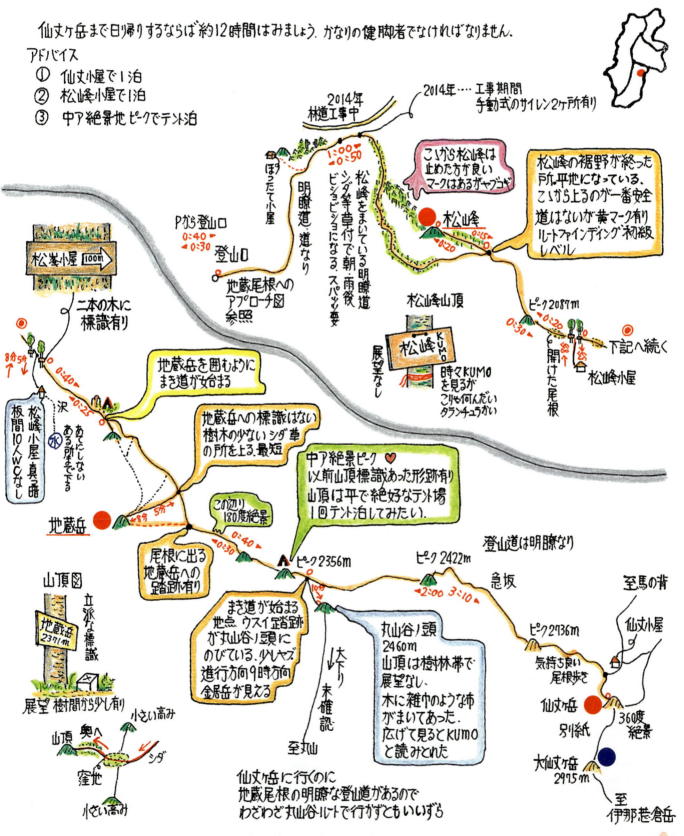

61 三峰岳 みぶだけ／2999m／往復22時間10分
伊那市・静岡市と山梨県南アルプス市の境の山

62 安倍荒倉岳 あべあらくらだけ／2693m／往復28時間40分
伊那市と静岡市の境の山

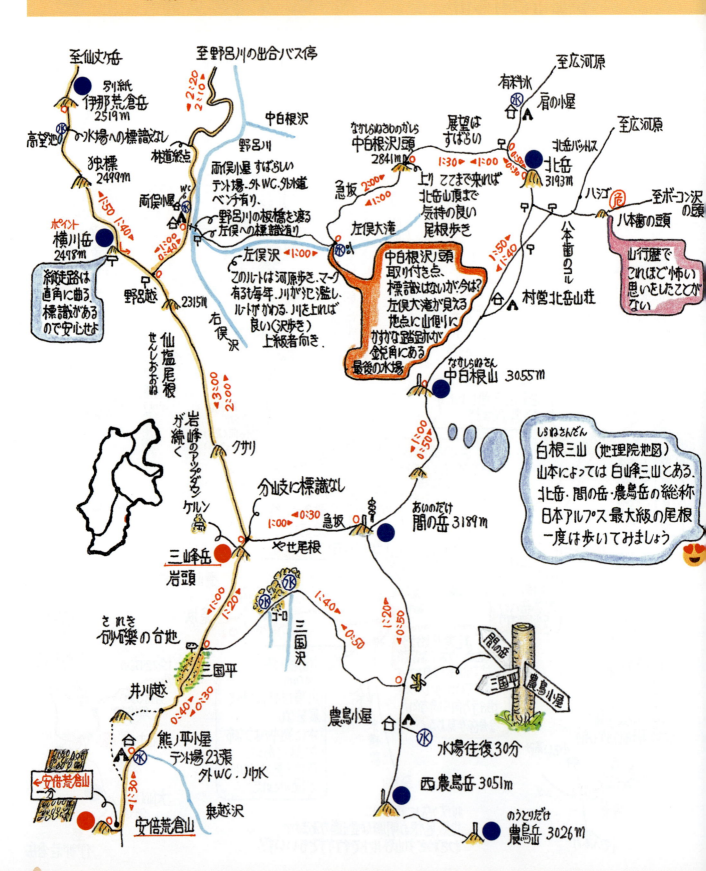

塩見新道登山口 しおみしんどうとざんぐち アプローチ図

このコース塩見岳側から大曲への下山道には登山禁止のロープが張られている。大曲から大黒橋の登山口には現在（2015年）標識は有るが登山道に入るのが困難。

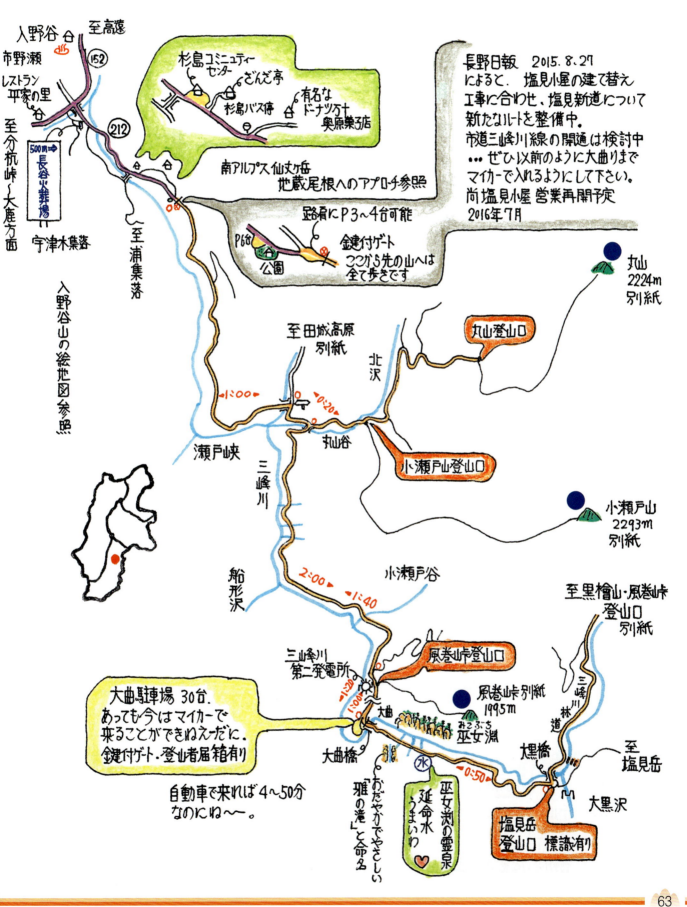

| 分 63 | 伊那市の丸山 | まるやま／2224m／往復10時間50分 |
| 分 64 | 小瀬戸山 | こせどやま／2293m／往復11時間55分 |

伊那市に有る山

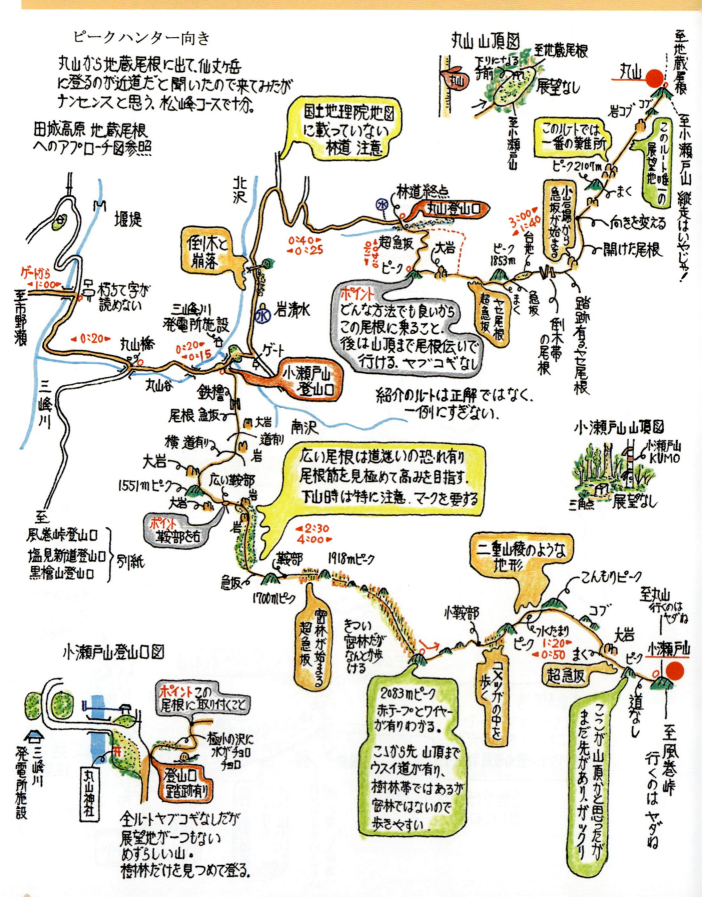

65 風巻峠 かざまきとうげ／1995m／往復11時間30分
伊那市に有る山

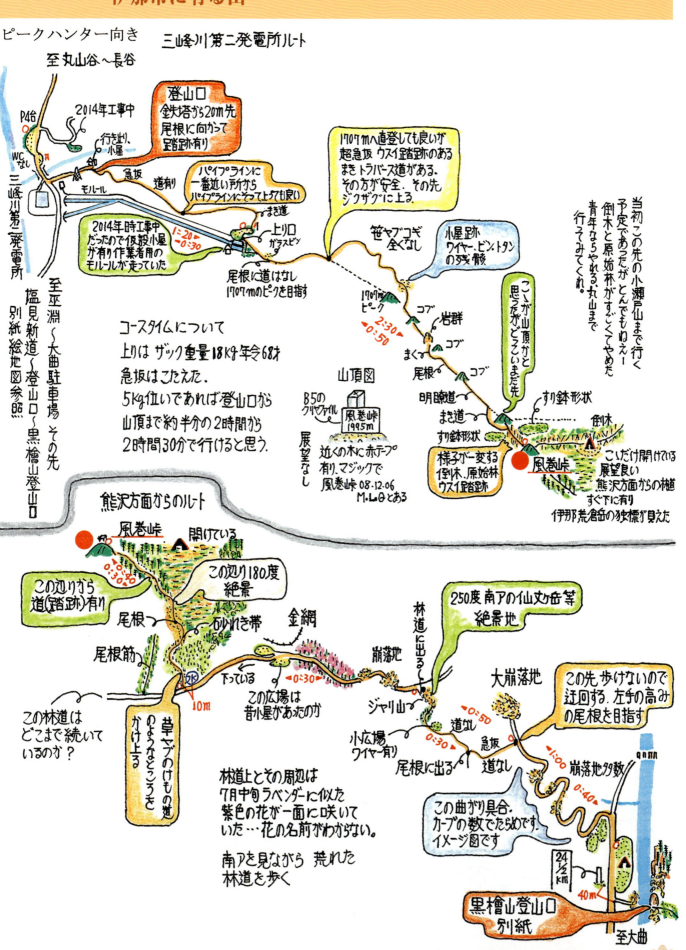

66 伊那市の黒檜山　くろべいやま／2540m／往復22時間40分
伊那市に有る山

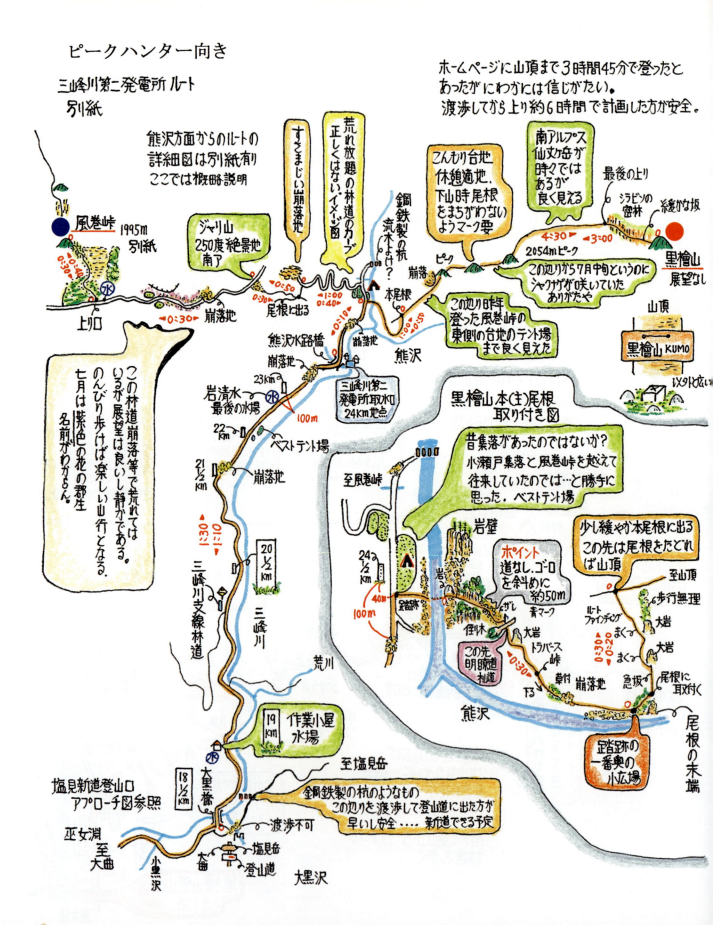

| 67 | 北荒川岳 | きたあらかわだけ／2698m／往復17時間10分 |
| 68 | 塩見岳 | しおみだけ／3052m／往復14時間 |

伊那市と静岡市の境の山

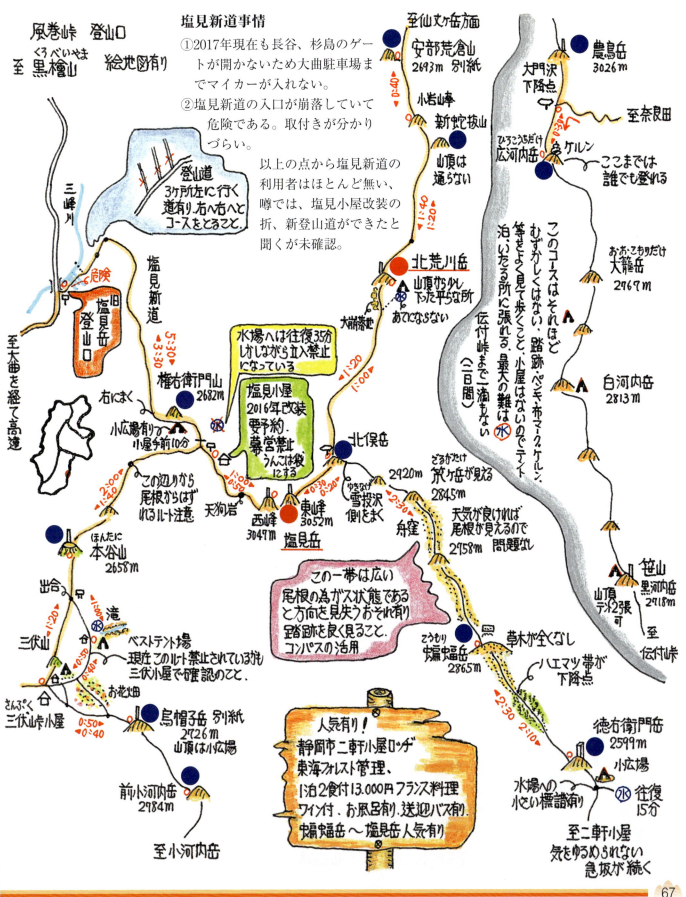

入野谷山 いりのややま／1772m 全体図
伊那市と大鹿村の境の山

69 入野谷山 いりのややま／1772m／往復2時間10分
伊那市と大鹿村の境の山

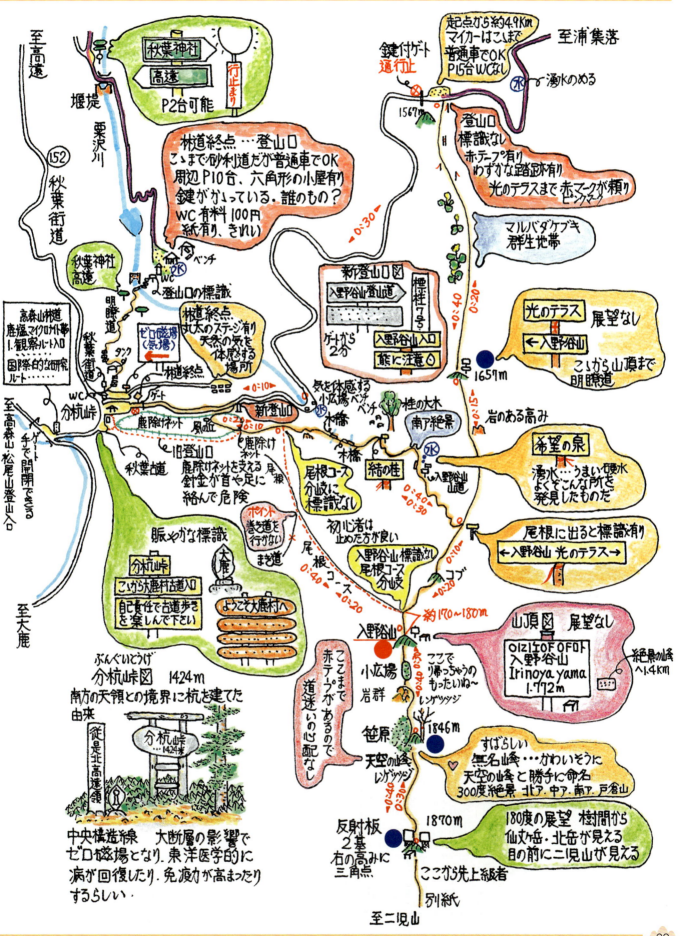

70 二児山 ふたごやま／2243m／往復10時間50分
伊那市と大鹿村の境の山

入野谷山から大草原までは尾根（境界線）を忠実に進むこと、所々の樹林帯は道が不明瞭になるが赤（ピンク）テープが頼り。

健脚者は往復日帰り可能。往復する場合は要所にマークを付けること。

70	二児山	ふたごやま／2243m／往復1時間50分
71	黒河山	くろかわやま／2127m／往復1時間10分
72	笹山	ささやま／2121m／往復1時間30分
73	入山	いりやま／2186m／往復4時間30分

伊那市と大鹿村の境の山

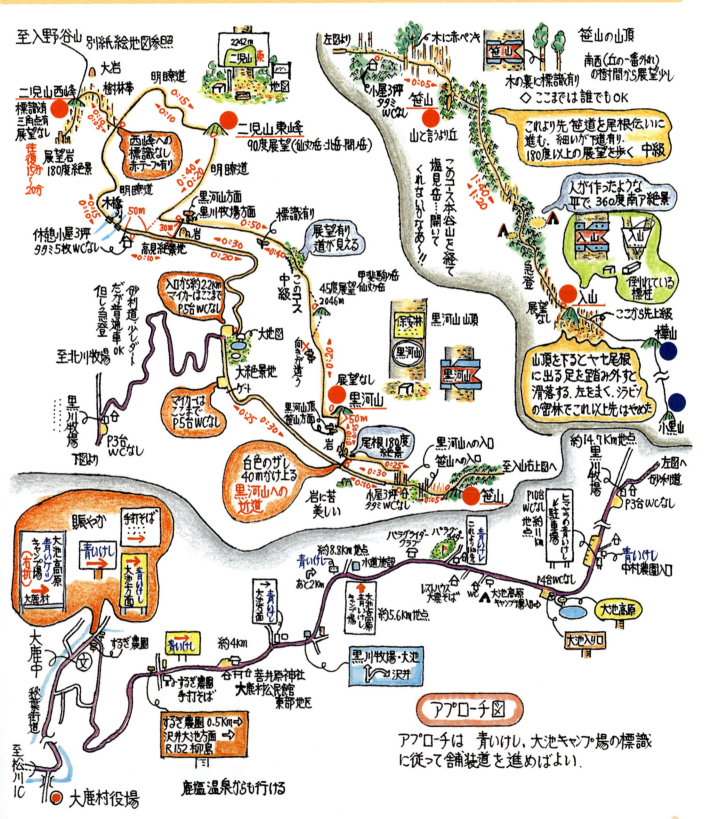

74 中曽倉 なかそくら／1115m／往復1時間10分
駒ヶ根市に有る山

この周辺…先は新山峠〜高烏谷山・女沢峠〜戸倉山、手前は戸倉山キャンプ場〜戸倉山…絵地図参照

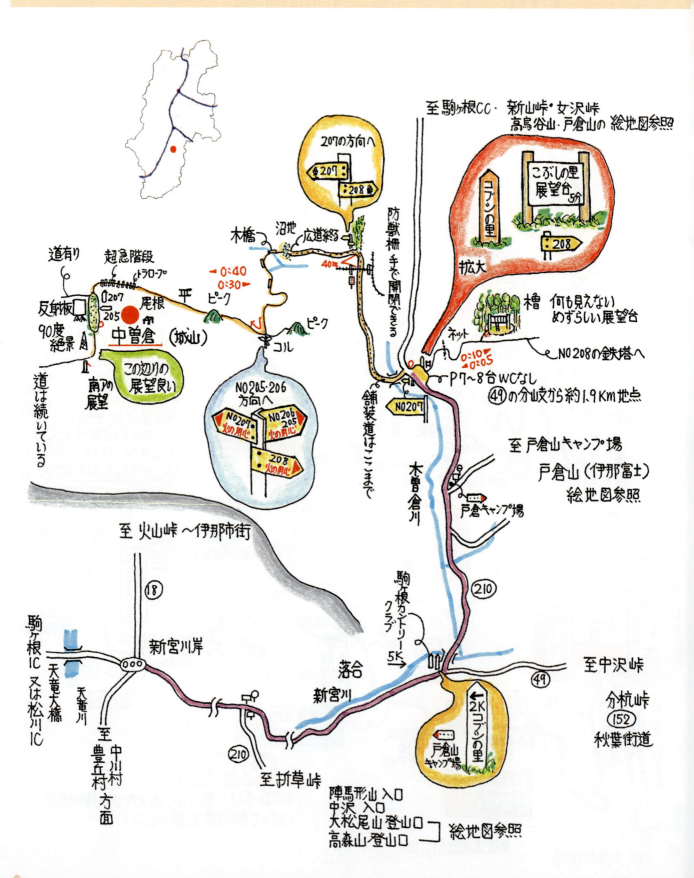

75 中沢 なかざわ／1636m／往復4時間
駒ヶ根市に有る山

76 大松尾山 おおまとうやま／1738m／往復5時間40分
駒ヶ根市と大鹿村の境の山

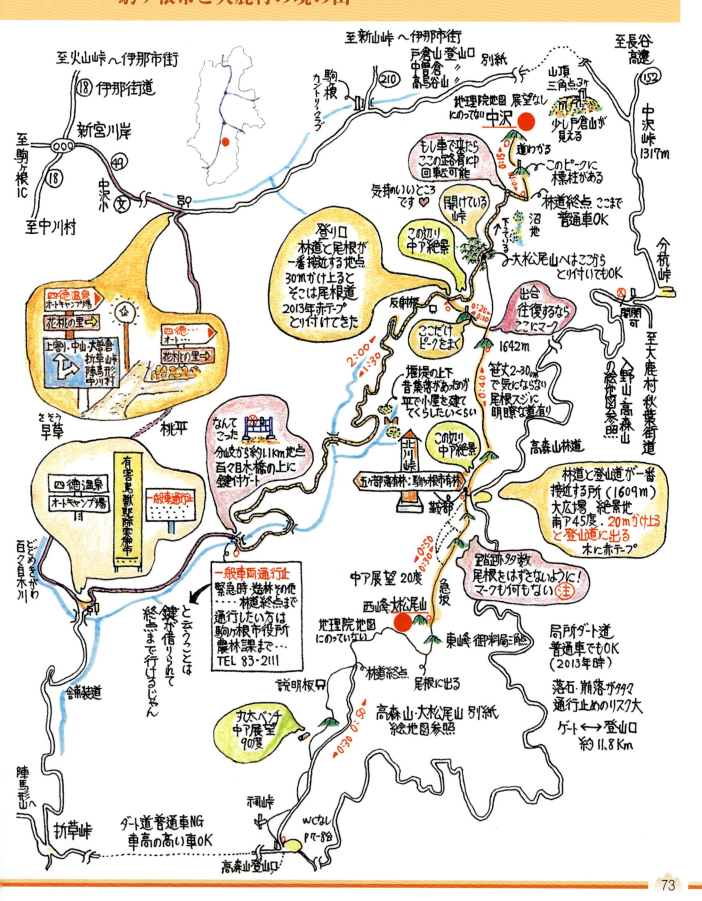

77 飯島町の傘山 からかさやま／1542m／往復3時間30分
飯島町と駒ヶ根市の境の山

地元の山岳会「南駒里山クラブ」・「信州いいじま山を楽しむ会」の皆さんと町役場のバックアップにより2013年10月登山道の整備が終り記念登山が実施された．心より感謝の意を表します．

以前よりこの山は，傘寿(さんじゅ)のめでたい山として訪れる人がいました．

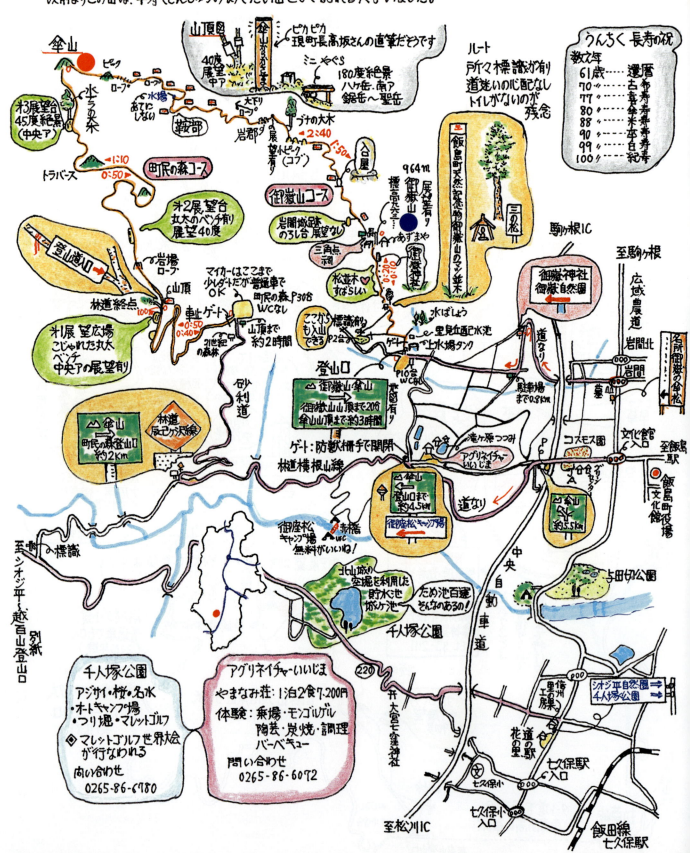

陣馬形山　じんばがたやま／1445m　アプローチ図

中川村に有る山

山頂下まで自動車（舗装された良い道）で行ける山。
山頂下の駐車場付近は大きい避難小屋・トイレ・キャンプ場等充実している。

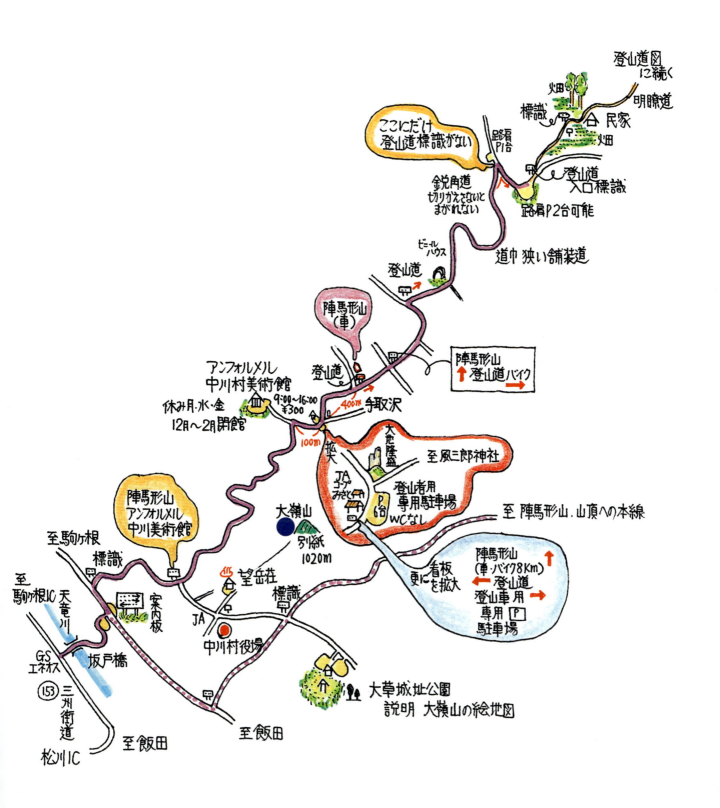

78 陣馬形山 じんばがたやま／1445m／往復10分
中川村に有る山

登山道図
一旦登山道に入れば、要所に標識あり、道迷いの心配はない。
自動車道を越えるときは、標識の矢印に従って進めば最大で40M以内に次の登山道標識が必ずある…従って力量にあわせて、自動車道の好きな地点から登山は開始できる：路肩駐車になるが…

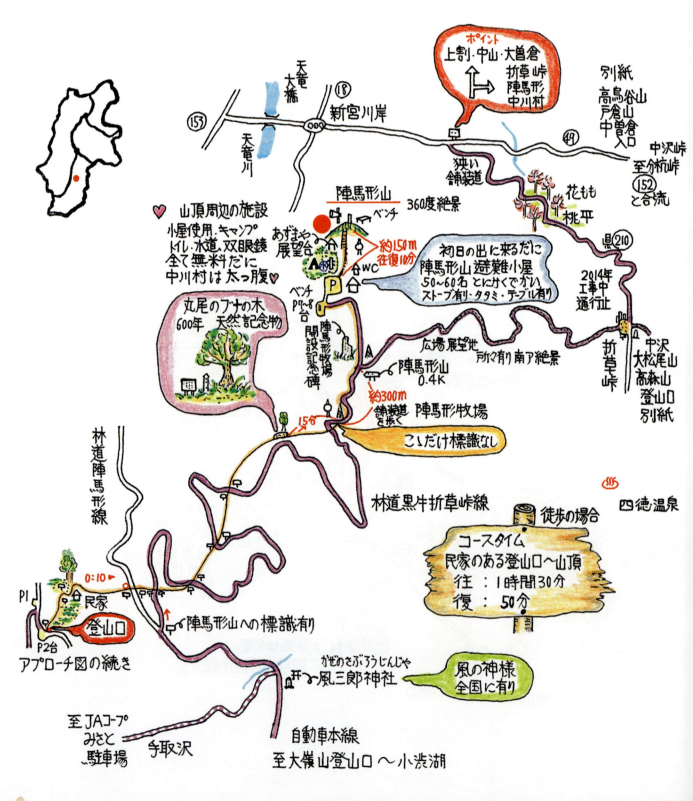

79 大嶺山　おおみねさん／1020m／往復25分
中川村に有る山

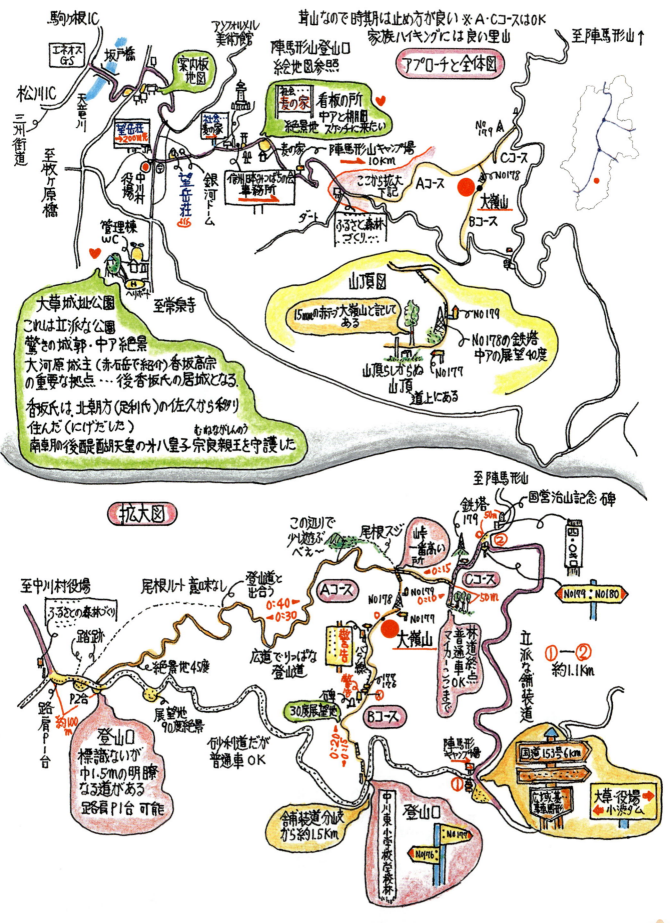

80 馬原山 ばばらやま／1044m／往復15分
松川町に有る山

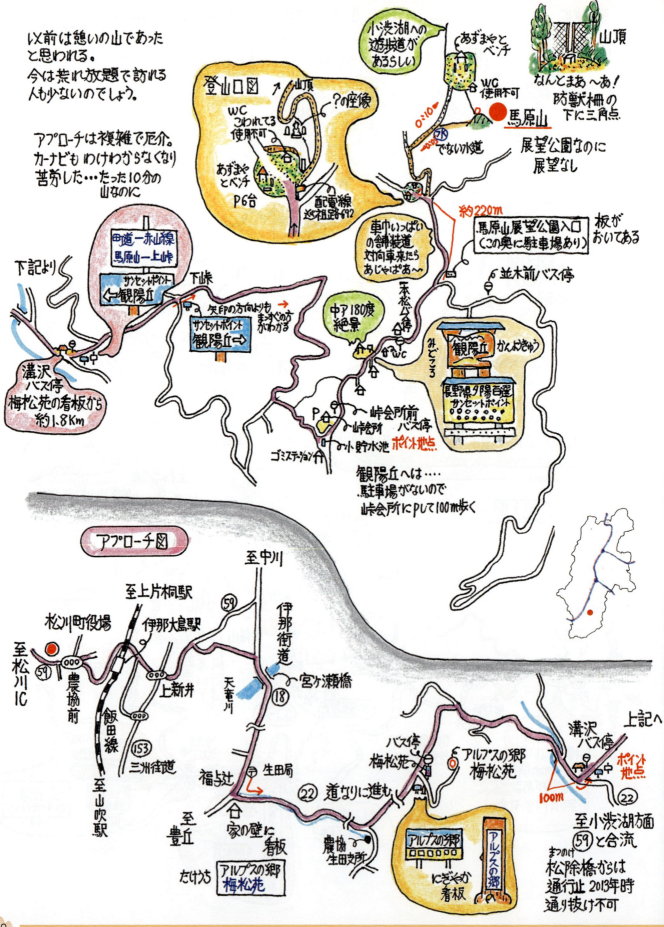

81 大入山　おおいりやま／1012m／往復1時間50分
豊丘村に有る山

松茸山で9～11月は避けたほうが無難、その気が無くてもトラブルのもと。

82 日影山 ひかげやま／939m／往復1時間15分
83 日向山 ひなたやま／935m／往復15分

豊丘村に有る山

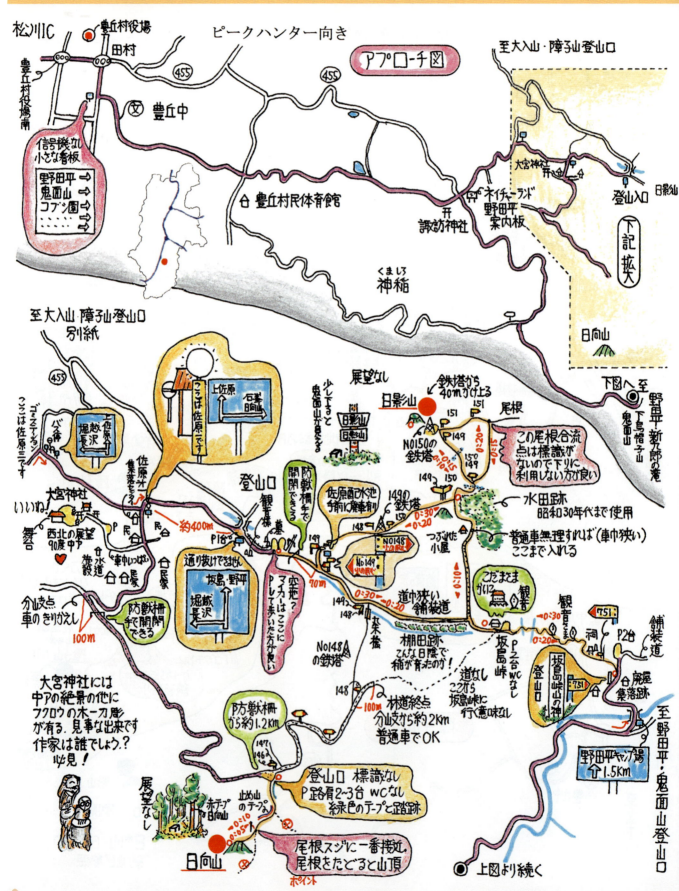

	84	**本山** もとやま／1133m／往復1時間30分
		豊丘村に有る山
	85	**旭山** あさひやま／1025m／往復25分
		豊丘村と喬木村の境の山

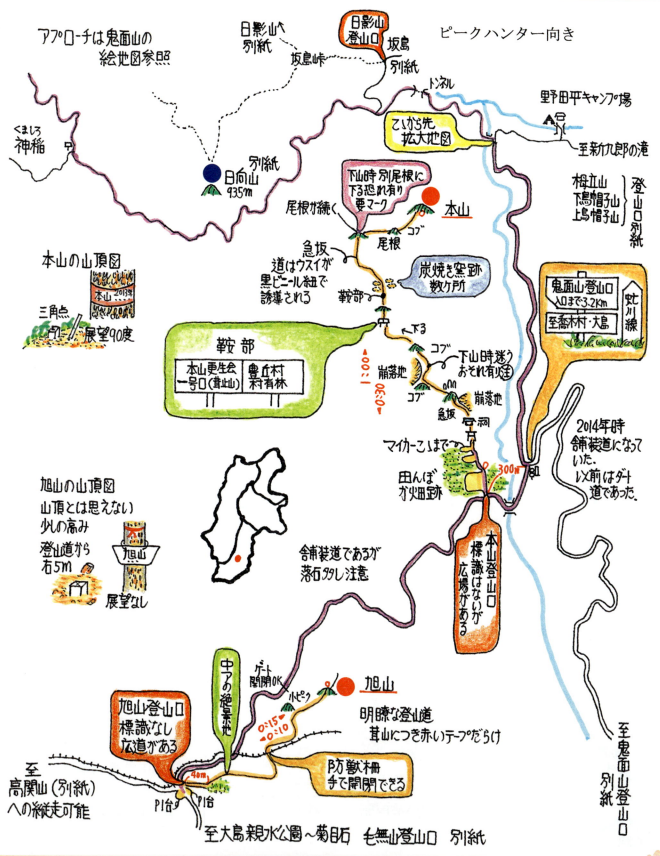

	86	**栂立山**	つがたてやま／1759m／往復5時間
	87	**下烏帽子山**	しもえぼしやま／1496m／往復2時間30分

豊丘村に有る山

	88	**上烏帽子山**	かみえぼしやま／1820m／往復4時間10分

豊丘村と大鹿村の境の山

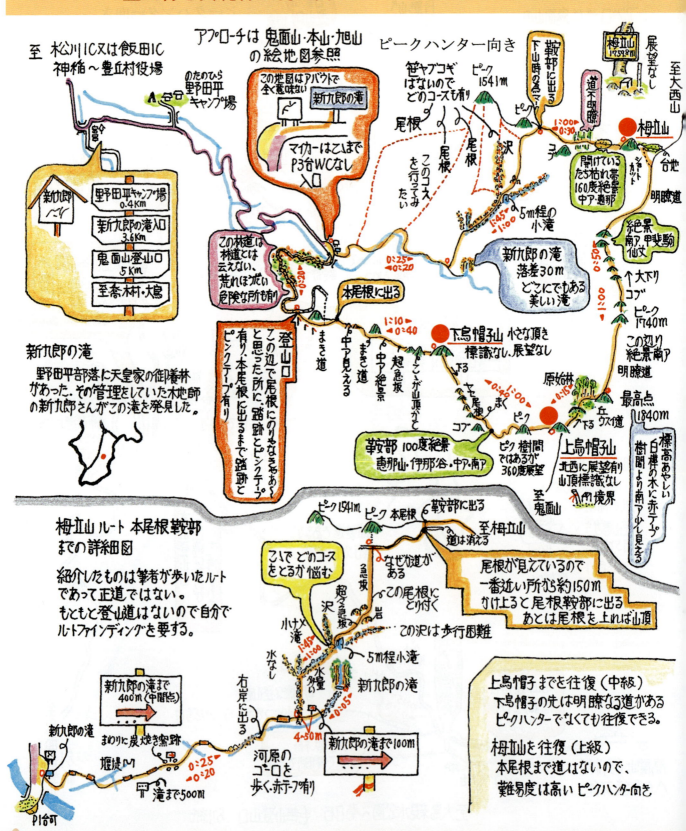

89 鬼面山 きめんざん／1889m／往復3時間10分
飯田市と豊丘村の境の山

伊那山脈の最高峰の山。
蛇川コースは急坂が長いので、ヒラメ筋を痛める恐れあり、注意のこと。

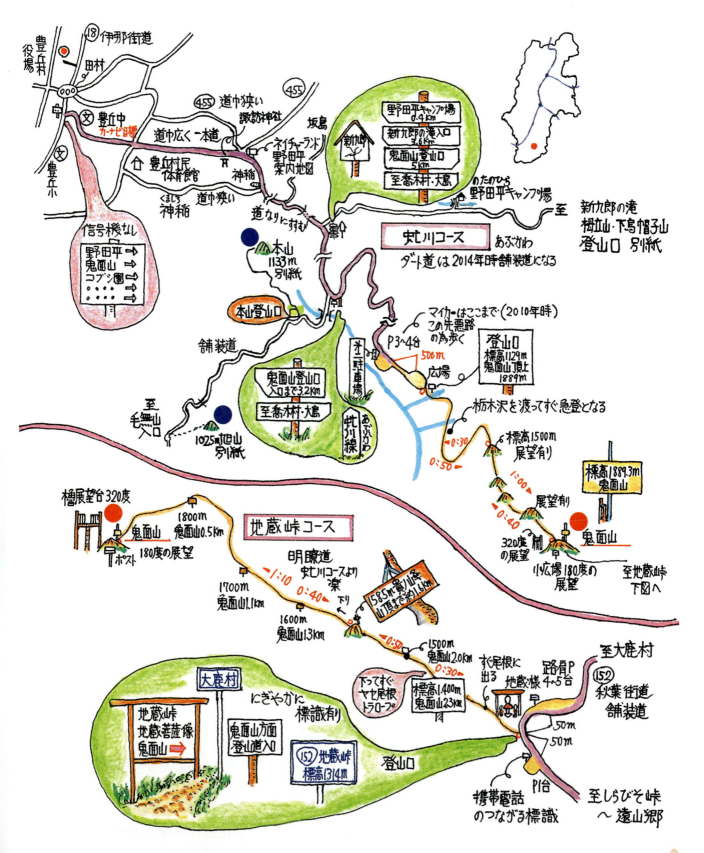

90 高関山 たかせきやま／953m／往復40分
豊丘村と喬木村の境の山

地元の人は、…たかぜきやま…人によりたかずやまと言う。
地元の里山で遊歩道になっている。
登山口の標識が無いが、一旦登山道に入ると親切な標識が出てくる不思議な山。

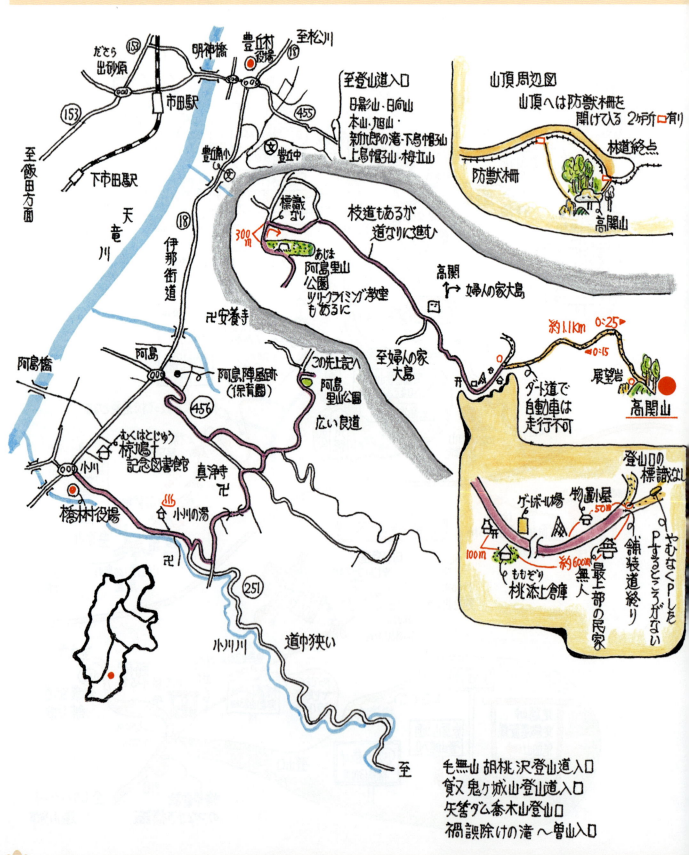

91 二本松山 にほんまつやま／942m／往復1時間10分
喬木村に有る山

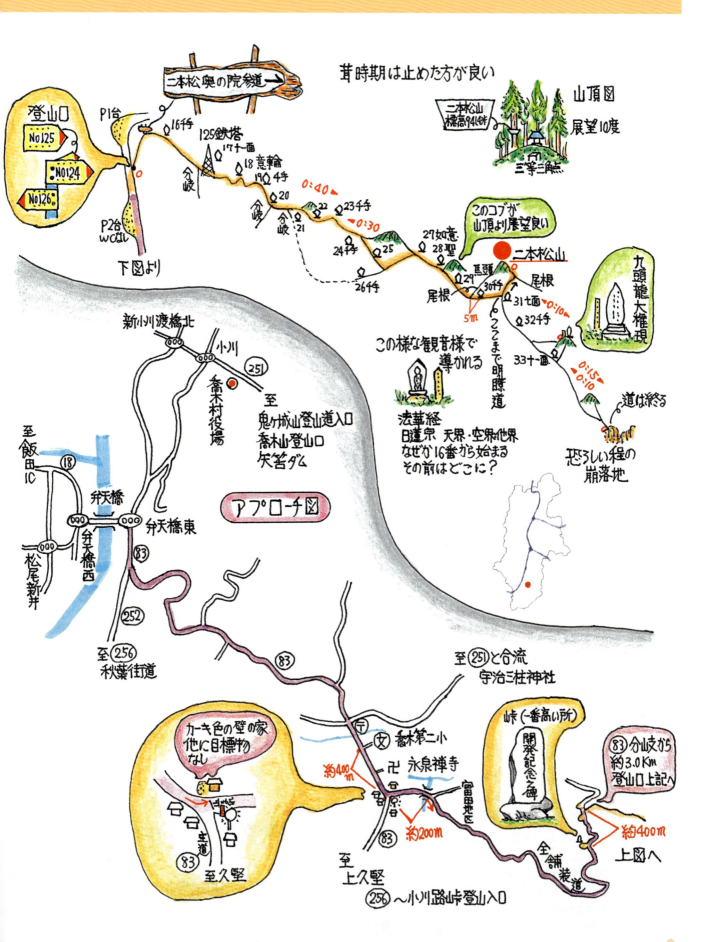

92 喬木村の毛無山　けなしやま／1130m／往復2時間40分
喬木村に有る山

92 喬木村の毛無山 けなしやま／1130m／往復3時間30分
喬木村に有る山

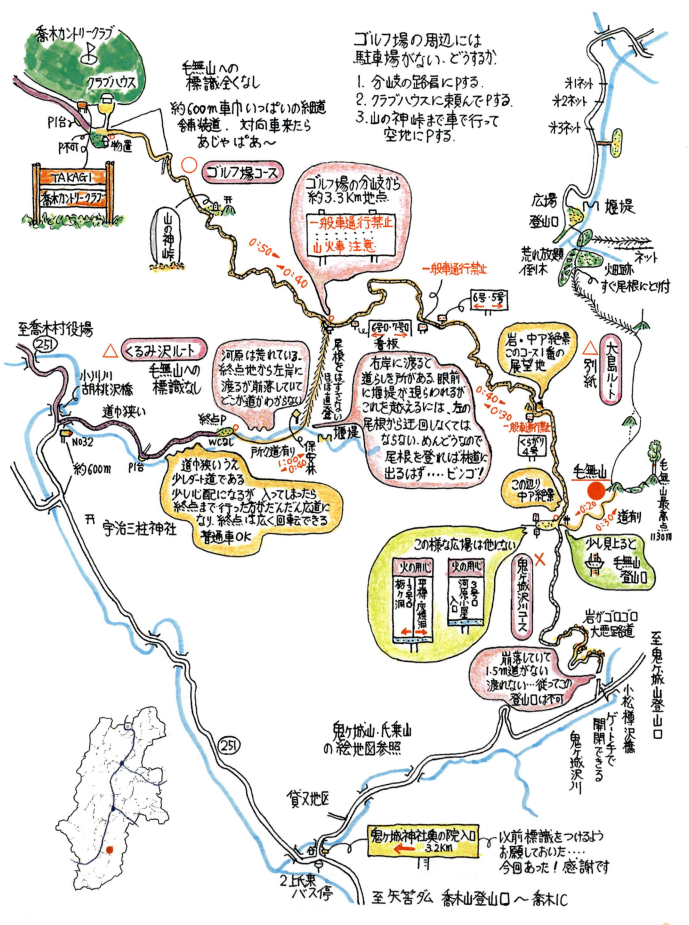

93 鬼ヶ城山 おにがじょうやま／1483m／往復2時間10分
喬木村に有る山

94 氏乗山 うじのりやま／1818m／往復5時間40分
飯田市と喬木村の境の山

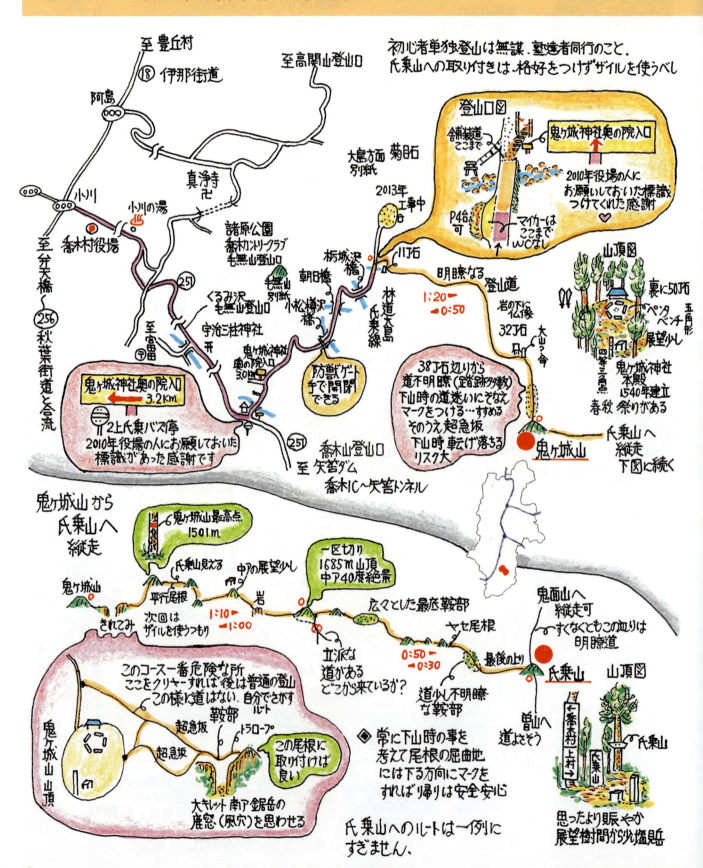

95 喬木山 たかぎやま／1193m／往復2時間10分
喬木村に有る山

　喬木山は特に面白い山ではないがピークハンター向きの山です。
　登山口の矢筈ダム公園は地味だがキャンプもできる良い公園です。
　登山ルート…上りは高みを目指すので道迷いの恐れはないが、下山は尾根が真っすぐ延びているので道迷いのリスクは大です。
　要所にはマークをして登山した方が無難である。

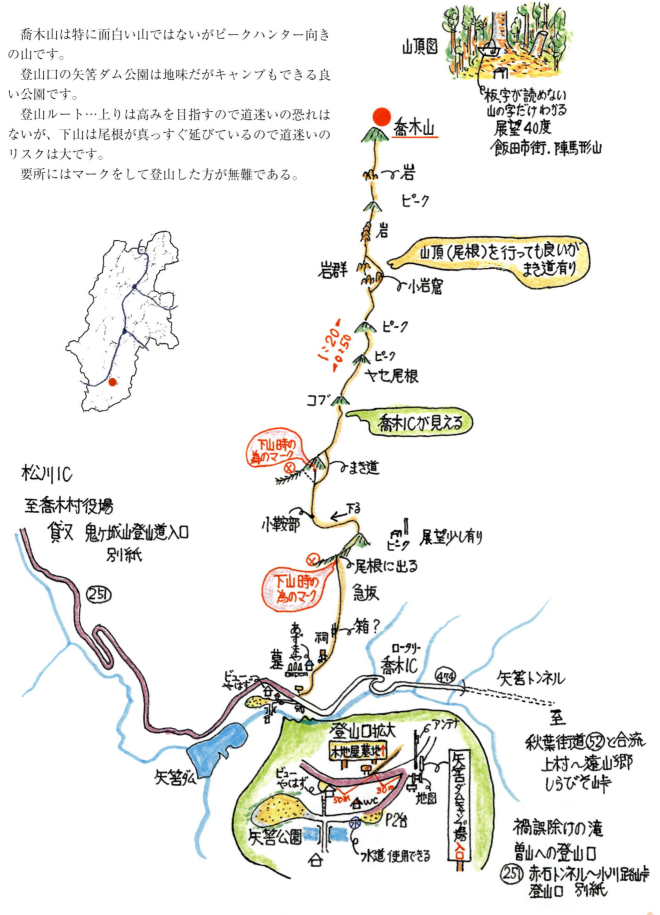

96 大鹿村の高森山　たかもりやま／1541m／往復5時間10分
大鹿村に有る山

76 大松尾山　おおまとうやま／1738m／往復1時間20分
駒ヶ根市と大鹿村の境の山

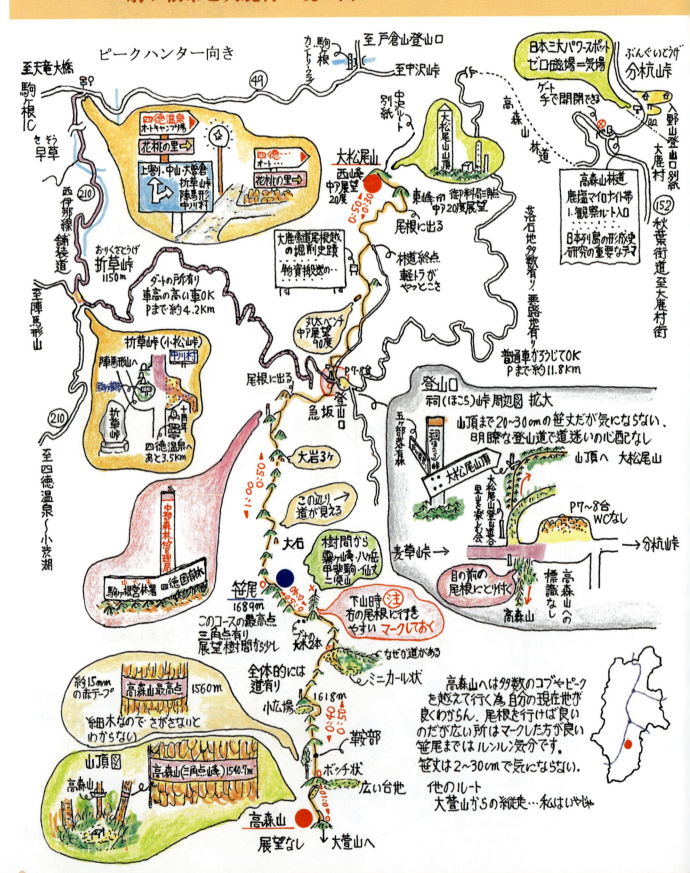

97 大萓山 おおがやさん／1478m／往復4時間10分
大鹿村に有る山

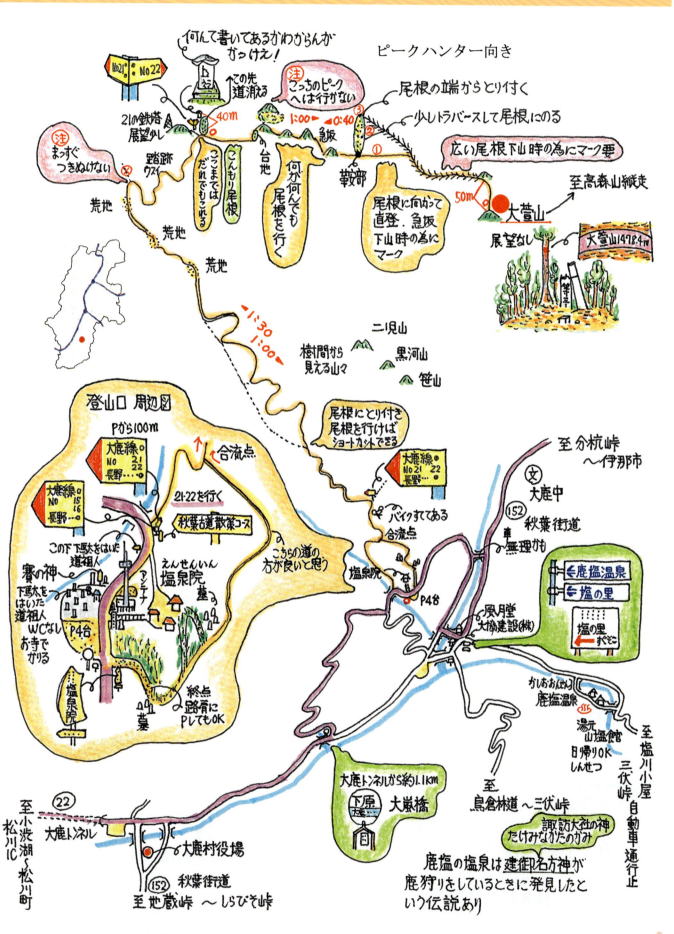

98 白沢山 しらさわやま／1268m／往復1時間30分
大鹿村に有る山

目標物や標識が無いので、アプローチや登山口の取付きが、難しい山である。

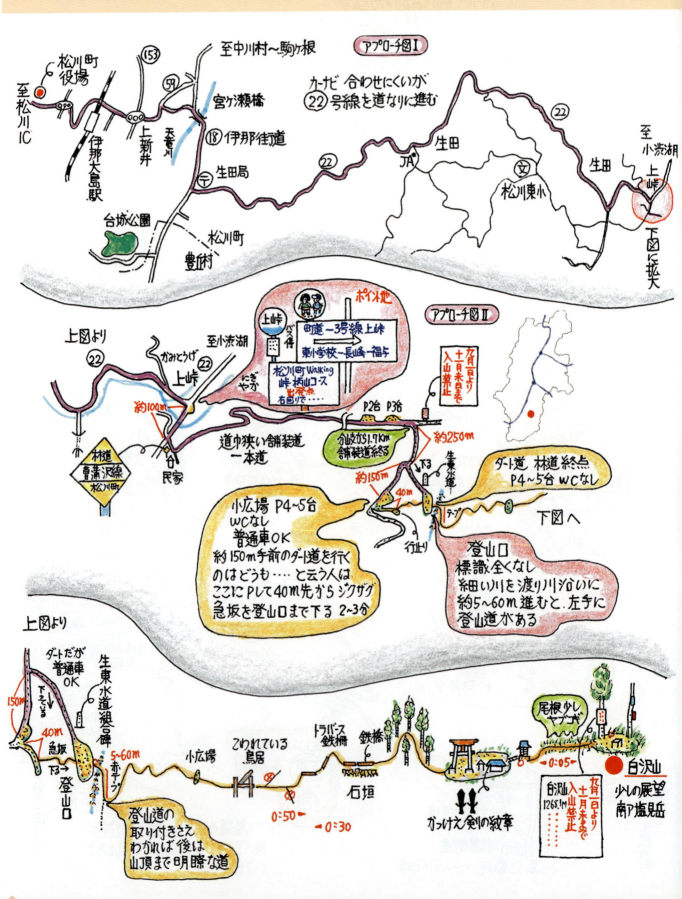

99 大西山 おおにしやま／1741m／往復3時間40分
豊丘村と大鹿村の境の山

地元小学生の遠足の山らしい。
標高差約1000Mの割りに急坂ではなく、つづらおれでピークは巻いている。

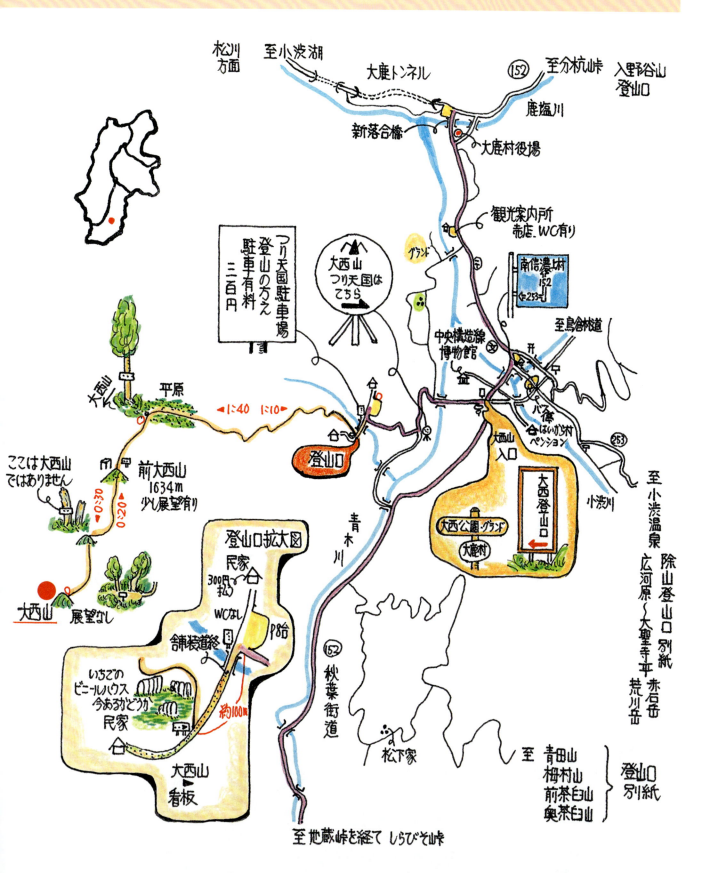

100	青田山	せいだやま／1707m／往復1時間10分
101	栂村山	つがむらやま／2113m／往復3時間20分
102	前茶臼山	まえちゃうすやま／2331m／往復6時間20分

大鹿村に有る山

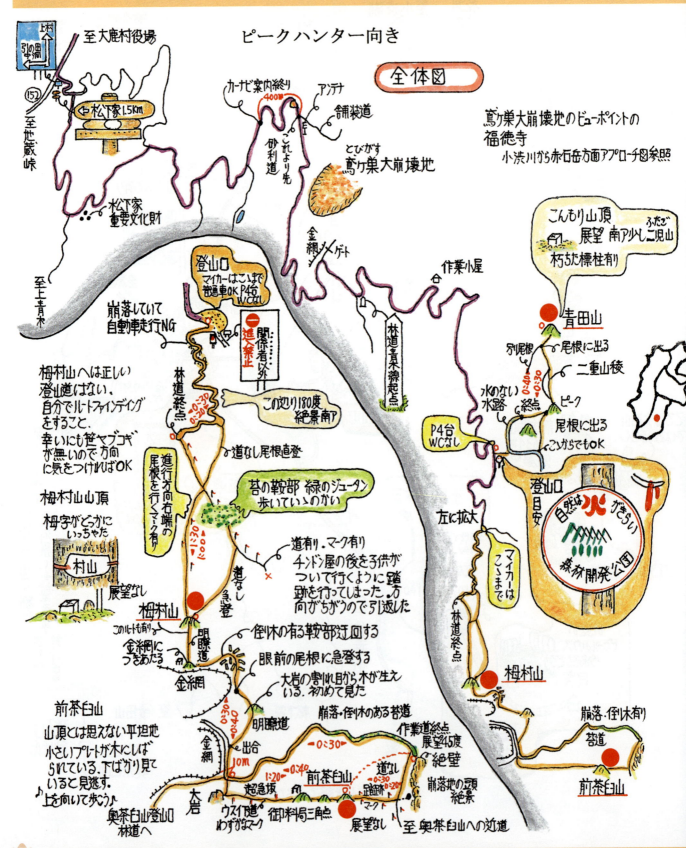

	101	栂村山	つがむらやま／2113m／往復10時間40分
	102	前茶臼山	まえちゃうすやま／2331m／往復11時間30分
	103	奥茶臼山	おくちゃうすやま／2474m／往復11時間20分

大鹿村に有る山

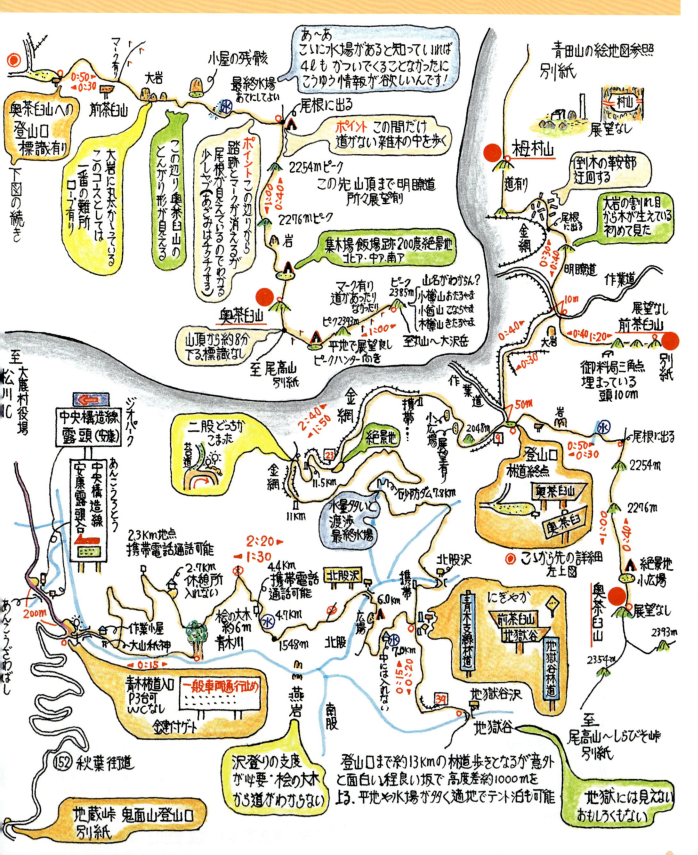

103 奥茶臼山 おくちゃうすやま／2474m／往復6時間10分
大鹿村に有る山

104 尾高山 おたかやま／2213m／往復2時間20分
飯田市と大鹿村の境の山

全体に展望不良の山行であるが、奥茶臼山の先は、絶景。まだ荒らされていない、素朴感があり、静かな山である。尾根の広い所は、平坦で苔むし緑のジュータンを歩くようで癒される。

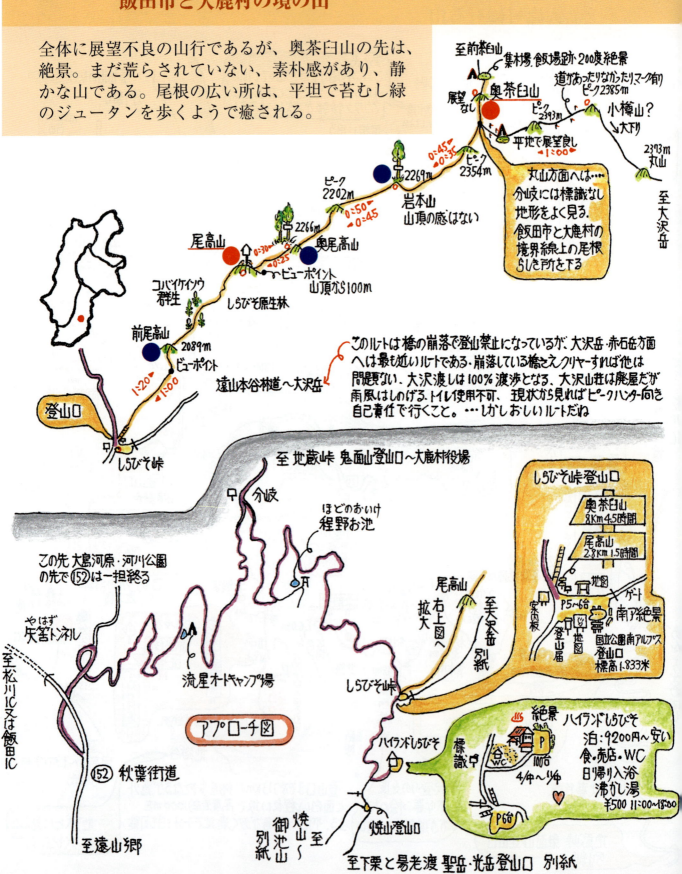

105 除山 のぞきやま／2041m／往復7時間20分
大鹿村に有る山

塩見岳・荒川岳方面長野県側玄関口
三伏峠までのアプローチ図

106 鳥倉山 とりくらやま／2023m／往復1時間40分
大鹿村に有る山

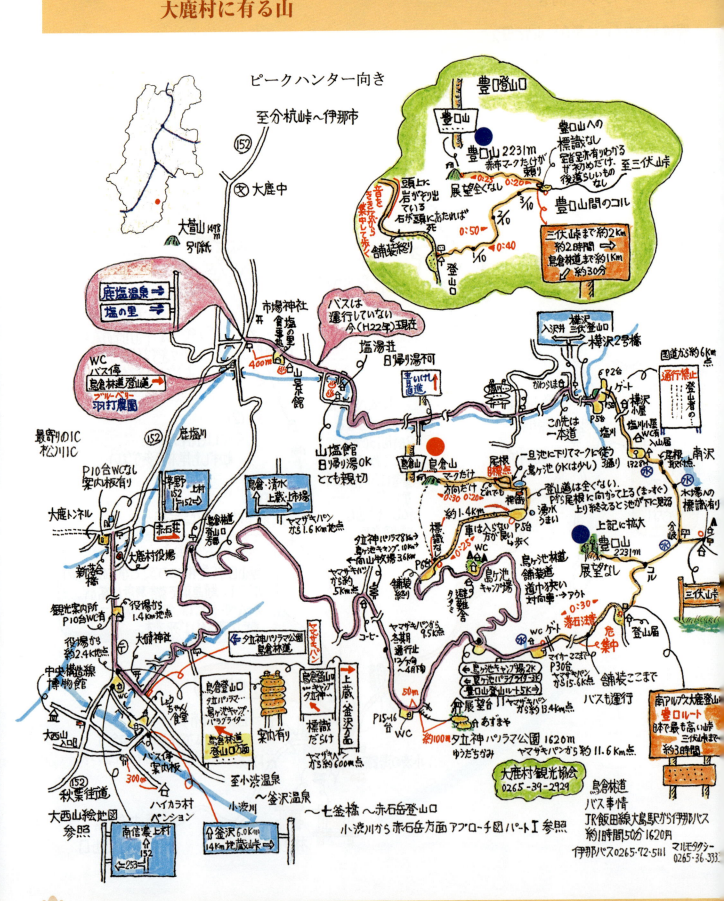

- 107 南アルプス**烏帽子岳** えぼしだけ／2726m／往復7時間20分
- 108 **小河内岳** こごうちだけ／2802m／往復10時間40分
- 109 荒川**前岳** まえだけ／3068m／往復22時間40分

大鹿村と静岡市の境の山

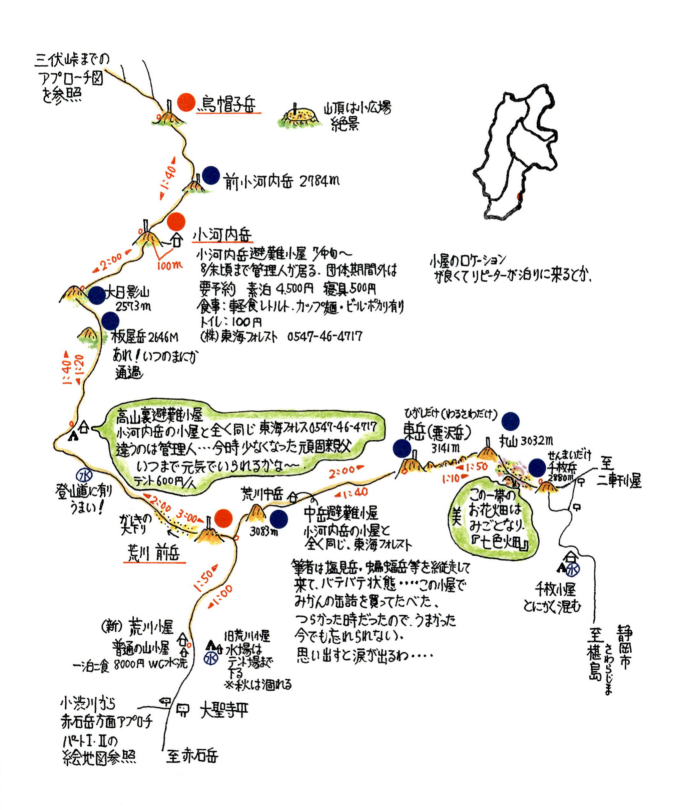

小渋川から赤石岳方面アプローチ図パートⅠ
…小渋川　七釜橋取り付きまで…

小渋川から赤石岳方面アプローチ図パートⅡ
…小渋川の七釜橋取付きから広河原小屋まで

2009年9月　七釜橋左岸に工事用道路が出来た、どこまで延びたかは不明、以前は七釜橋左岸からすぐ渡渉が始まった…少し楽になった。

踏み後やマークはあるが、小渋川は氾濫がひどく何の役にも立たない、自分でルートファインディングすること。

所々支流の沢が現れるが、本流（広い）を行く…迷うことは無い。

沢歩き：大雨中又は1～2日前の大雨後に沢歩きをするおばかさんはいないと思うが、赤石岳・荒川岳方面の1～2日前の天気も注視すること。

9月末の小渋川の水量…筆者の場合

身長170cmの私で小渋川の水量は膝上最大で10cm（ミニスカートの話ではない）。体重50kg以上あれば問題ないと思うが40kg以下は流される恐れ有り（所どころ）実際に前を歩いていたパーティーの中の小柄な人が流されて撤退していった。

2人以上であれば、ほんの一部だがお助けロープを活用すると良い。

大半は水無のゴーロ河原を歩くことになる。

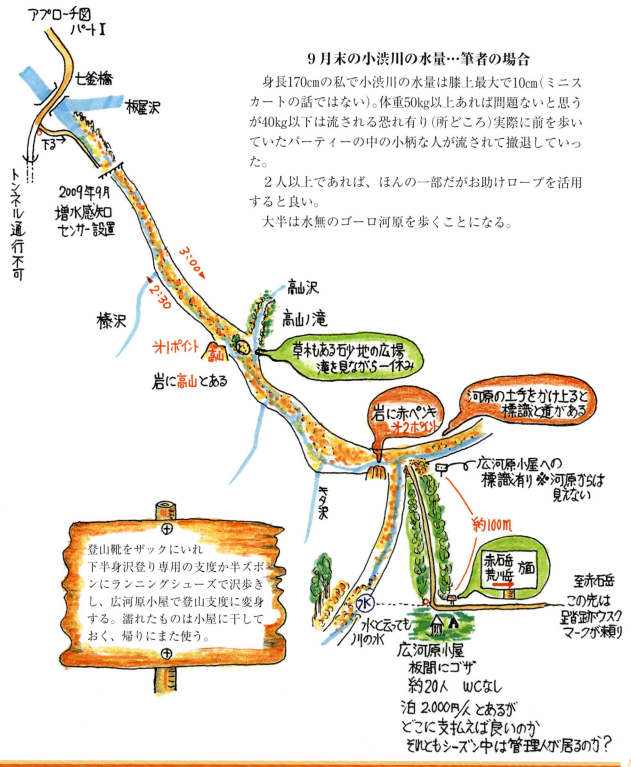

- 110 **赤石岳** あかいしだけ／3120m／往復16時間20分
  大鹿村と静岡市の境の山
- 111 **大沢岳** おおさわだけ／2819m／往復22時間
- 112 **中盛丸山** なかもりまるやま／2807m／往復20時間40分
- 113 **兎岳** うさぎだけ／2818m／往復17時間20分
- 114 **前聖岳** まえひじりだけ／3013m／往復12時間50分
  以上は飯田市と静岡市の境の山

111 しらびそ峠から大沢岳　おおさわだけ／2819m／往復16時間30分
飯田市と静岡市の境の山

現在（少なくても2016年）のしらびそ峠コースは登山禁止になっている。
長野県側から赤石岳への近道は、小渋川コースとしらびそ峠コースの二つ、両コースとも難度は高い、初心者単独は無謀といえる。
しらびそ峠コースのポイントは、大沢渡下降点を間違わなければ、熟達者であれば問題ない。
赤石岳へは、静岡県側の椹島東尾根から入るのが初心者でも一番安全安心で誰でもいける、但し椹島までが1日仕事となる（参考：伊那市から約6時間＋私設バス30分かかる）。

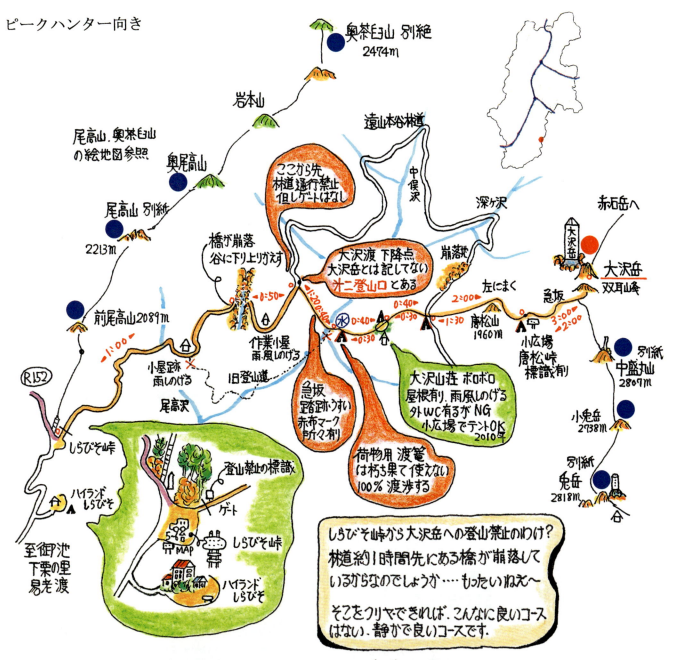

南アルプスの玄関口 （光岳・茶臼山・聖岳方面）
易老渡及び便ヶ島までのアプローチ図

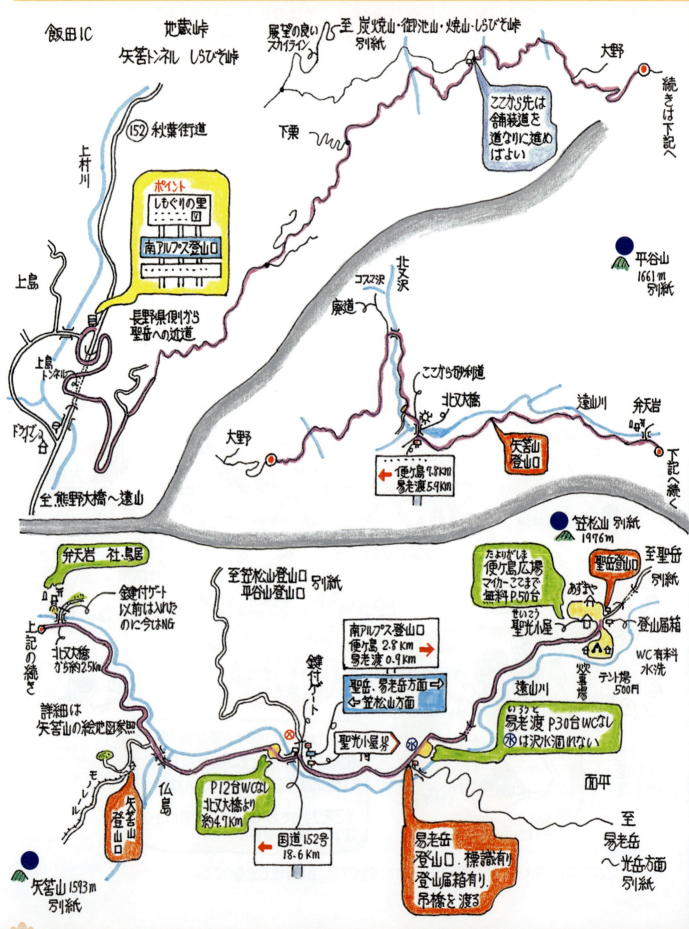

115 上河内岳　かみこうちだけ／2803m／往復16時間30分
116 南アルプス茶臼岳　ちゃうすだけ／2604m／往復12時間40分
117 易老岳　いろうだけ／2354m／往復7時間10分
飯田市と静岡市の境の山

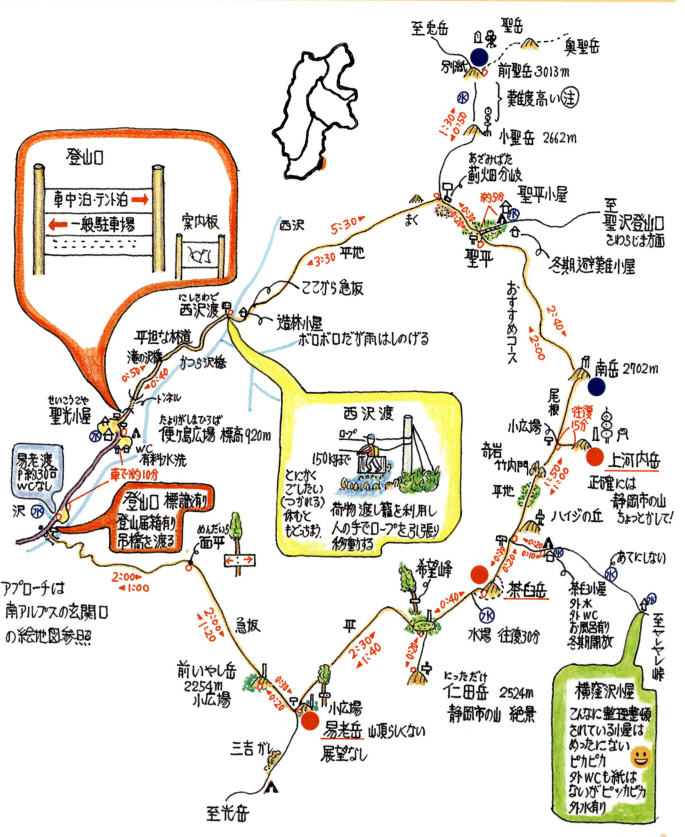

118 イザルガ岳　いざるがだけ／2540m／往復12時間
飯田市と静岡市の境の山

119 光岳　てかりだけ／2591m／往復13時間

120 加加森山　かかもりやま／2419m／往復20時間
飯田市と静岡県川根本町の境の山

121 池口岳 いけぐちだけ／2392m／往復9時間30分
122 鶏冠山 とさかやま／2248m／往復13時間

飯田市と静岡県川根本町の境の山

123 笠松山 かさまつやま／1976m／往復8時間
飯田市に有る山

ピークハンター向きで兎岳への通過山、一般登山者の行く山では無い。

兎岳へは、易老渡との分岐からの林道がマイカー進入可能ならばショートカットで早いと思われるが、上部の林道は崩落だらけで、将来修復工事はしないでしょう（ますますひどくなる、今ならばマウンテンバイクを使う方法もある）。

北又大橋から便ヶ島までは、よく崩落により通行止めになるため、事前に確認して計画をしたほうが無難。

ネット情報に易老渡との分岐林道は終点までマイカーで行ったとあった…江戸時代の話か、荒れ放題で自動車の通行は出来ない、従って登山口まで歩行した、これが長い。

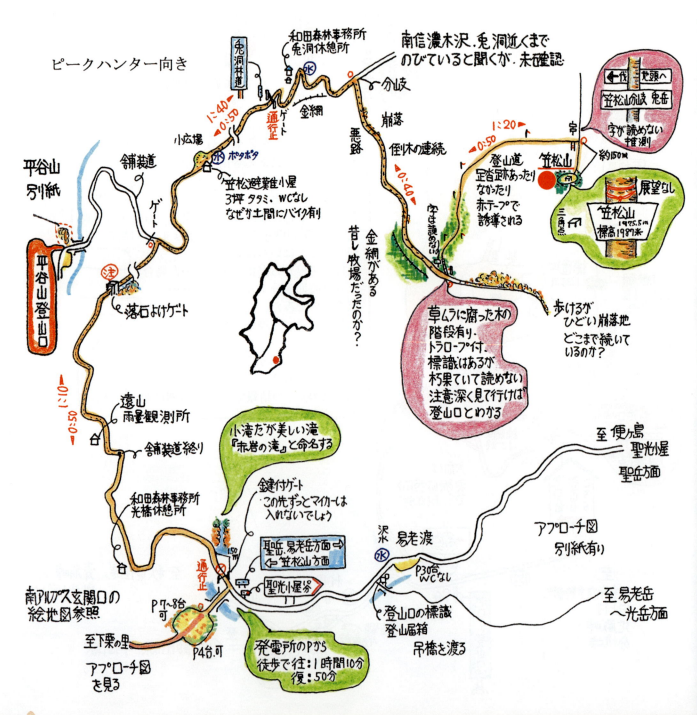

124 平谷山 ひらややま／1661m／往復7時間
125 立俣山 たちまたやま／2366m／往復13時間50分
飯田市に有る山

ピークハンター向き

平谷山は往復日帰り可能。
立俣山の往復日帰りは難しい（1泊2日）
地形を見てルートファインディングのできる人でないと危い山。

白や赤テープが付いているが遠くから見えるわけではないので往復する場合、要所には必ず自分のマークを付けて下山時まちがえないようにすること。

冒険好きな人には手頃な山かも

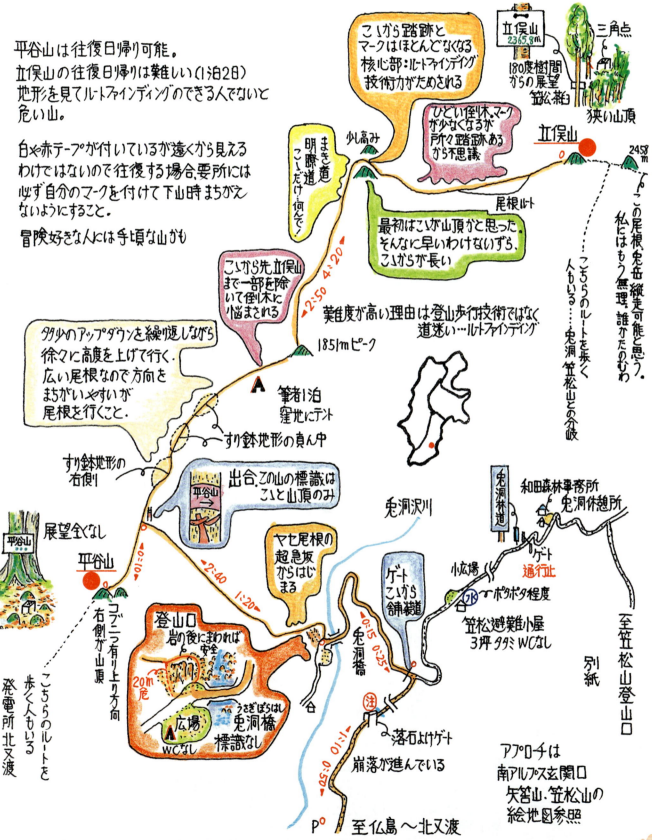

126 飯田市の矢筈山　やはずやま／1593m／往復3時間15分
飯田市に有る山

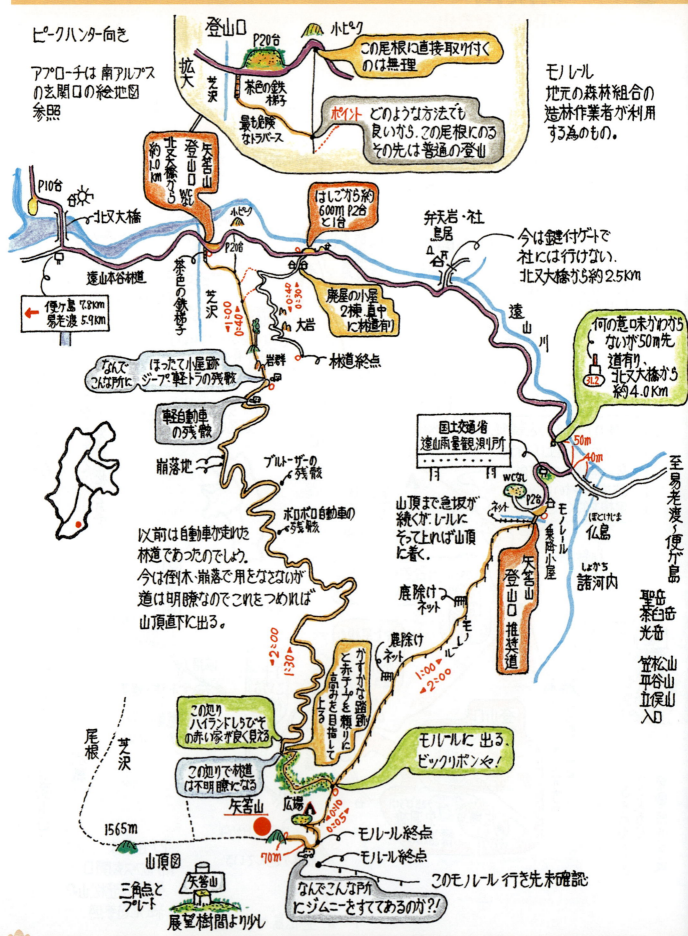

| 127 | しらびそ峠の焼山 | やけやま／1976m／往復35分 |

| 128 | 御池山 | おいけやま／1905m／往復1時間 |

飯田市に有る山

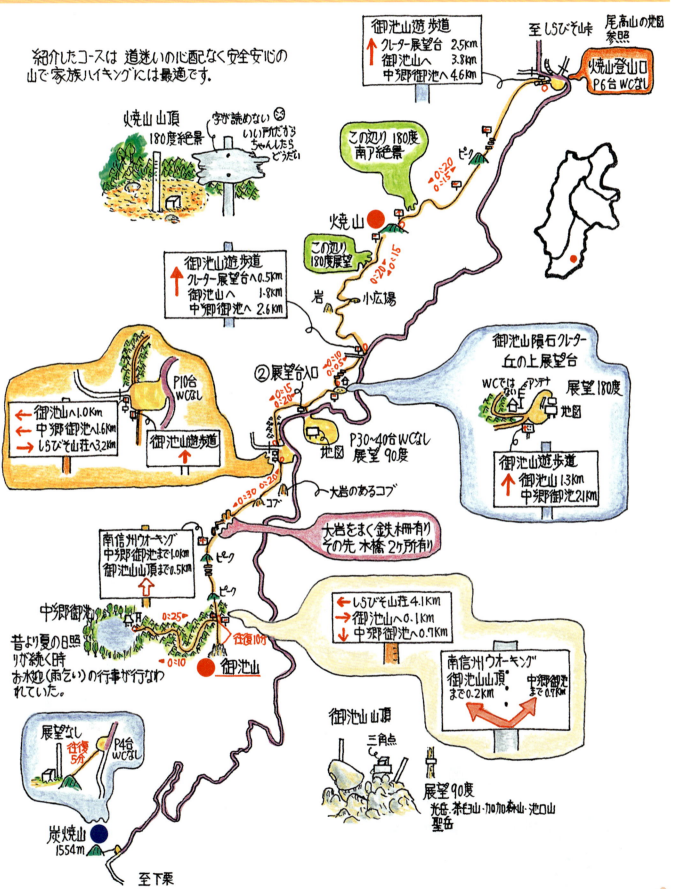

129 神ノ峯 かんのみね／772m／往復0分

130 飯田市の高森山 たかもりやま／684m／往復50分
飯田市に有る山

神ノ峯：別名神ノ峯城…豪族和久氏の居城。武田信玄と対立するが1554年信玄に降伏、甲斐国大島に流罪となる。武田氏滅亡後徳川に仕え三千石の旗本となり明治まで続く。

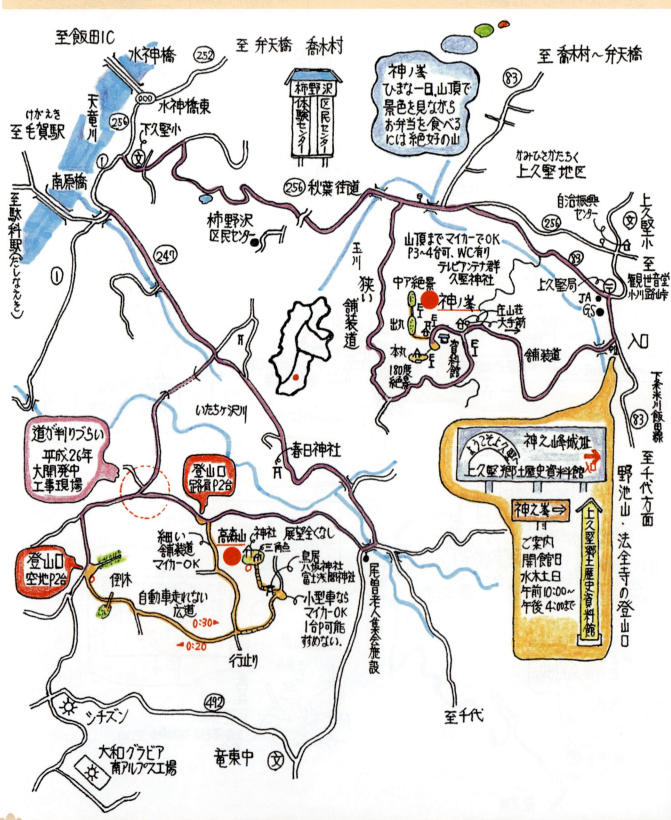

131 飯田市久堅の権現山　ごんげんやま／1091m／往復0分
132 卯月山　うづきやま／1102m／往復50分
飯田市に有る山

飯田市久堅の権現山： 飯田の風越山（権現山）に対して 東白山又は女白山（天照大神の母）と呼ばれている。
　　　　　　　　　　加賀の国の白山神社が源。

卯月山：干支の山として人気が有り 卯年（兎年）には県外からも訪れる.

133 小川路峠　おがわじとうげ／1642m／往復5時間
俗称辞職峠・地元では五里峠とも言う　飯田市に有る峠

上久堅コース：小川路峠は国土地理院地図では、国道256となっているが自動車は走れない。

辞職峠のいわれ：①喬木村と上村を結ぶ赤石トンネルができたので、小川路峠は用が無くなり辞職した峠。②遠山郷に赴任する教員や警察官等が余りにも険しい峠で職を辞する気持ちになった。　どの説も説得力に欠ける。

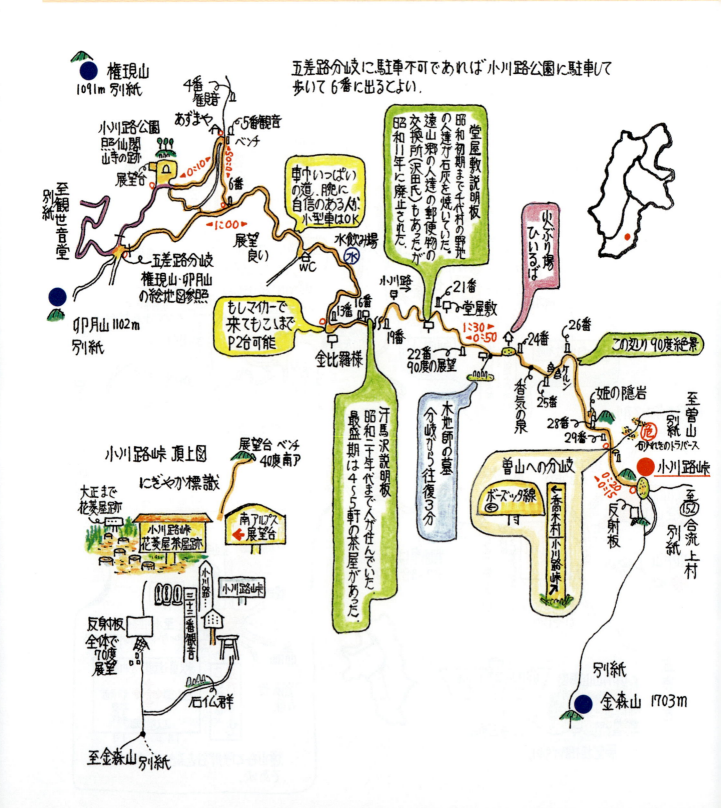

133 小川路峠 おがわじとうげ／1642m／往復4時間40分
135 金森山 かなもりやま／1703m／往復6時間50分
飯田市に有る山と峠

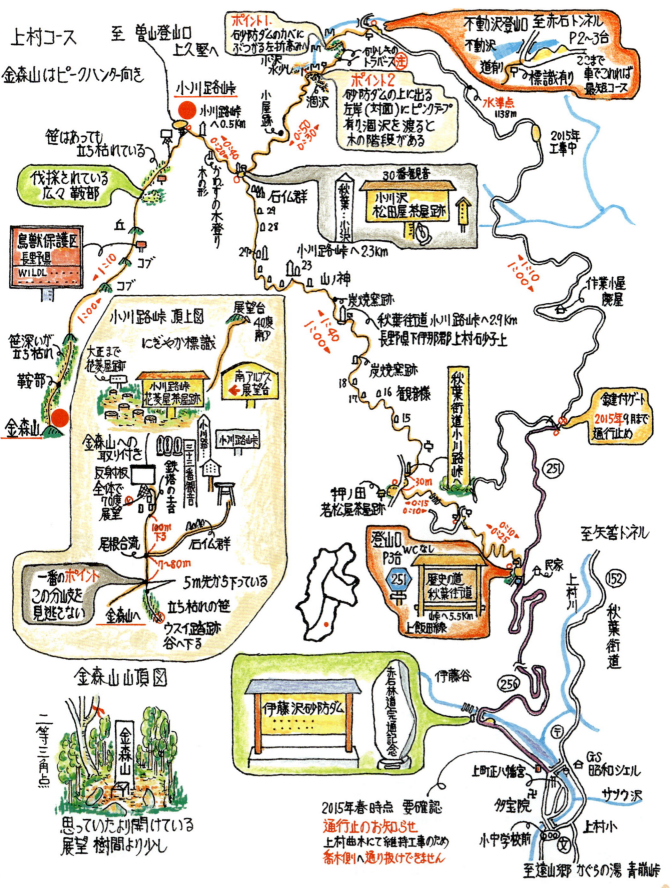

134 曽山 そやま／1600m／往復3時間40分
飯田市と喬木村の境の山

134 曽山 そやま／1600m／往復6時間
飯田市と喬木村の境の山

禍誤除の滝（かごよけのたき）

40年程前まで矢筈峠にある炭焼き窯で作った炭を背負って村まで運んだらしく、住民達は険しく急な道の運搬で災いないよう願った。

峠道の象徴だったこの滝を「かごよけのたき」と呼び、通行の無事を祈った。

135 金森山　かなもりやま／1703m／往復14時間10分
136 すだれ山　すだれやま／1593m／往復7時間40分
137 千代峠　ちよとうげ／1360m／往復5時間20分
飯田市に有る山と峠

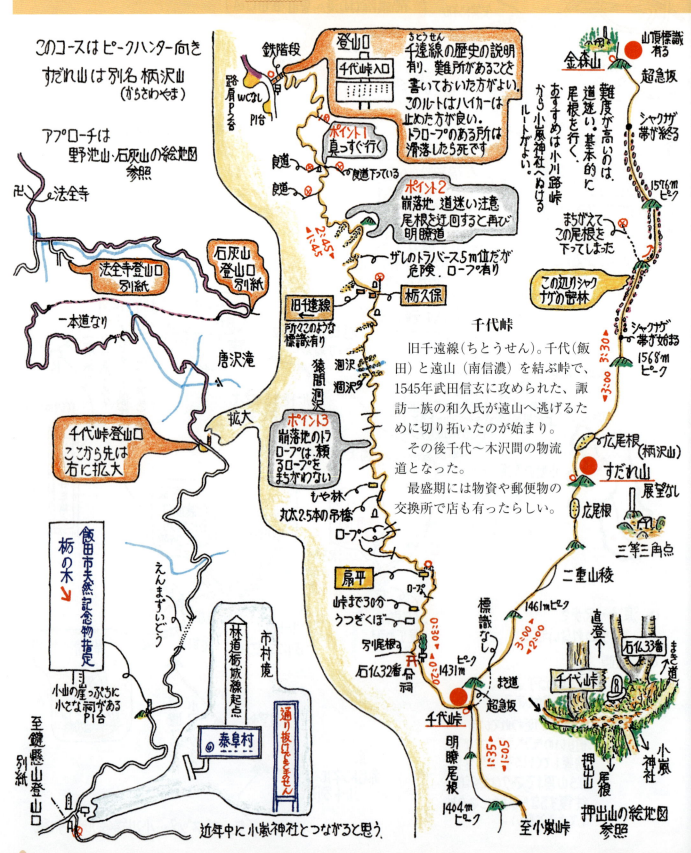

137 千代峠　ちよとうげ／1360m／往復2時間40分
飯田市に有る峠

138 押出山　おしでやま／1463m／往復4時間10分
飯田市と泰阜村の境の山

139 黒石岳 くろいしだけ／1377m／往復1時間40分
飯田市と泰阜村の境の山

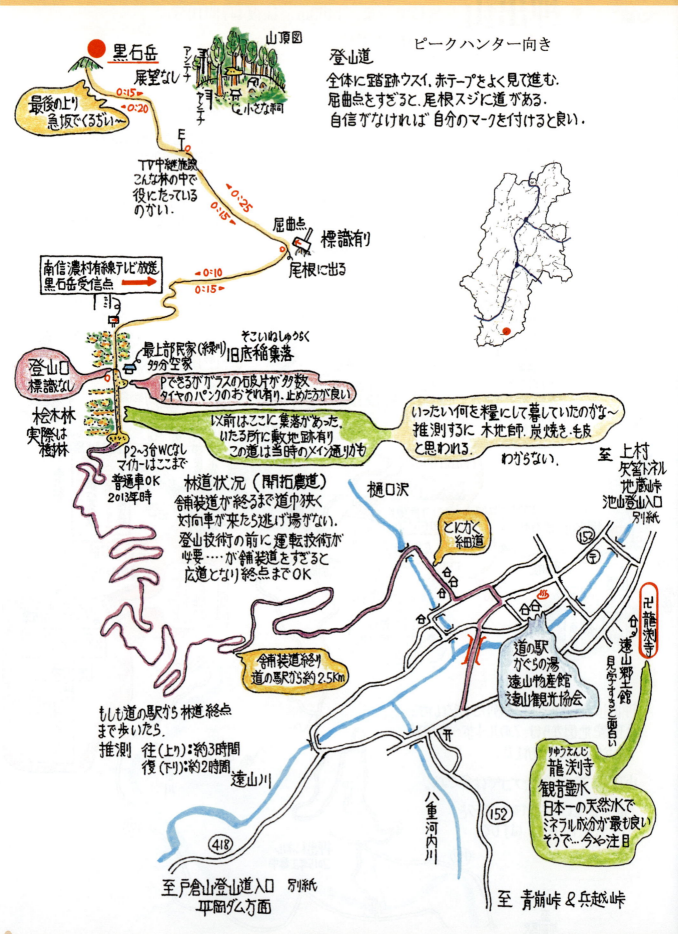

140 遠山郷の森山　もりやま／718m／往復3時間

別名：地元では盛平山（もりへいざん）と呼んでいる
飯田市に有る山

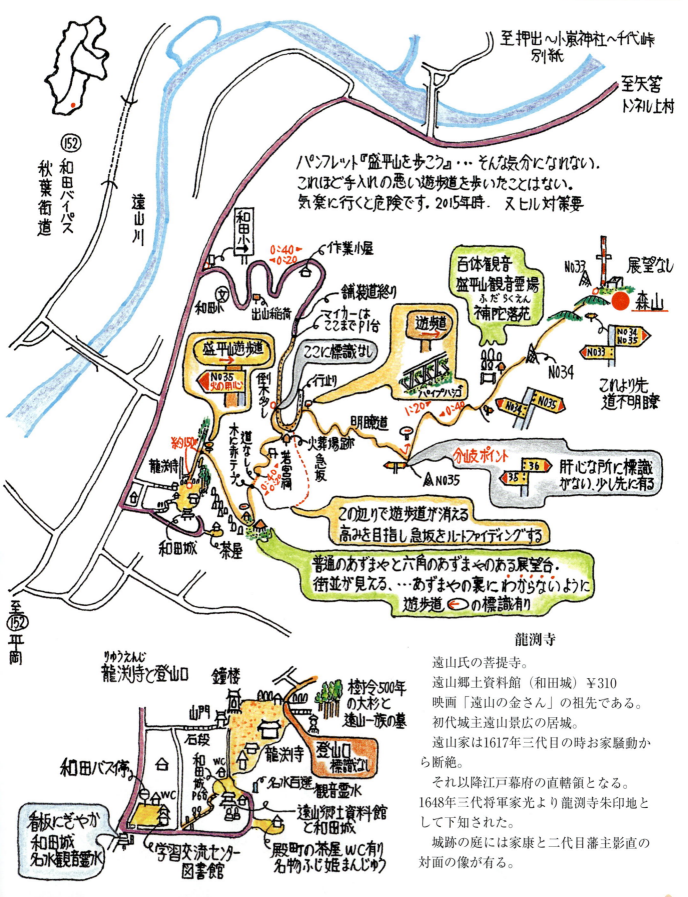

龍渕寺
遠山氏の菩提寺。
遠山郷土資料館（和田城）¥310
映画「遠山の金さん」の祖先である。
初代城主遠山景広の居城。
遠山家は1617年三代目の時お家騒動から断絶。
それ以降江戸幕府の直轄領となる。
1648年三代将軍家光より龍渕寺朱印地として下知された。
城跡の庭には家康と二代目藩主影直の対面の像が有る。

141 飯田市の戸倉山 とくらさん／1167m／往復2時間40分
飯田市に有る山

142 谷京峠 やきょうとうげ／848m／往復2時間
飯田市と天龍村の境の峠

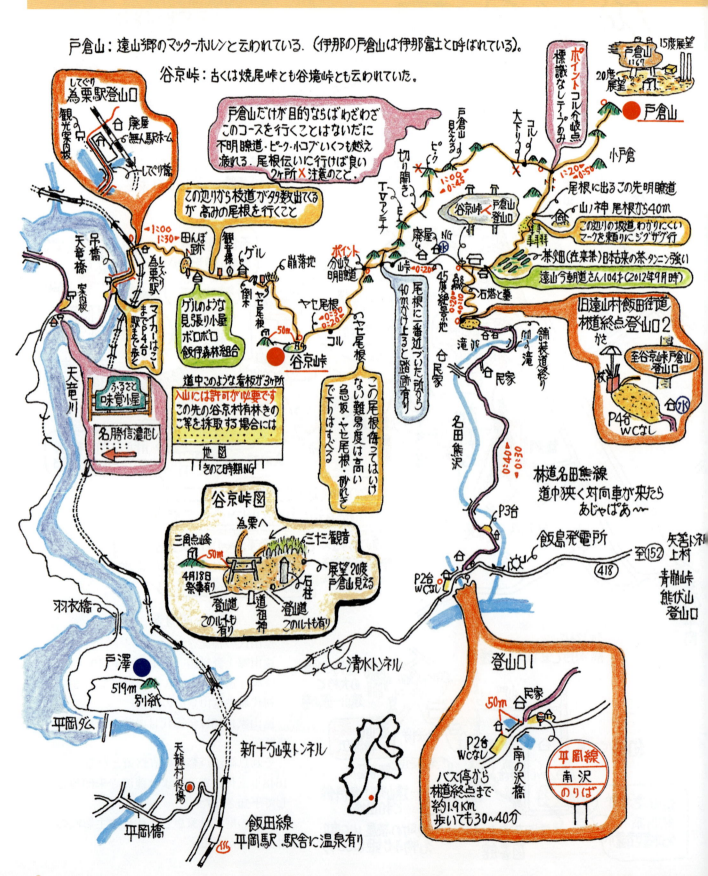

	143	**白倉山**	しらくらやま／1851m／往復6時間40分
	144	**平森山**	ひらもりやま／1813m／往復7時間30分
	145	**朝日山**	あさひやま／1692m／往復4時間

飯田市と静岡県浜松市の境の山

143 白倉山　しらくらやま／1851m／往復6時間40分
144 平森山　ひらもりやま／1813m／往復7時間30分
145 朝日山　あさひやま／1692m／往復4時間
飯田市と静岡県浜松市の境の山

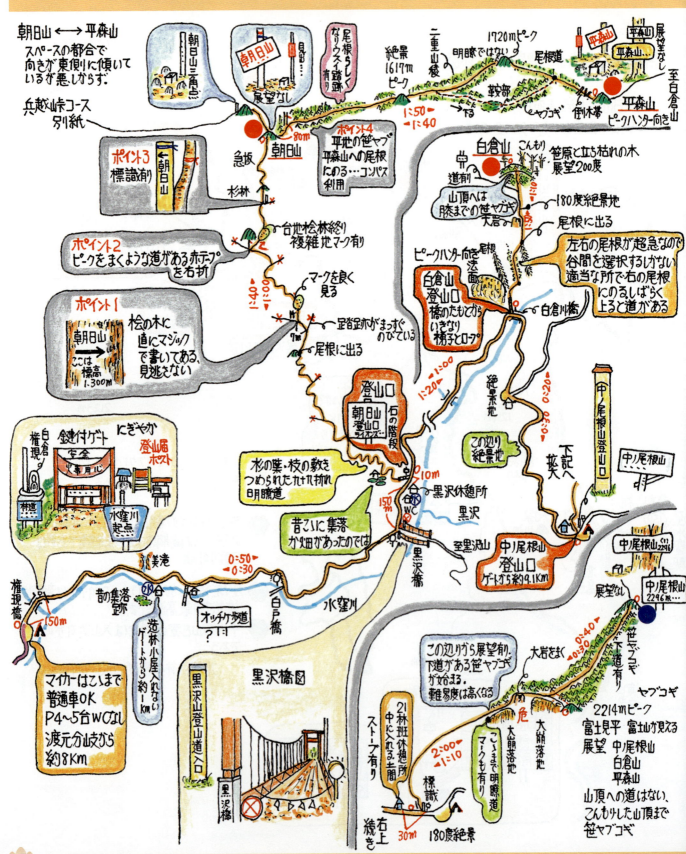

145 朝日山 あさひやま／1692m／往復3時間20分
飯田市と静岡県浜松市天竜区の境の山

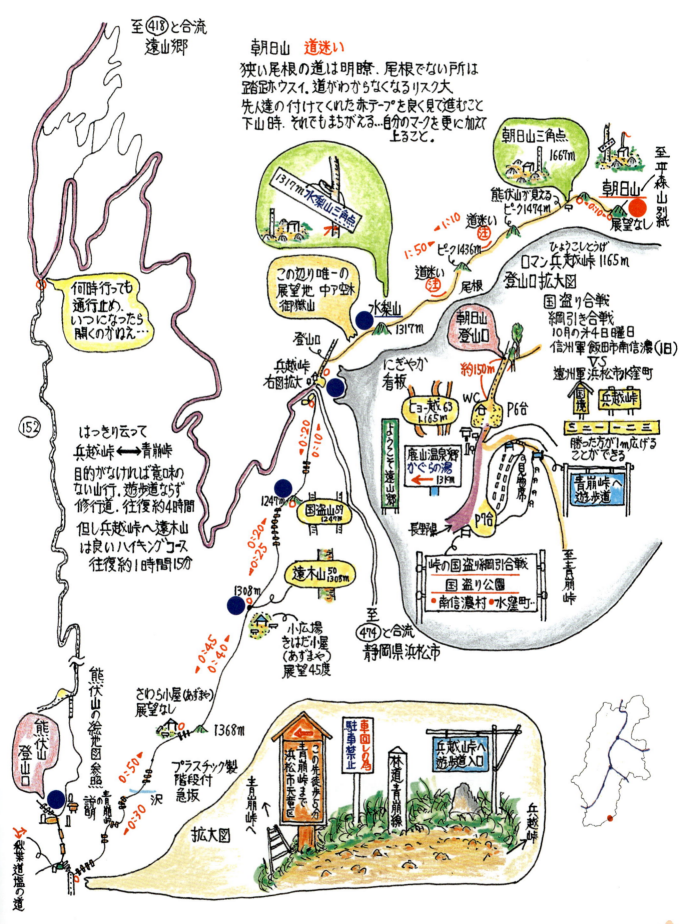

146 熊伏山 くまぶしやま／1653m／往復3時間
飯田市と天龍村の境の山

登山口は大きく分けて3通り有ります。
①平岡コース　②青崩峠コース　③静岡県側からのコース

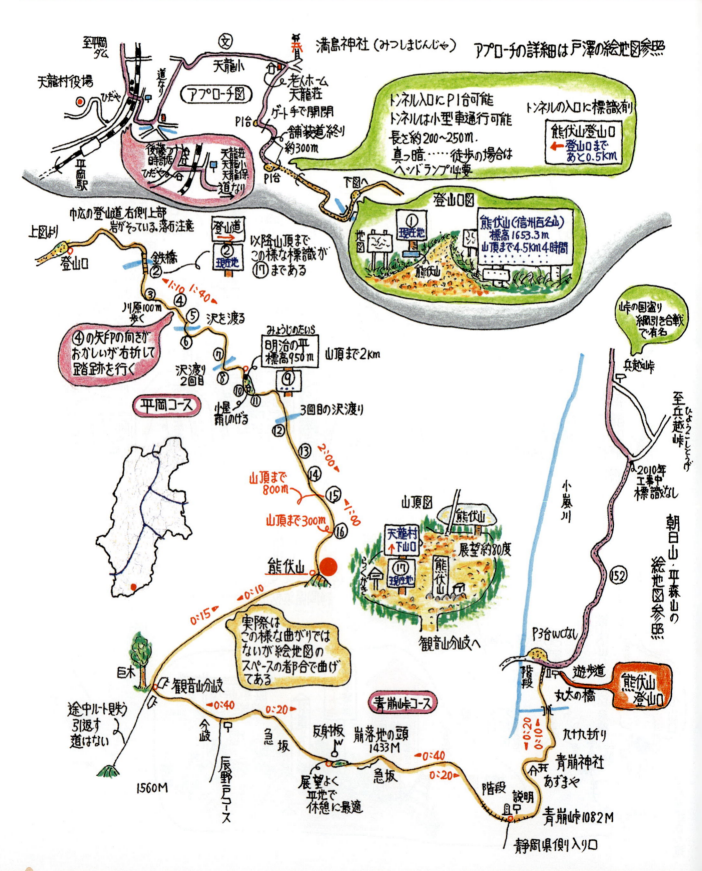

147 袴越 はかまごし／1052m／周遊4時間40分
天龍村に有る山

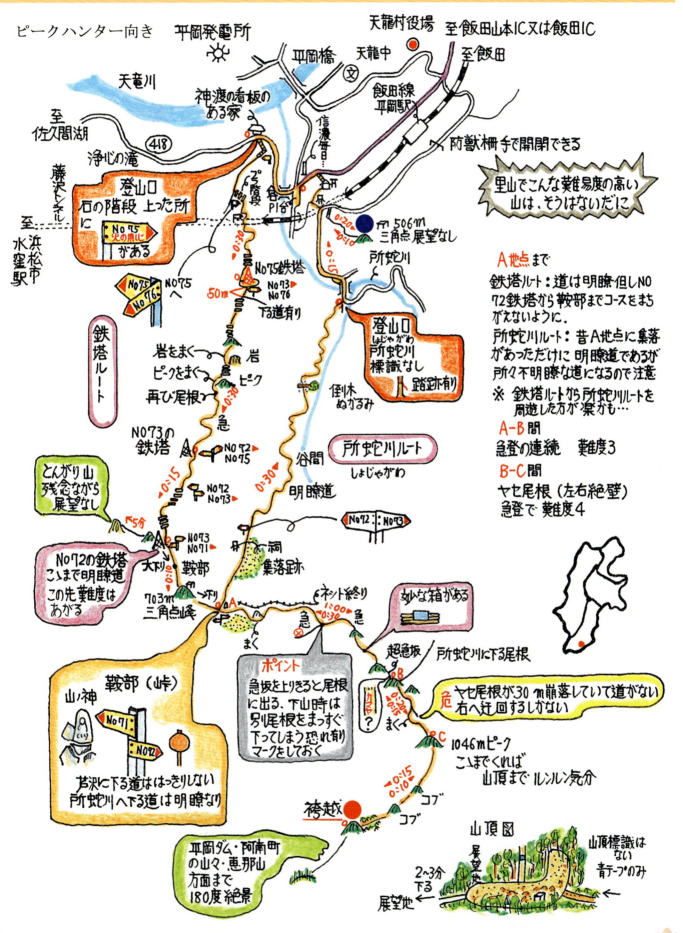

148 観音山 かんのんやま／1418m／往復4時間40分
天龍村と静岡県浜松市の境の山

| 149 | 八嶽山 | やたけさん／1140m／往復1時間10分 |
| 150 | 袖山 | そでやま／1187m／往復1時間 |

別名：袖山岳　天龍村と静岡県豊根村の境の山

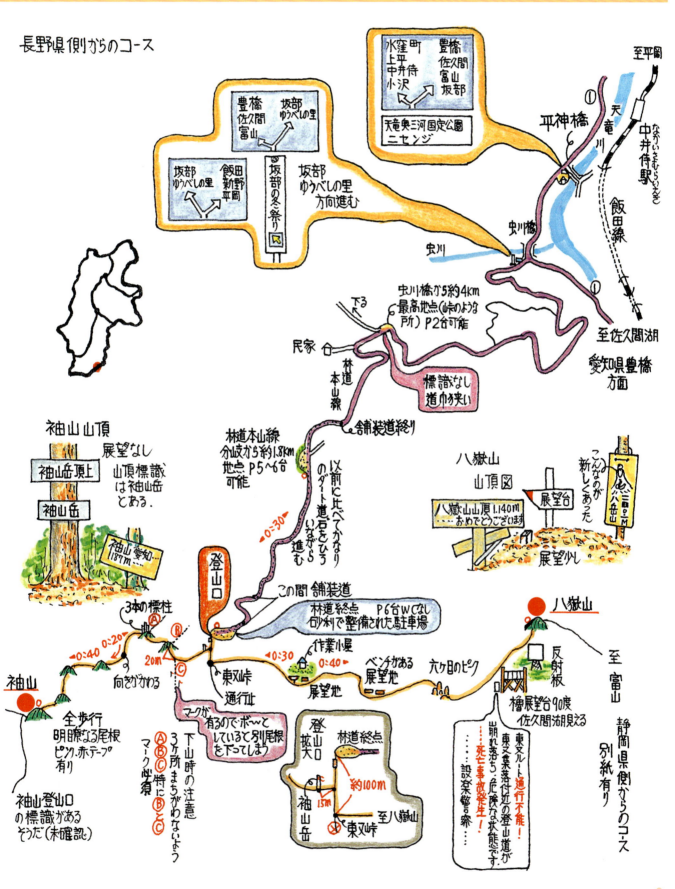

149 八嶽山 やたけさん／1140m／往復3時間
天龍村と静岡県豊根村の境の山

151 天龍村の峠山　とうげやま／1197m／往復30分
天龍村に有る山

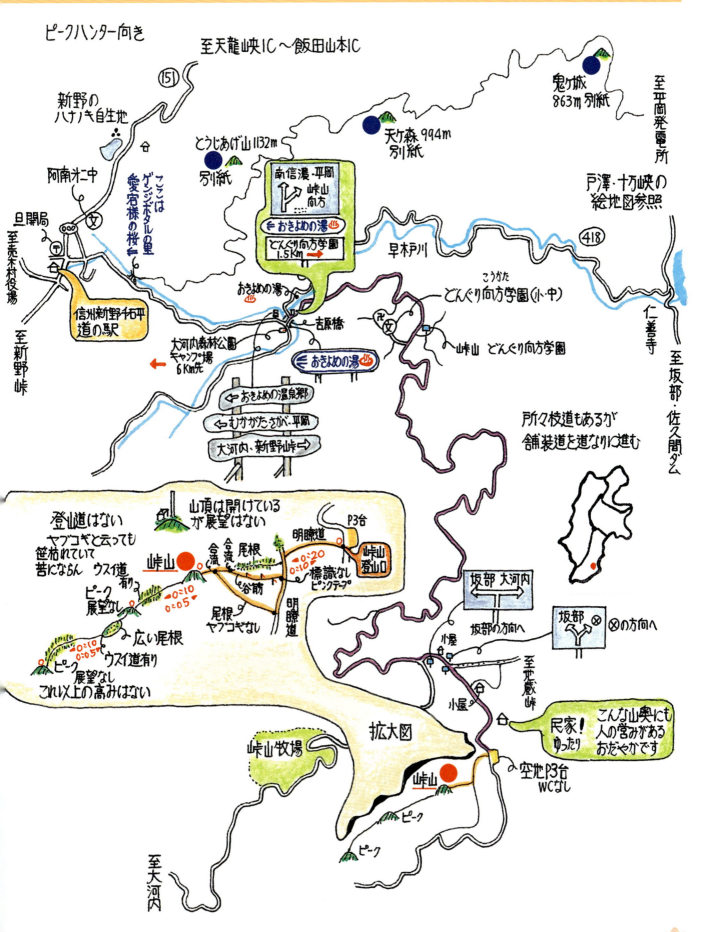

152 戸澤 とざわ／519m／往復50分

天龍村十方峡（じっぽうきょう）ウォーキングコース／一周約3時間　天龍村に有る山

| 153 | 鬼ヶ城 | おにがしろ／863m／往復10分 |
| 154 | 天ヶ森 | あまがもり／994m／往復45分 |

天龍村に有る山

| 155 | とうじあげ山 | とうじあげやま／1132m／往復25分 |

天龍村と阿南町の境の山

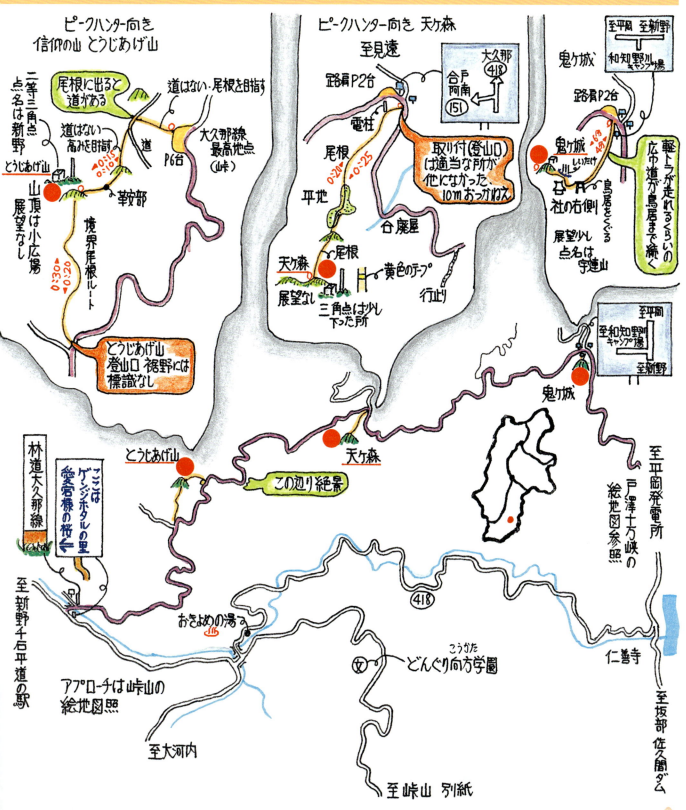

156 仮称 新野峠山　にいのとうげやま／1070m／往復40分
157 仮称 赤笹山　あかざさやま／1087m／往復50分
158 仮称 向山　むかいやま／1104m／往復1時間20分
阿南町と天竜村の境の山

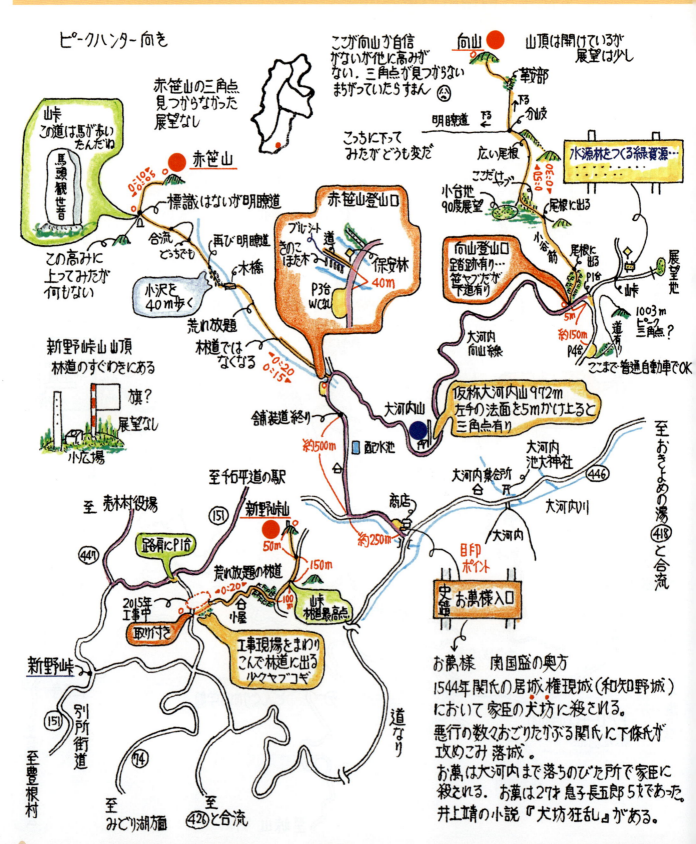

159 新栄山　しんえいざん／1005m／往復5分
阿南町に有る山

160 鎌根　かまね／1074m／往復1時間30分
阿南町と売木村の境の山

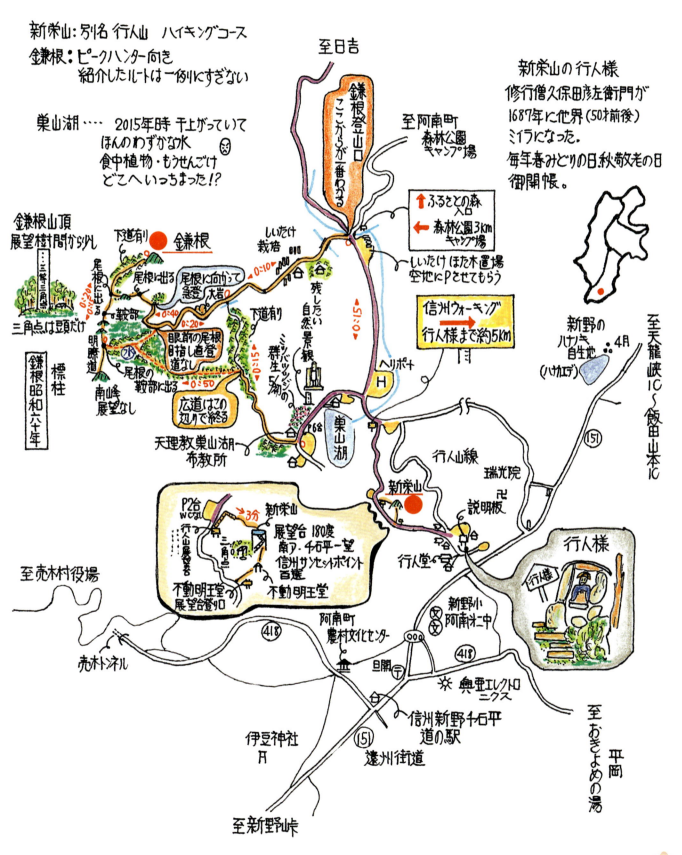

161 仮称 岩倉山　いわくらやま／1032m／往復1時間20分
売木村に有る山

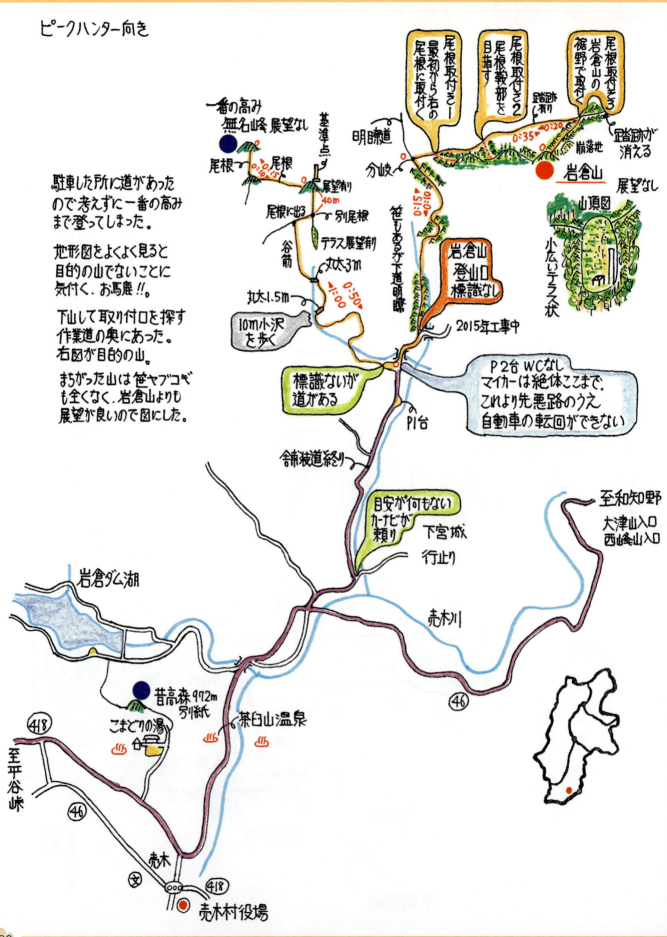

162 昔高森 むかしたかもり／972m／往復40分
売木村に有る山

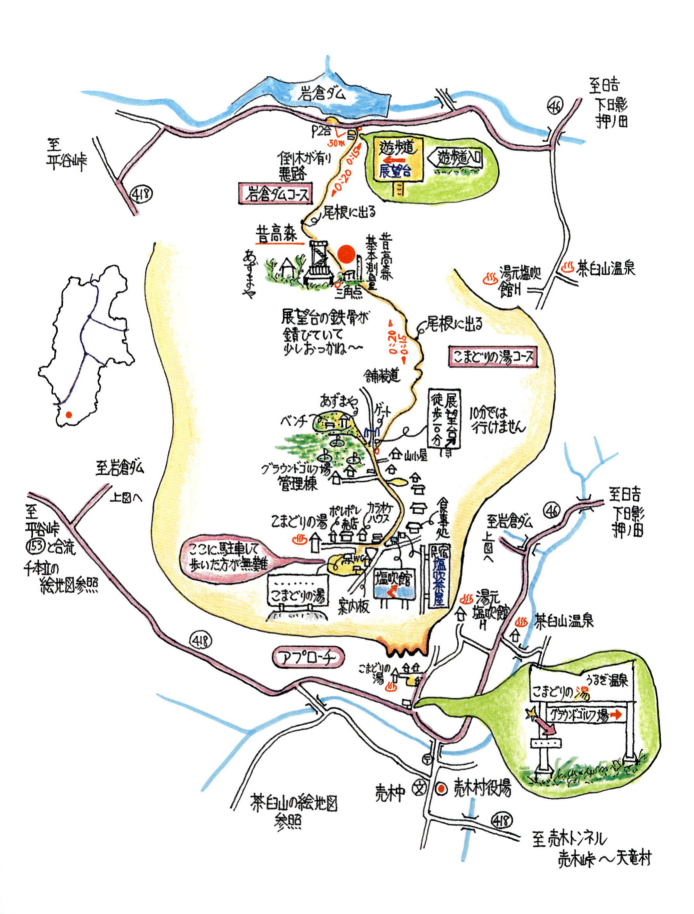

163 仮称高畑 たかはた／1134m／往復1時間20分
売木村に有る山

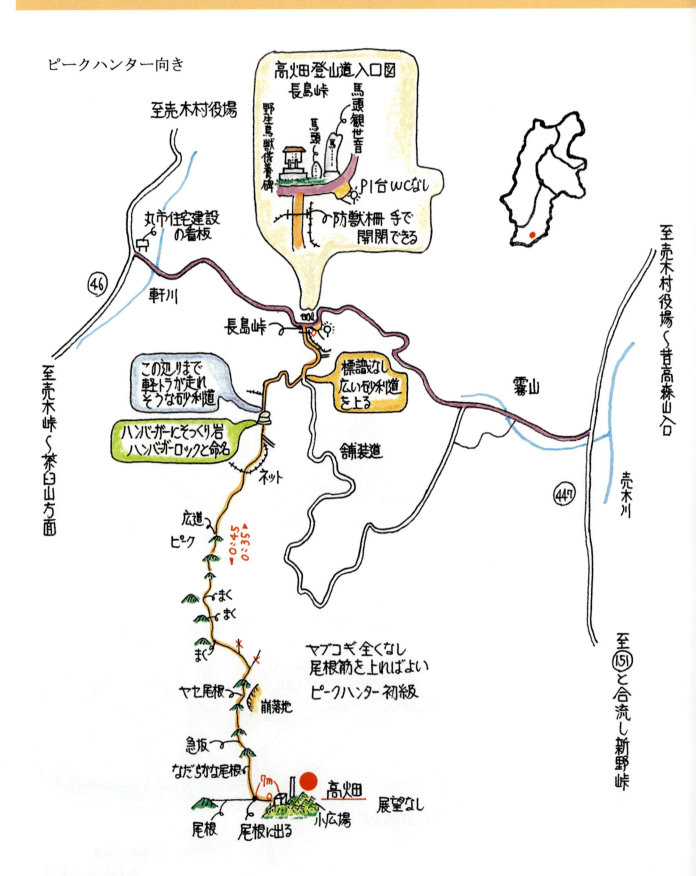

164 仮称 売木峠山　うるぎとうげやま／1268m／往復1時間
根羽村と売木村の境の山

165 根羽村の茶臼山　ちゃうすやま／1415m／往復30分
根羽村と愛知県豊根村の境の山

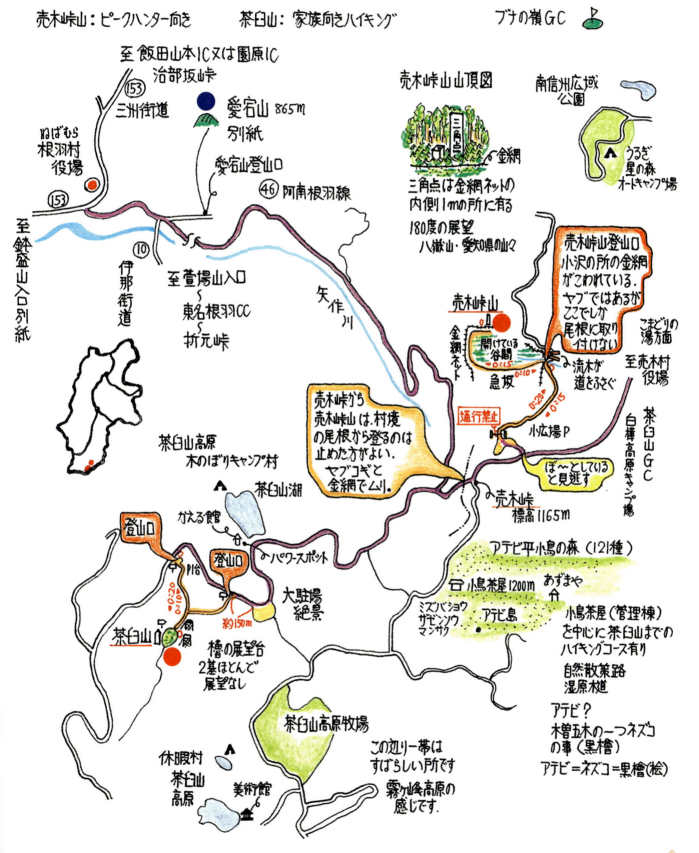

166 萱場山 かやばやま／1131m／往復50分
根羽村に有る山

ピークハンター向き

紹介したルートは一例にすぎない。
豊田市側からのルートも考えられる。
林道穴田線は一般車通行禁止である……自己責任で行動のこと。

山頂までのルートは笹刈されていてヤブコギは全くない。
明瞭な踏跡有り、道迷いの心配なし。

| 167 | 根羽村の**愛宕山** | あたごやま／865m／往復50分 |
| 168 | 根羽村の**鉢盛山** | はちもりやま／992m／往復1時間30分 |

根羽村に有る山

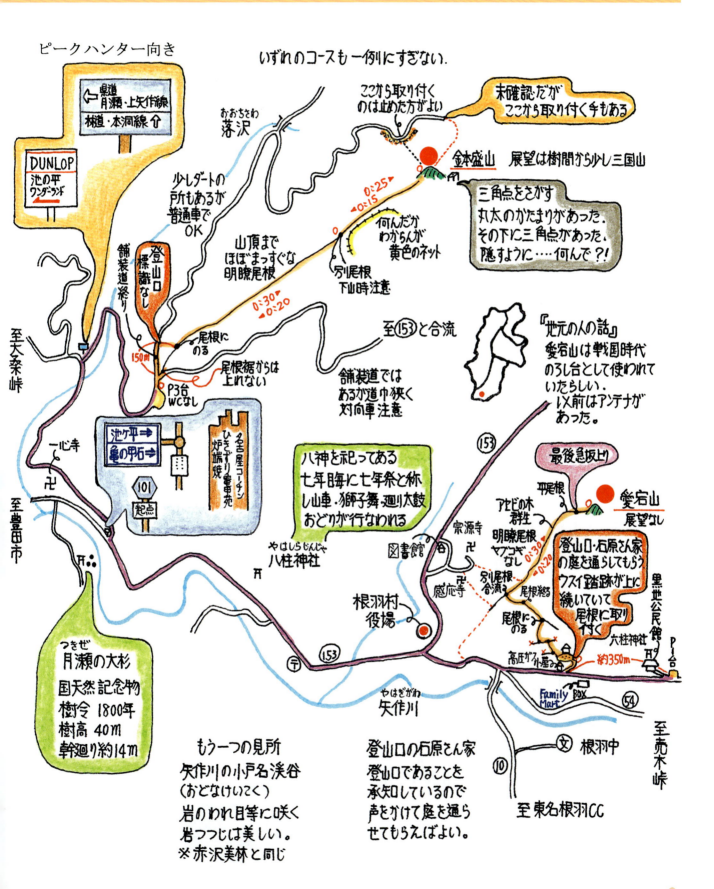

169 根羽村の三国山　みくにやま／1162m／往復1時間
根羽村・豊田市・恵那市の境の山

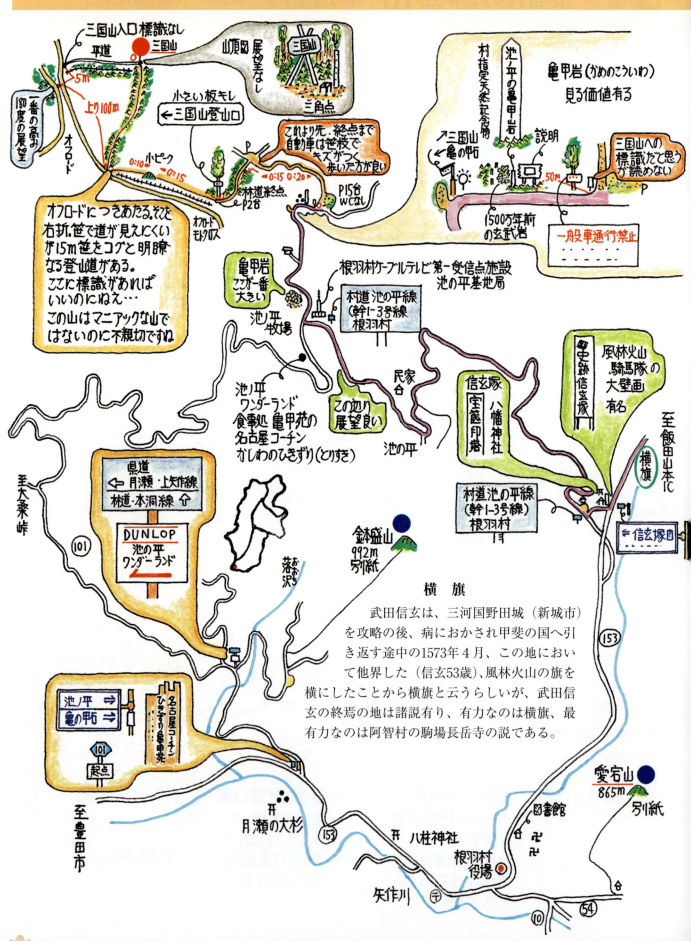

| 170 | 代立 | しろたて／1322m／往復2時間40分 |

平谷村と根羽村の境の山

| 171 | 源四山 | げんしやま／1290m／往復3時間50分 |

| 172 | 十六方 | じゅうろっぽう／1194m／往復1時間20分 |

平谷村に有る山

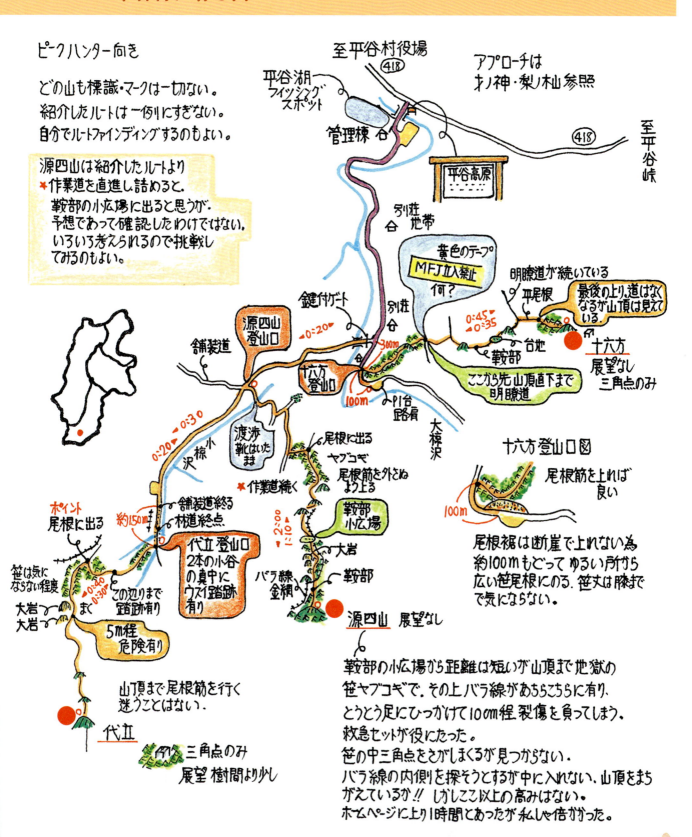

173 梨ノ木山 なしのきやま／1319m／往復1時間50分
174 仮称平谷峠山 ひらやとうげやま／1223m／往復1時間
売木村と平谷村の境の山

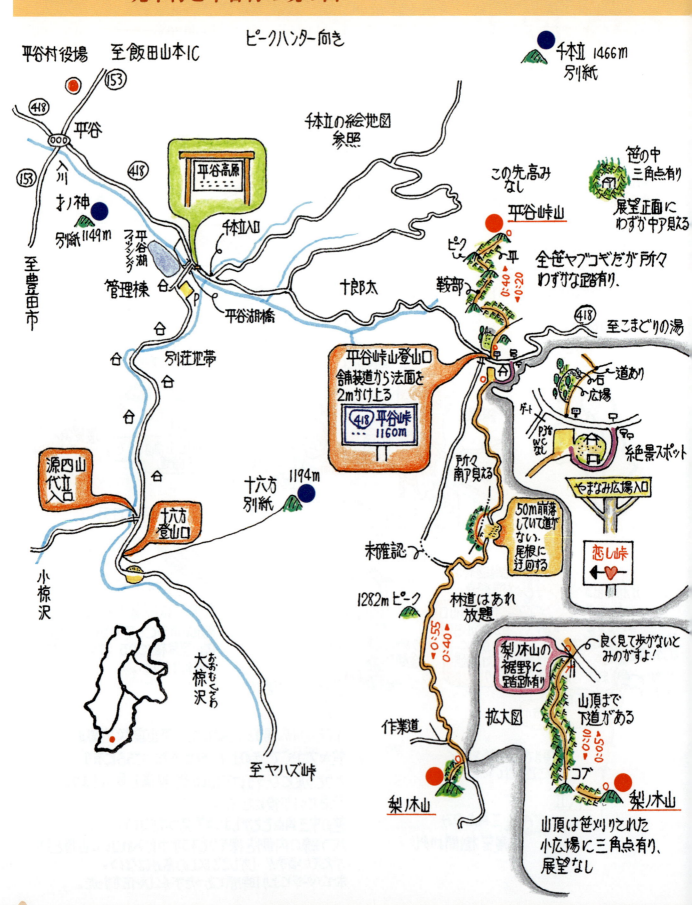

175 千本立 せんぼんだち／1466m／往復3時間10分
平谷村に有る山

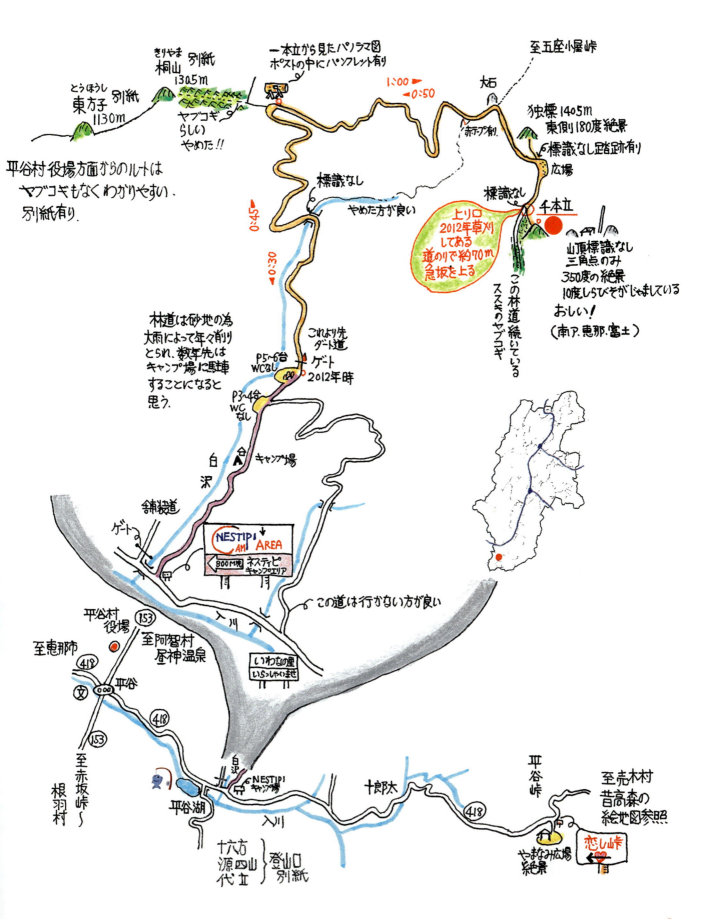

176 才ノ神 さいのかみ／1149m／往復1時間20分
平谷村に有る山

177 仮称赤坂峠山 あかさかとうげやま／1185m／往復1時間
平谷村と根羽村の境の山

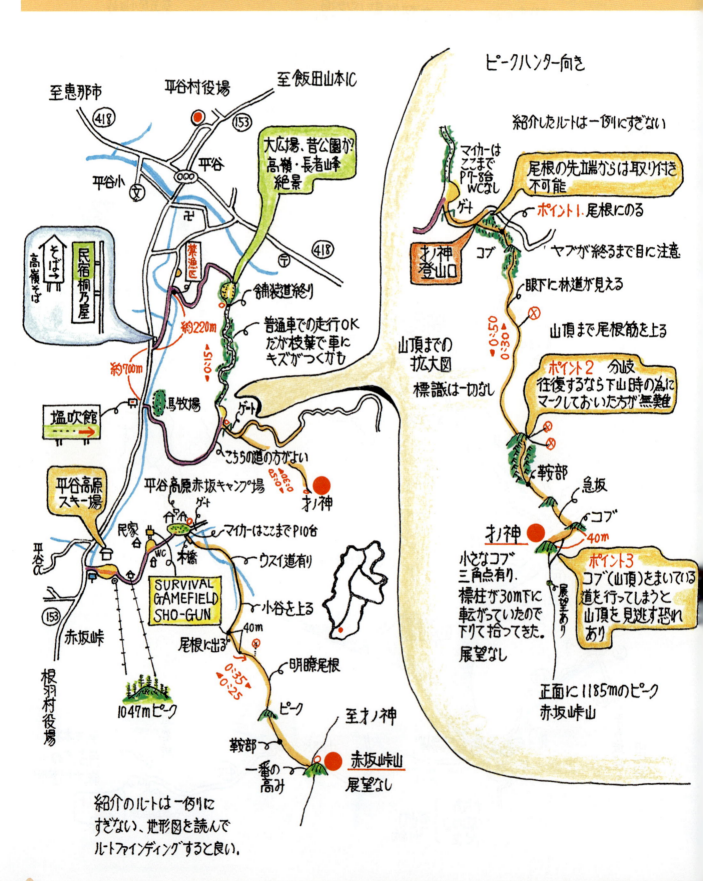

| 178 | 桐山 | きりやま／1305m／往復2時間20分 |
| 179 | 東方子 | とうほうし／1130m／往復1時間 |

平谷村に有る山

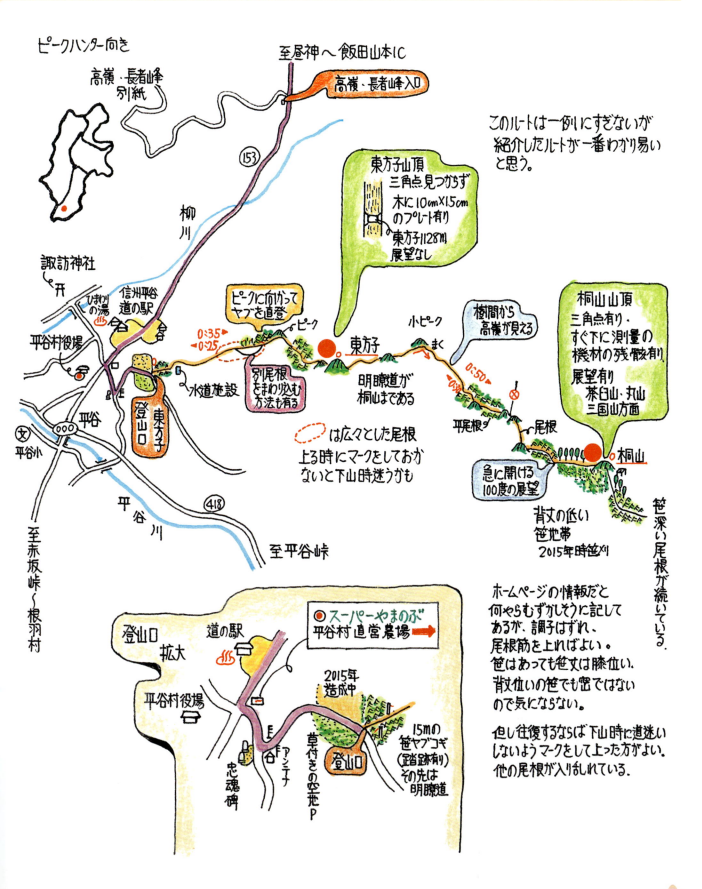

180 長者峰 ちょうじゃみね／1574m／往復0分
181 高嶺 たかね／1599m／往復45分
平谷村に有る山

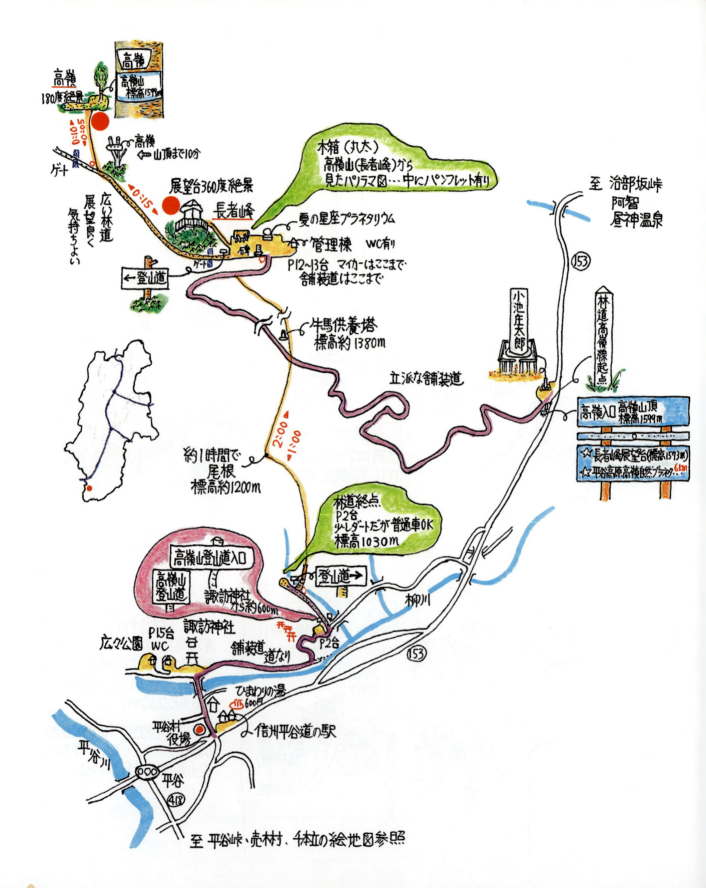

183 恩田大川入山
おんだおおかわいりやま／1921m／往復5時間20分
別名：浪合山（なみあいやま）　阿智村と岐阜県中津川市の境の山

184 大川入山
おおかわいりやま／1908m／往復4時間20分
平谷村と阿智村の境の山

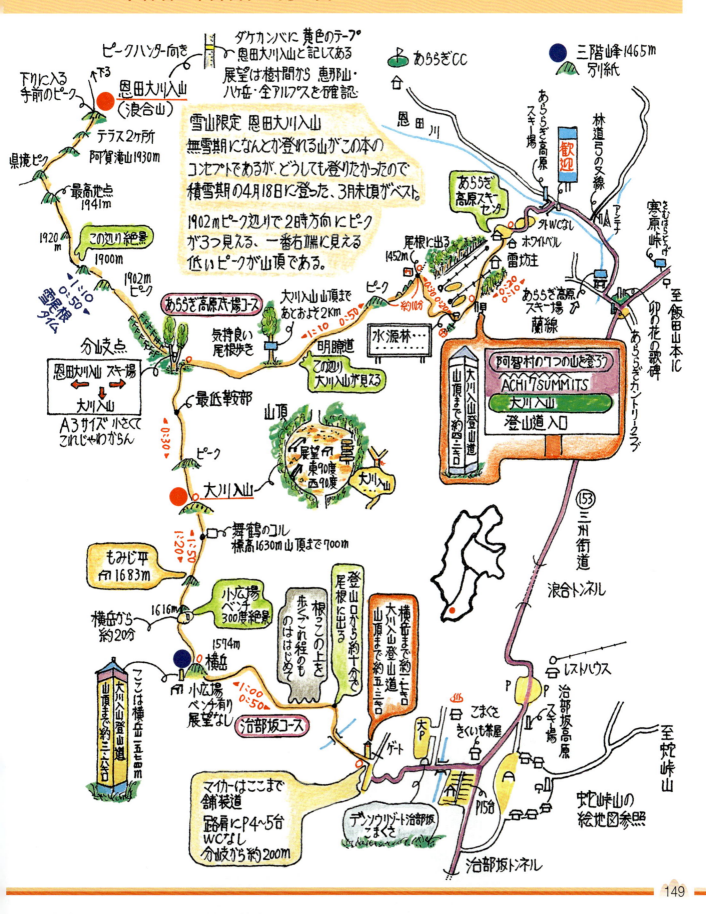

185 蛇峠山 じゃとうげやま／1664m／往復1時間20分
阿智村・平谷村と阿南町の境の山

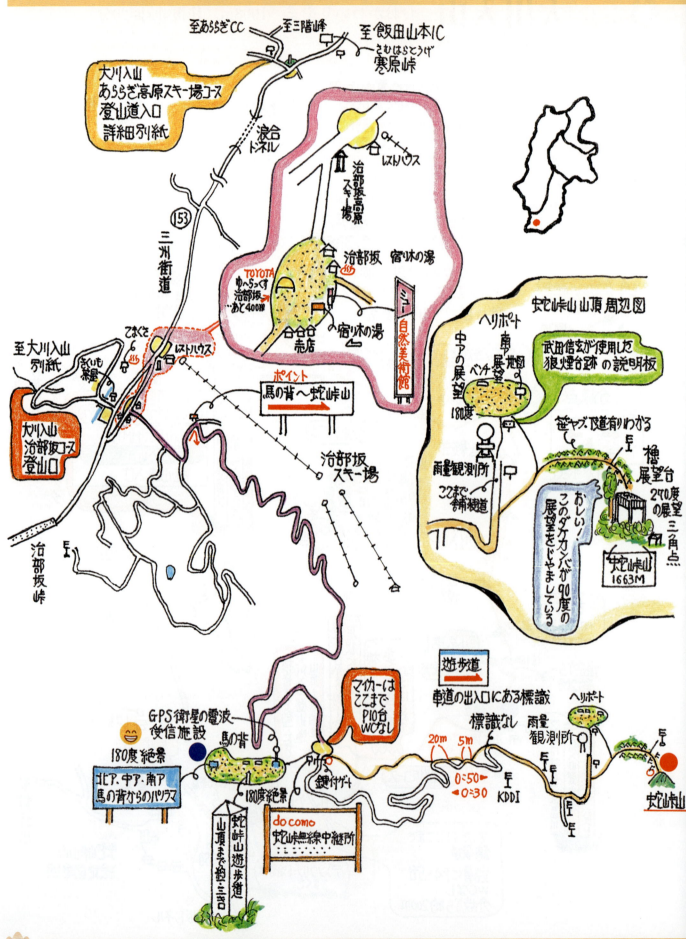

186 阿南町の丸山　まるやま／1484m／往復2時間30分
阿南町に有る山

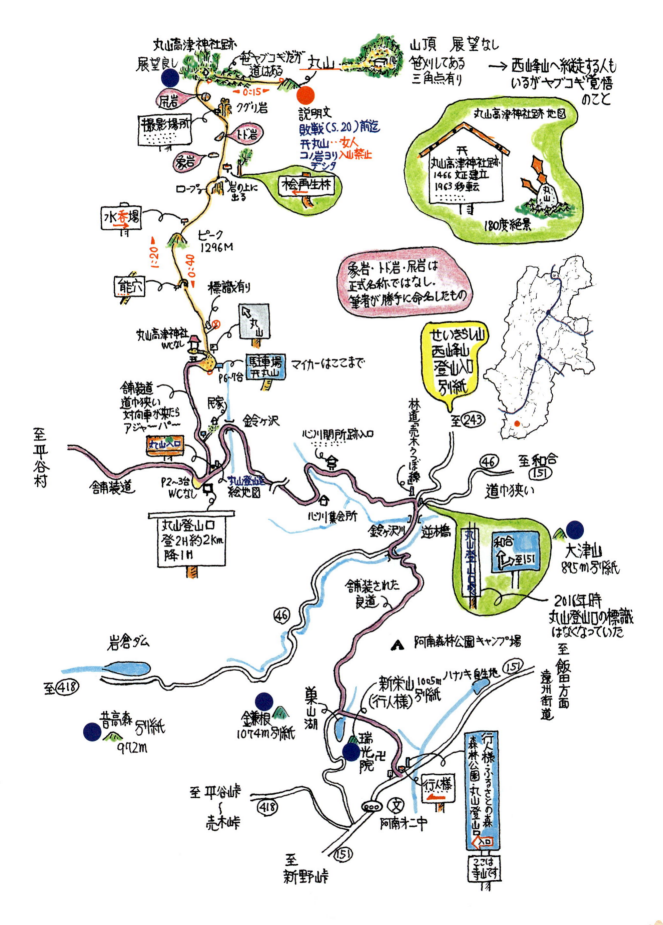

187 せいきらし山　せいきらしさん／1292m／往復55分
188 西峰山　にしみねやま／1124m／往復10分
189 大津山　おおつやま／895m／往復2時間
阿南町に有る山

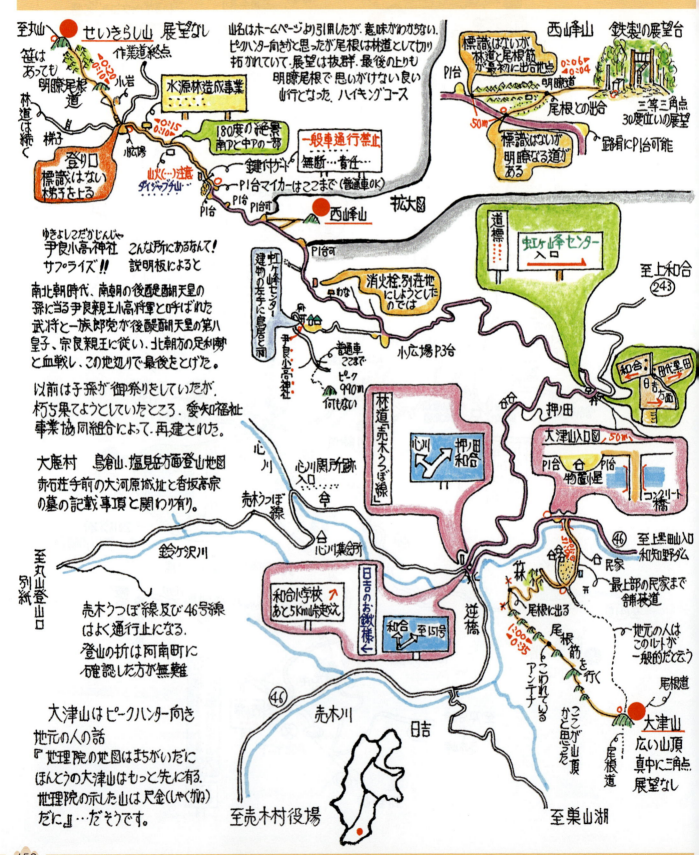

190 上黒田山 かみくろださん／862m／往復35分
191 岳ノ山 たけのやま／627m／往復10分
阿南町に有る山

192 八尺山 はっちゃくやま／1219m／往復10分
阿南町に有る山

富草三山の一つ（他 陽船山・庄田山）。
名前が面白いので行ってみたが…ウウウ

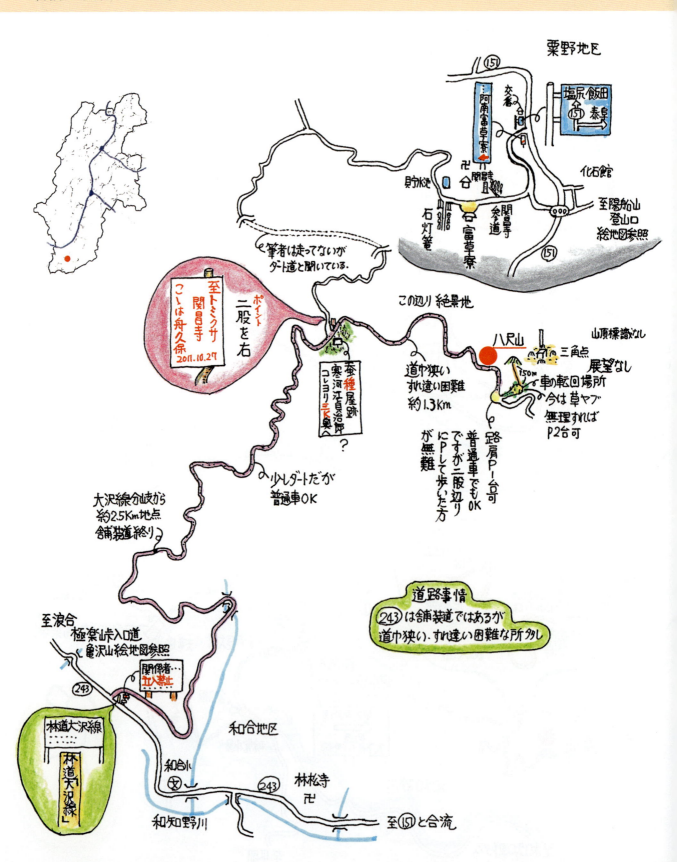

193 庄田山 しょうだやま／966m／往復30分
下條村に有る山

194 陽船山 ひふねやま／645m／往復15分
阿南町に有る山

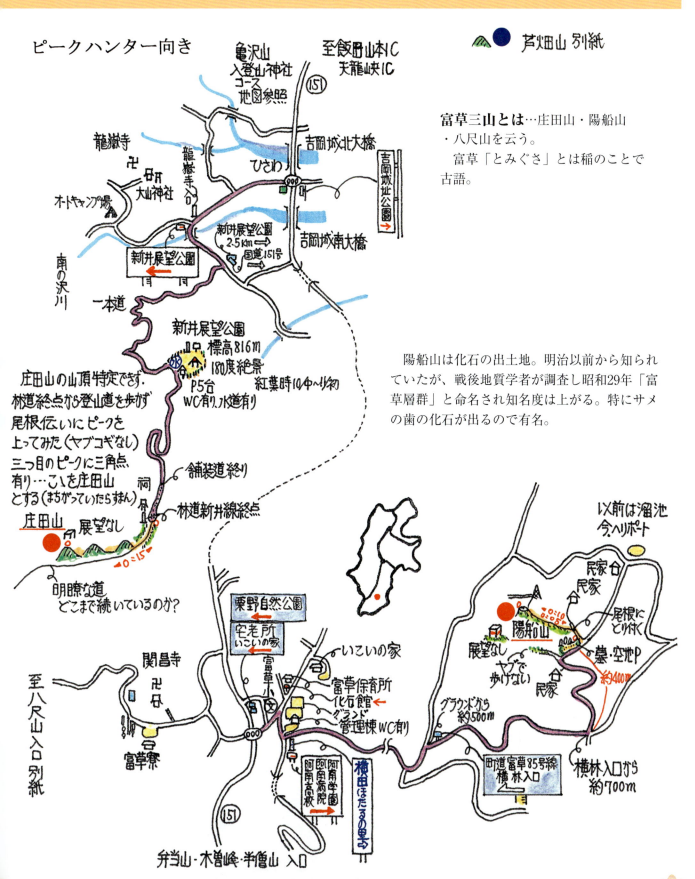

富草三山とは…庄田山・陽船山・八尺山を云う。
　富草「とみぐさ」とは稲のことで古語。

陽船山は化石の出土地。明治以前から知られていたが、戦後地質学者が調査し昭和29年「富草層群」と命名され知名度は上がる。特にサメの歯の化石が出るので有名。

195	木曽峰	きそみね／1006m／往復1時間10分
196	弁当山	べんとうやま／981m／往復0分
197	半僧山	はんぞうやま／593m／往復10分

阿南町に有る山

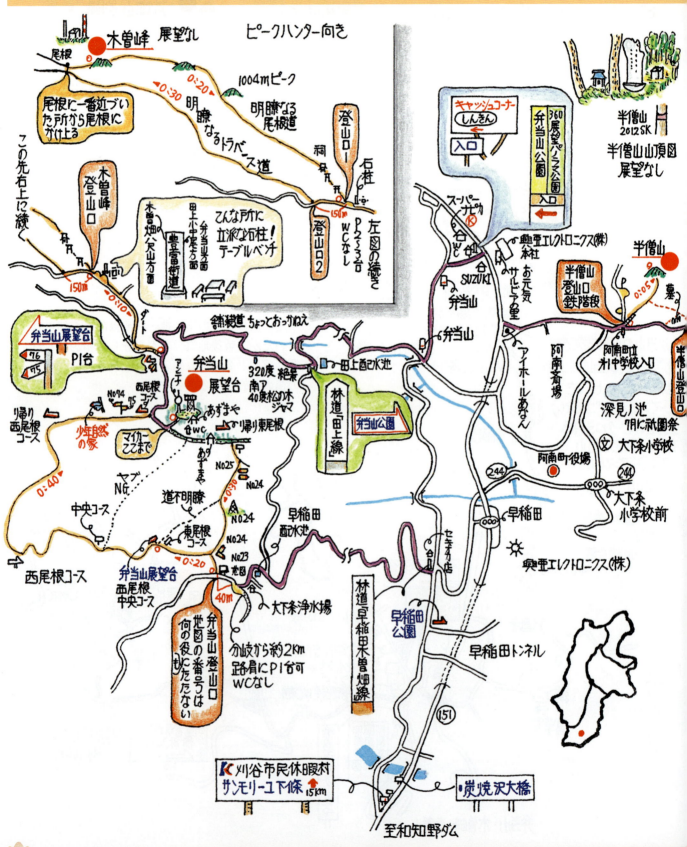

| 198 | 小城頭 | こじろがしら／1040m／往復1時間 |
| 199 | 鍵懸山 | かぎかけやま／1126m／往復50分 |

泰阜村に有る山

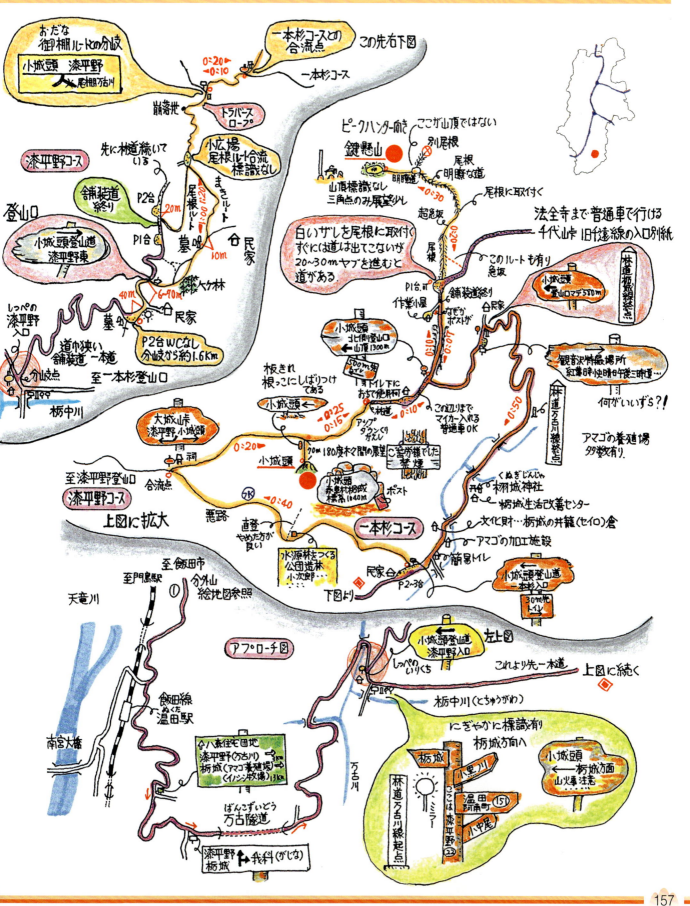

200 分外山 ぶんがいざん／964m／往復1時間10分
泰阜村に有る山

わざわざ行く山では無い。
村道が複雑で道巾狭い…少し遠まわりでも役場を目指し、マレットゴルフ場にPして歩くのが無難。

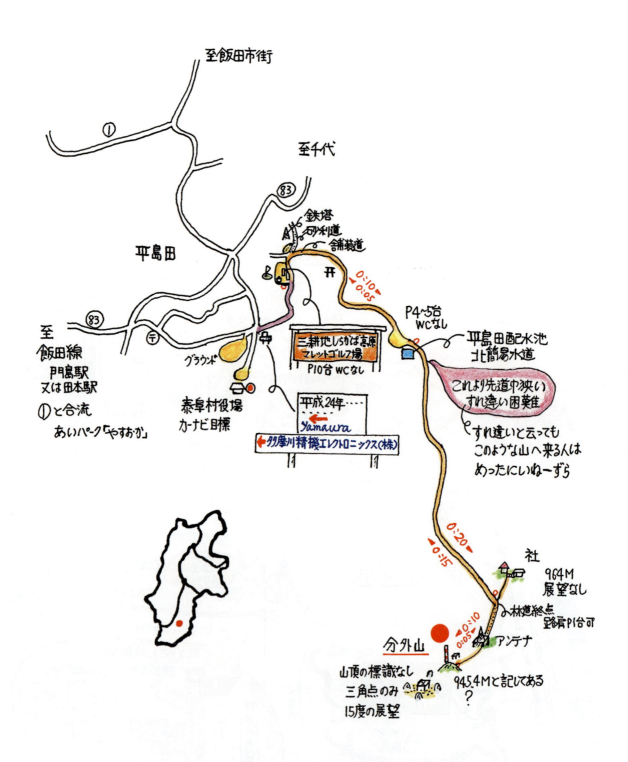

201 法全寺 ほうぜんじ／1092m／往復2時間50分
飯田市と泰阜村の境の山

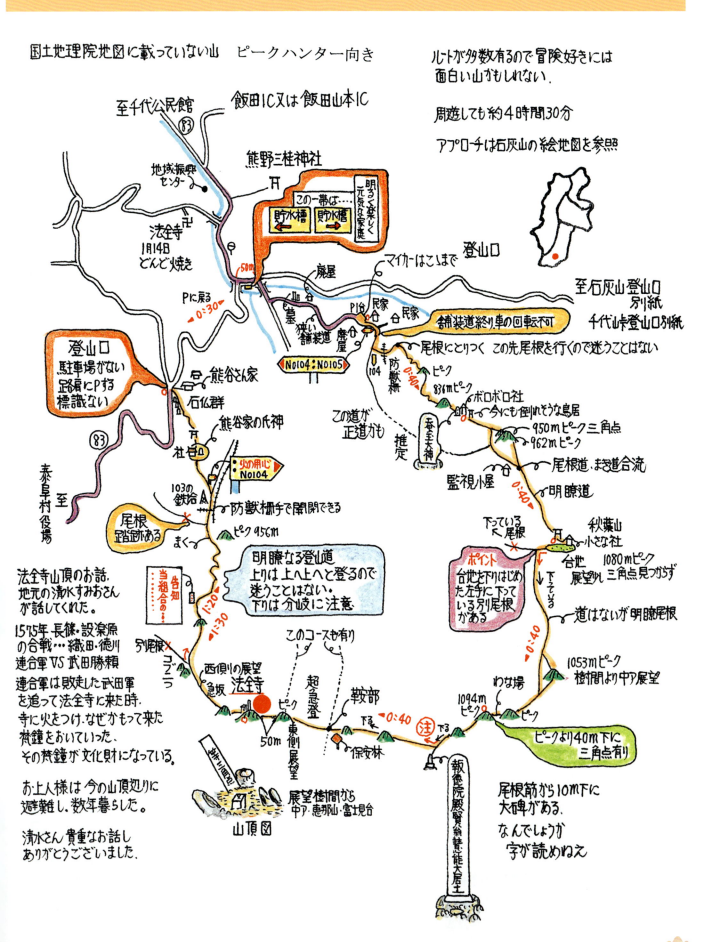

202 石灰山　せっかいやま／1281m／周遊3時間20分
飯田市に有る山

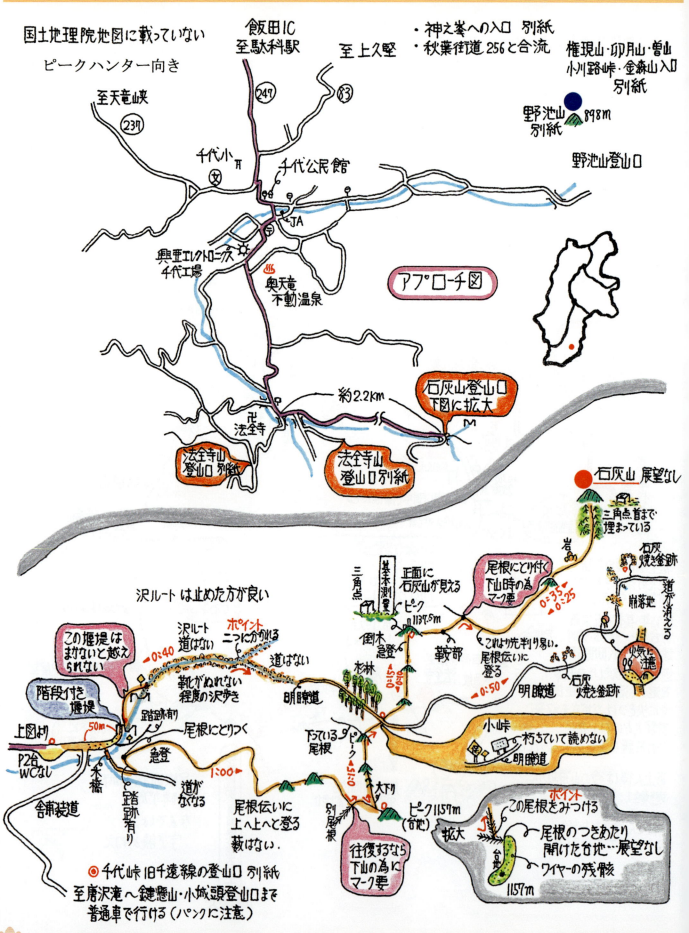

203 野池山 のいけやま／898m／往復1時間
飯田市に有る山

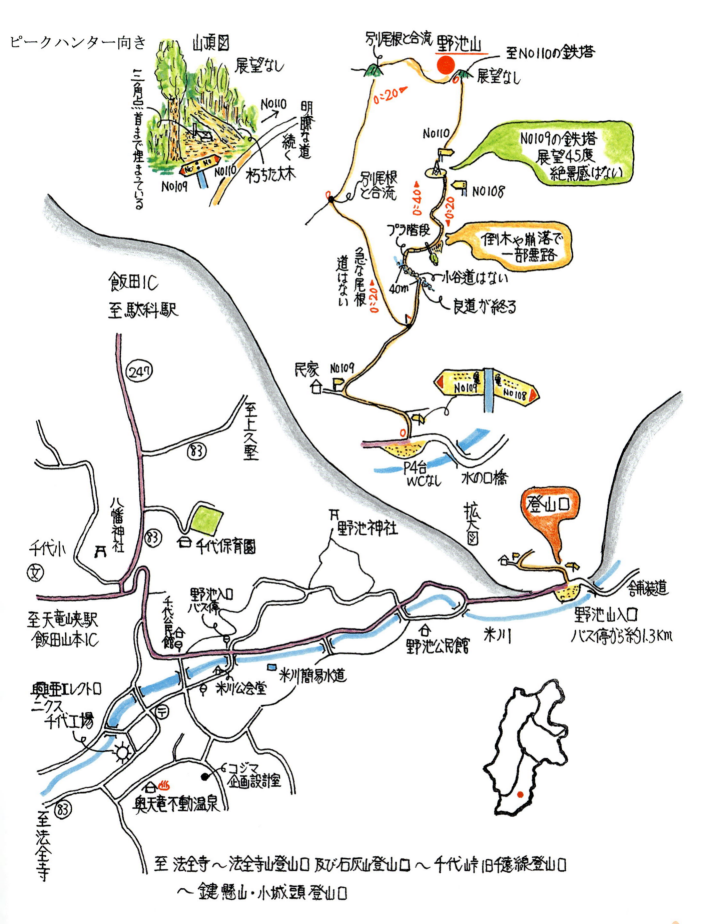

204 芦畑山 あしばたやま／590m／往復0分
下條村に有る山

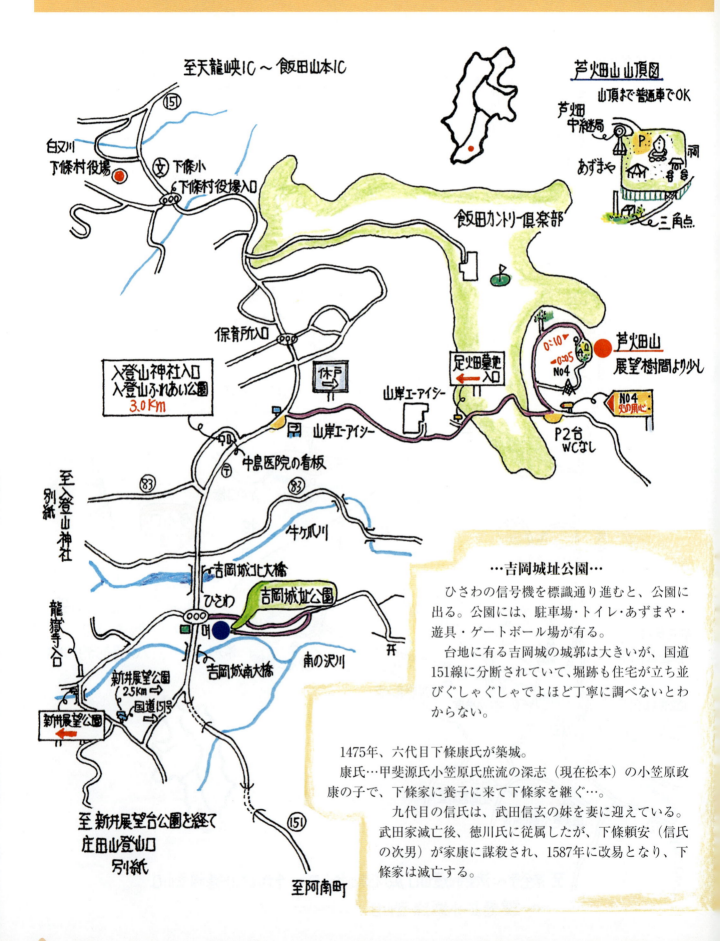

…吉岡城址公園…

　ひさわの信号機を標識通り進むと、公園に出る。公園には、駐車場・トイレ・あずまや・遊具・ゲートボール場が有る。
　台地に有る吉岡城の城郭は大きいが、国道151線に分断されていて、堀跡も住宅が立ち並びぐしゃぐしゃでよほど丁寧に調べないとわからない。

　1475年、六代目下條康氏が築城。
　康氏…甲斐源氏小笠原氏庶流の深志（現在松本）の小笠原政康の子で、下條家に養子に来て下條家を継ぐ…。
　九代目の信氏は、武田信玄の妹を妻に迎えている。武田家滅亡後、徳川氏に従属したが、下條頼安（信氏の次男）が家康に謀殺され、1587年に改易となり、下條家は滅亡する。

205 亀沢山 かめざわやま／1359m／往復3時間25分
阿智村と阿南町の境の山

206 汗馬山 かんばやま／1255m／往復3時間40分
阿南町と下條村の境の山

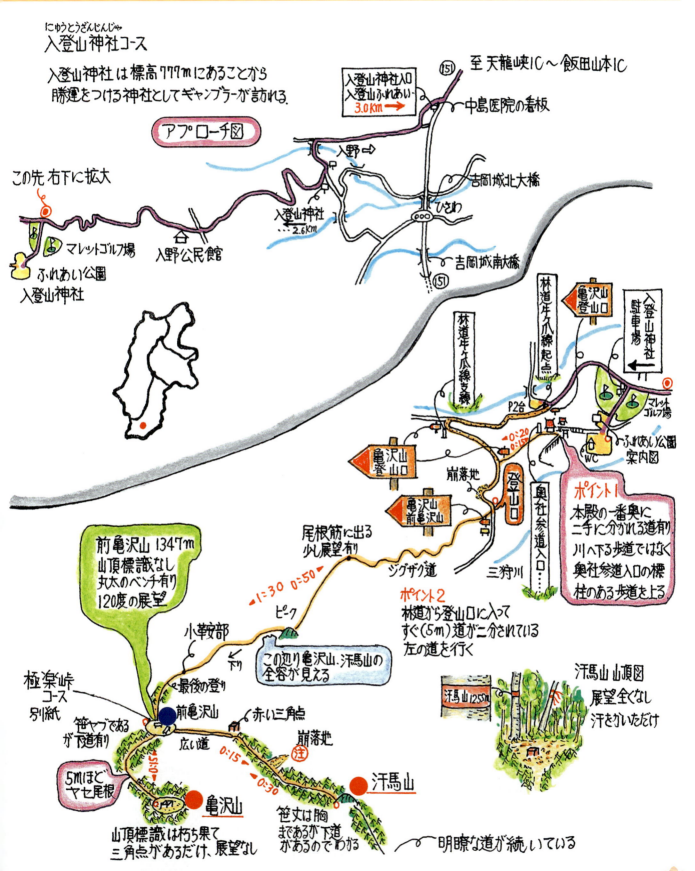

205 亀沢山　かめざわやま／1359m／往復3時間
阿智村と阿南町の境の山

207 見晴山　みはらしやま／1267m／往復1時間10分
下條村に有る山

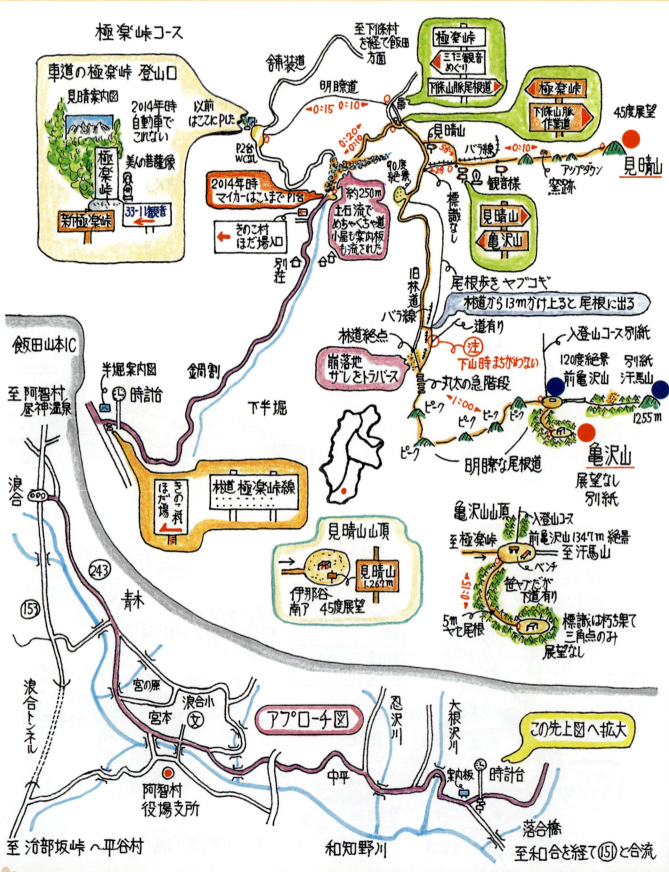

208 長根山 ながねやま／1337m／往復2時間35分
阿智村と阿南町の境の山

Aルート：ハイキング上級レベル。
急坂に耐えられる人で有れば問題なし。
ヤブコギも道迷いも無い。

Bルート：ピークハンター向きの初級レベル。
笹ヤブは有っても、ヤブコギは無い。

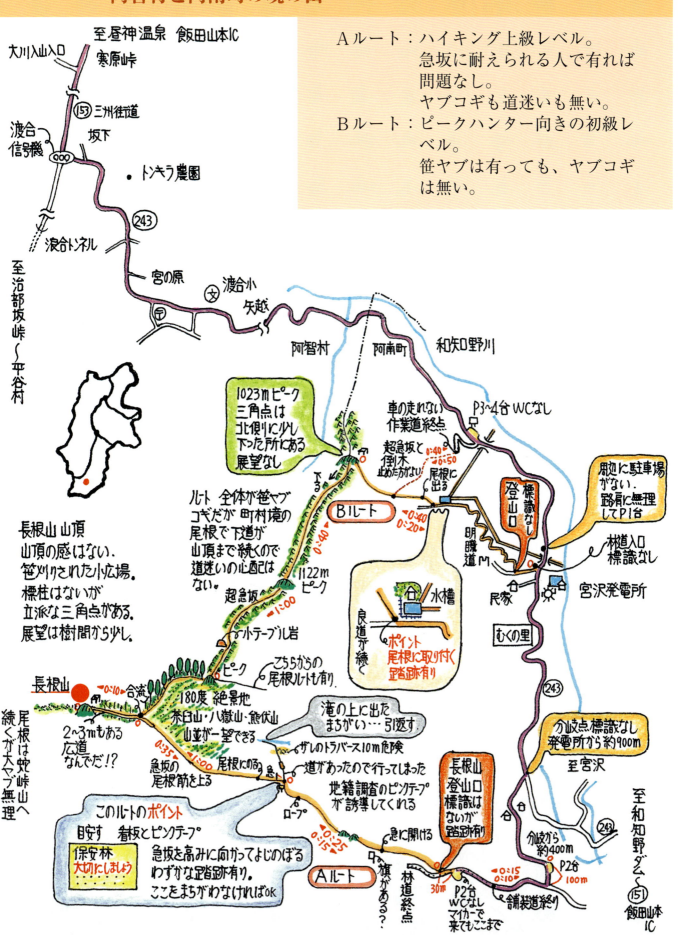

209 日の入山　ひのいりやま／1072m／往復40分
210 松沢山　まつざわやま／1416m／往復2時間30分
211 三階峰　さんがいみね／1465m／往復5分
阿智村に有る山

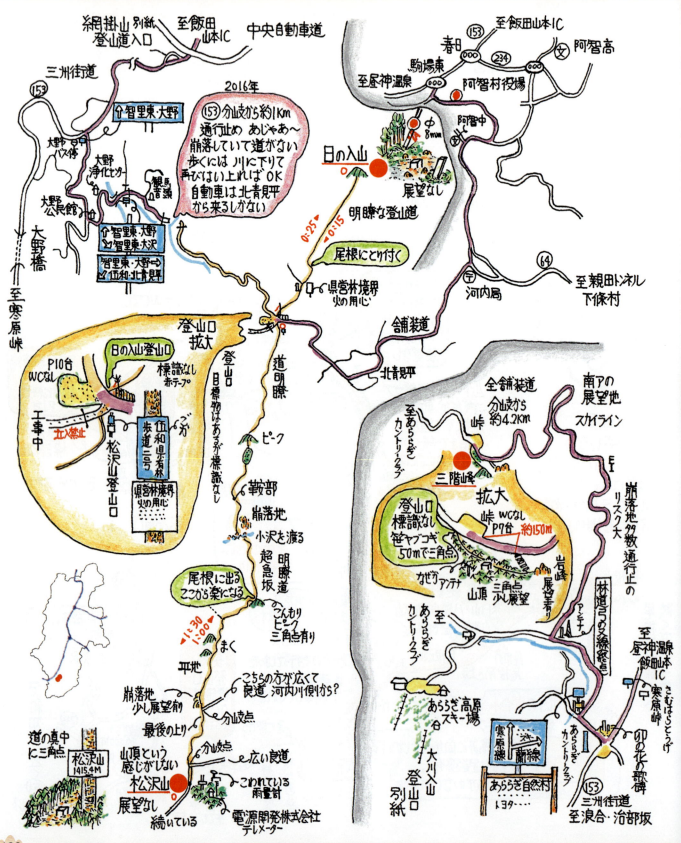

212 阿智村の城山　じょうやま／693m／往復30分
阿智村に有る山

駒場城址（こまんばじょうし）

築城主は不明だが1545年以降の築城と思われる。別名信玄の狼煙台とも云われている。
狼煙台だけに使用したとは思えない程の主郭・曲輪・堀もあり、山城として立派な物でもある。

長岳寺（ちょうがくじ）

武田信玄の遺骸を安置してある？…見たことは無い、供養塔も有る。
武田信玄が京に上るにあたり、三河国の野田城（愛知県新城市）において徳川家康VS武田信玄の戦の最中、信玄は病が重くなり甲府へ帰途中、駒場にて落命した享年53歳。長岳寺で火葬にしたと云われている。

213 網掛山 あみかけやま／1133m／周遊2時間30分
阿智村に有る山

周遊コース

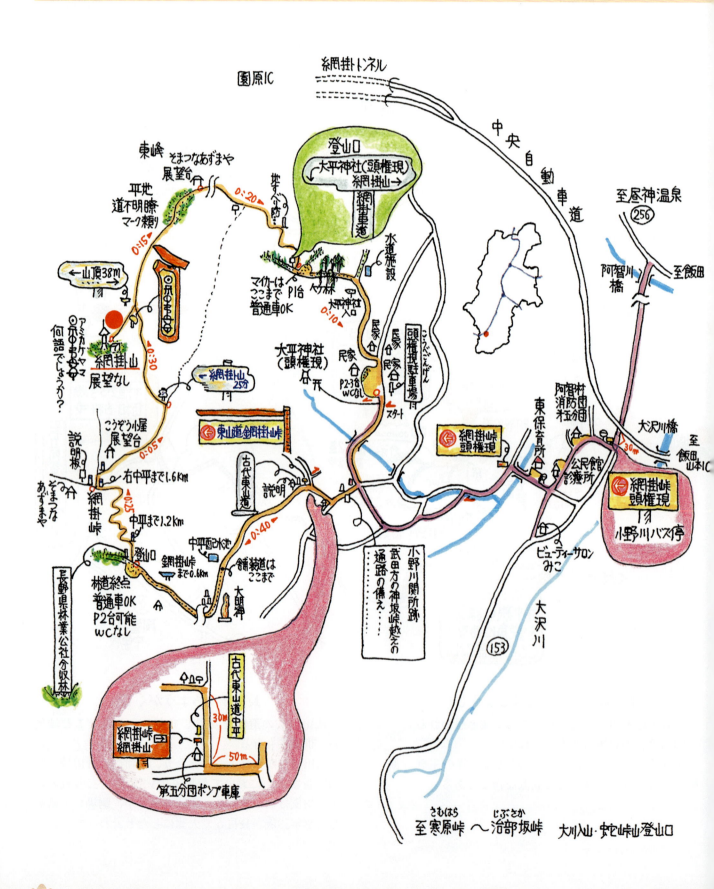

214 夜烏山 よがらすやま／1320m／往復3時間35分
阿智村に有る山

名前が面白いので登ってみた。

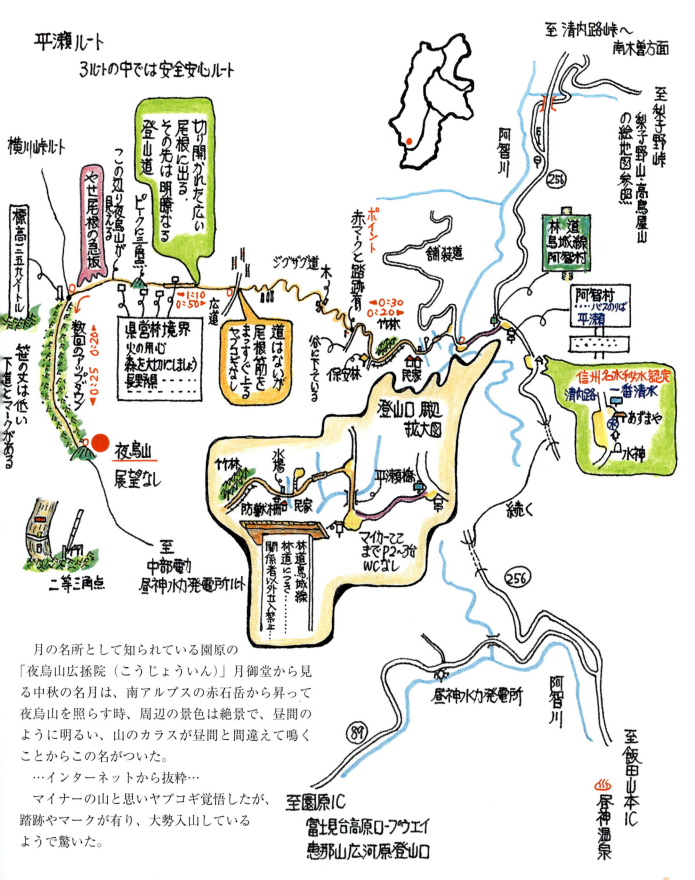

月の名所として知られている園原の「夜烏山広拯院（こうじょういん）」月御堂から見る中秋の名月は、南アルプスの赤石岳から昇って夜烏山を照らす時、周辺の景色は絶景で、昼間のように明るい、山のカラスが昼間と間違えて鳴くことからこの名がついた。
　…インターネットから抜粋…
　マイナーの山と思いヤブコギ覚悟したが、踏跡やマークが有り、大勢入山しているようで驚いた。

215 恵那山 えなさん／2190m／周遊9時間20分

阿智村と岐阜県中津川市の境の山

コースは5通り有り、長野県側：①広河原コース②富士見台パノラマコース（神坂峠コースと合流）岐阜県側：①神坂峠コース②前宮コース③黒井沢コース
健脚者スペシャルコース…神坂神社登山口～東山道を神坂峠～山頂～広河原へ下山～峰越林道を登り返して神坂峠～神坂神社登山口…大周遊コース
ここでは、広河原登山口～山頂～鳥越峠～パノラマコース山頂～峰越林道広河原登山口の周遊コースを紹介。

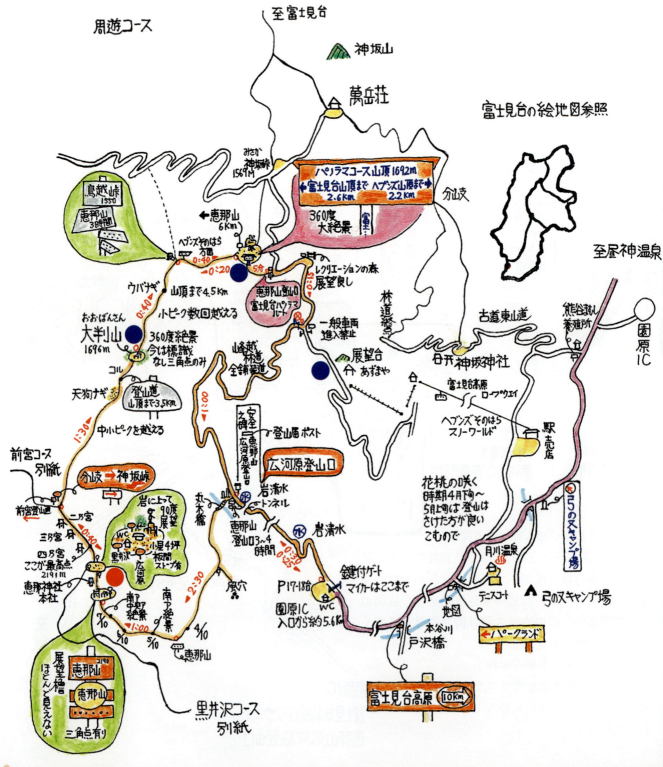

182 鯉子山　こいごやま／1590m／往復3時間20分
平谷村と岐阜県中津川市の境の山

215 恵那山　えなさん／2190m／往復7時間10分
阿智村と岐阜県中津川市の境の山

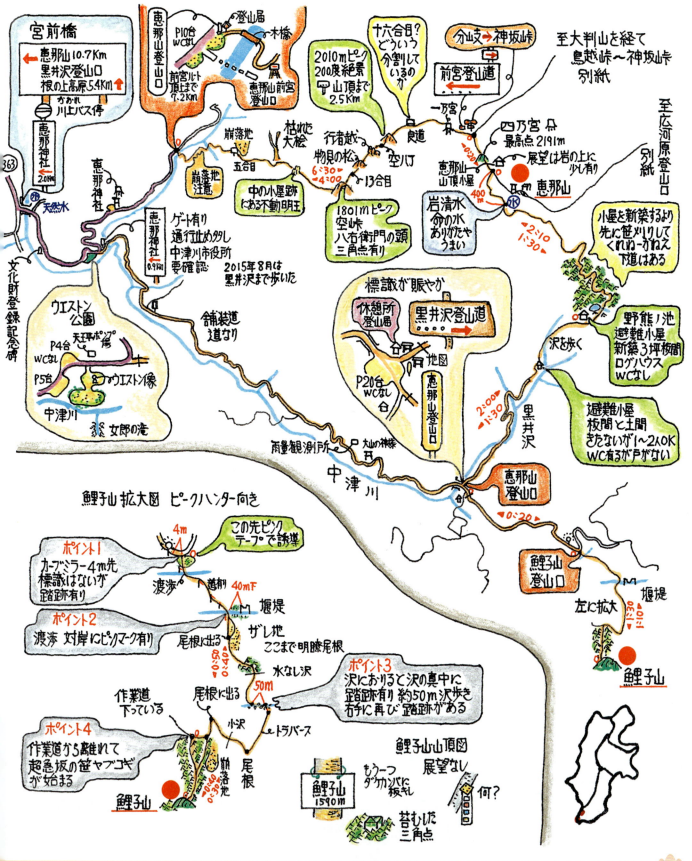

216 富士見台　ふじみだい／1739m／往復5時間40分
217 横川山　よこかわやま／1620m／往復3時間25分
阿智村と岐阜県中津川市の境の山
218 南沢山　みなみさわやま／1564m／往復2時間40分
阿智村・南木曽町と岐阜県中津川市の境の山

富士見台…明治初期まで山伏岳と呼ばれていた

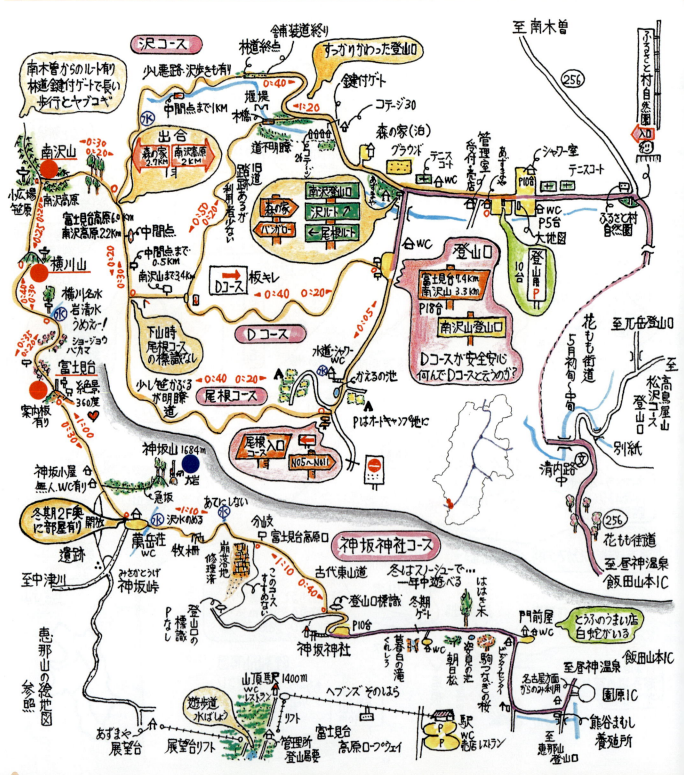

219 高鳥屋山　たかどやさん／1398m／往復1時間40分
220 梨子野山　なしのやま／1315m／往復2時間20分

飯田市と阿智村の境の山　高鳥屋山の別名：坊主ヶ城又は狼火台

Ⅰ 飯田市（大瀬木・山本・青木）側から　清内路街道コース・鳩打峠コース

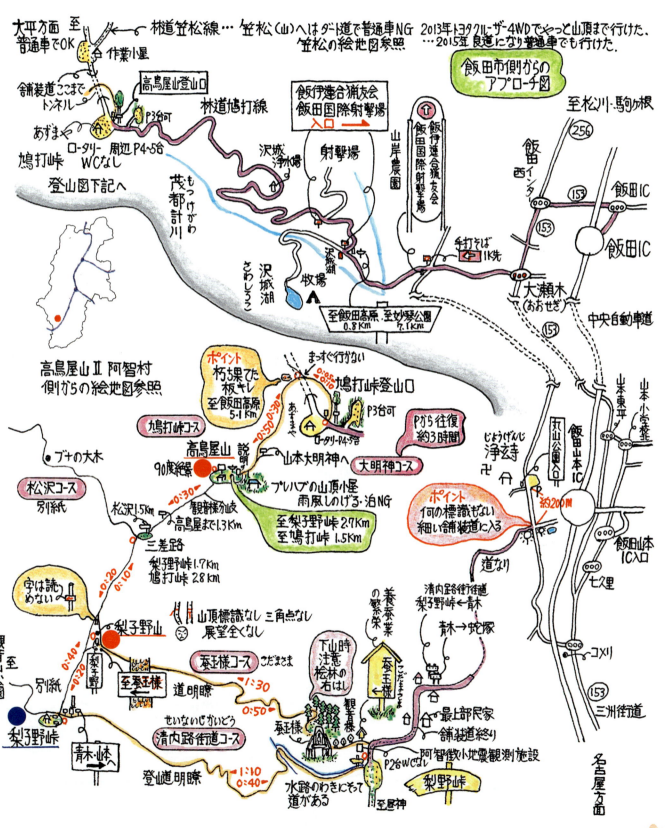

219 高鳥屋山　たかどやさん／1398m／往復2時間50分
220 梨子野山　なしのやま／1315m／往復1時間50分

飯田市と阿智村の境の山　高鳥屋山の別名：坊主ヶ城又は狼火台

Ⅱ阿智村（清内路）側から　清内路街道コース・松沢コース

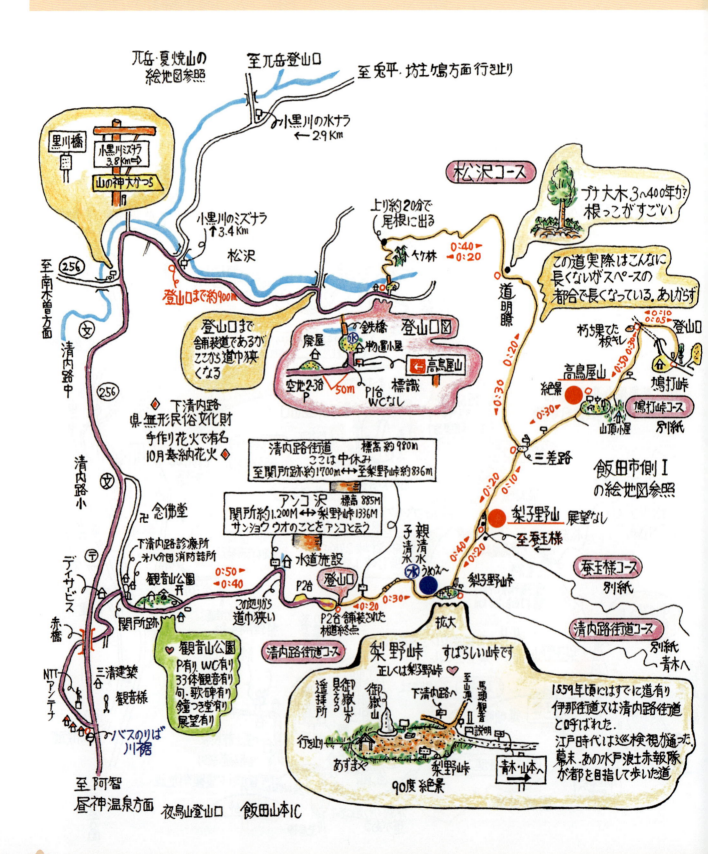

221 飯田市の水晶山　すいしょうざん／798m／往復0分
飯田市に有る山

222 飯田市の城山　じょうやま／733m／往復0分
別名：久米ヶ城址 くめがじょうし

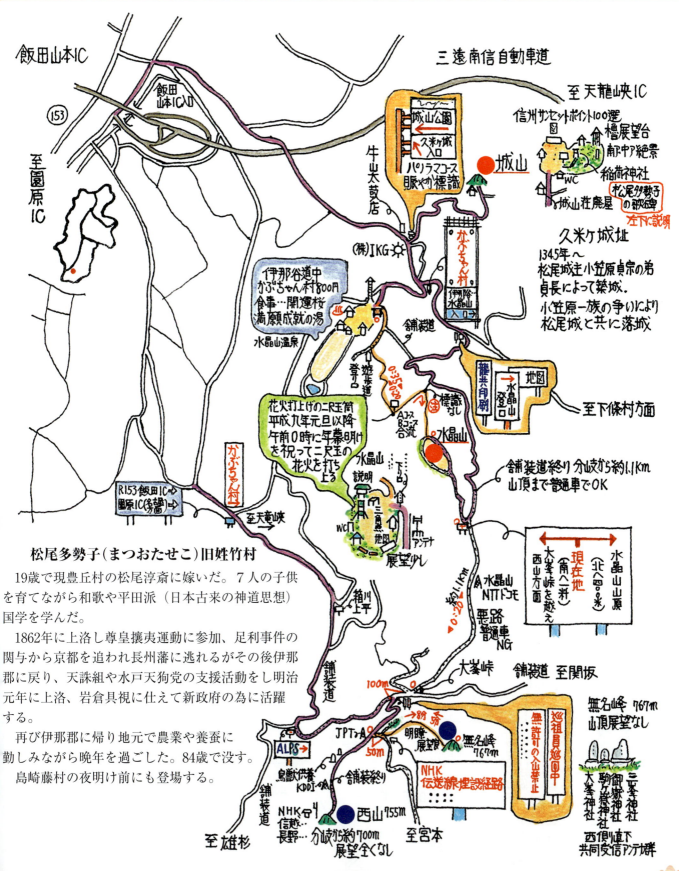

松尾多勢子（まつおたせこ）旧姓竹村

　19歳で現豊丘村の松尾淳斎に嫁いだ。7人の子供を育てながら和歌や平田派（日本古来の神道思想）国学を学んだ。

　1862年に上洛し尊皇攘夷運動に参加、足利事件の関与から京都を追われ長州藩に逃れるがその後伊那郡に戻り、天誅組や水戸天狗党の支援活動をし明治元年に上洛、岩倉具視に仕えて新政府の為に活躍する。

　再び伊那郡に帰り地元で農業や養蚕に勤しみながら晩年を過ごした。84歳で没す。島崎藤村の夜明け前にも登場する。

223 飯田市の二ッ山 ふたつやま／773m／往復1時間10分
飯田市に有る山

ピークハンター向き

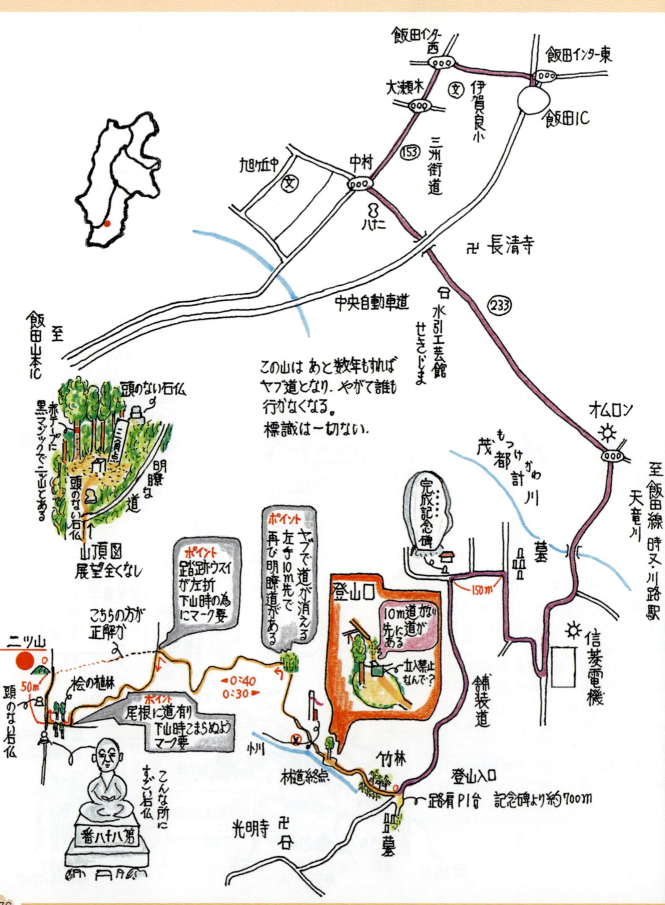

224 笠松 かさまつ／1271m／往復2時間20分

飯田市に有る山

一般的には笠松山と言う。コースは大別して3通り有り。
西国三十三所の霊山…観世音菩薩が庶民を救う時、33の姿に変化するという信仰に由来する。33の霊場を巡拝することにより現世で犯したあらゆる罪業が消滅し極楽往生できる。

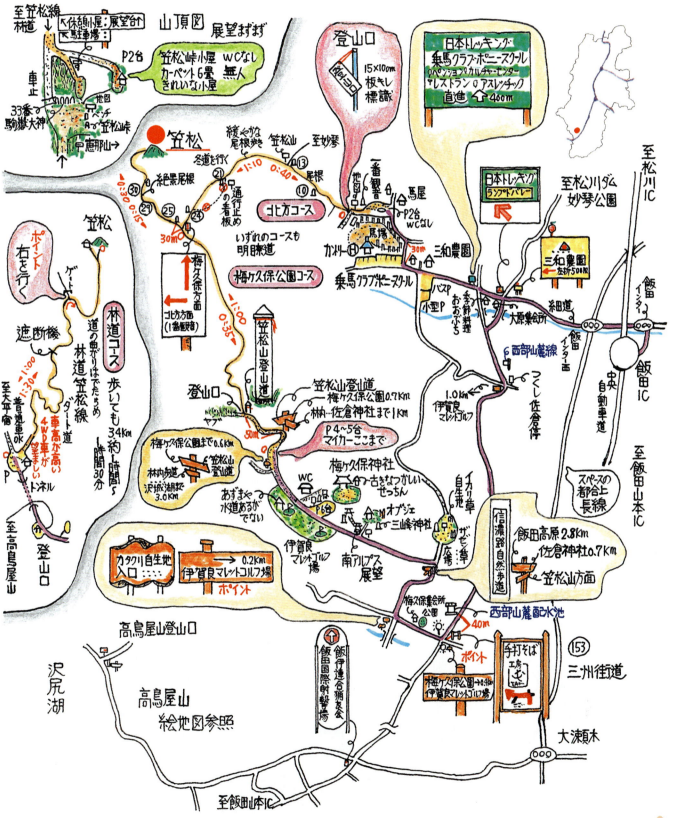

225 飯田市の**風越山** かざこしやま／1535m／往復4時間10分
別名…権現山　ふうえつざんとも云う

226 飯田市の**虚空蔵山** こくぞうさん／1130m／往復2時間
飯田市に有る山

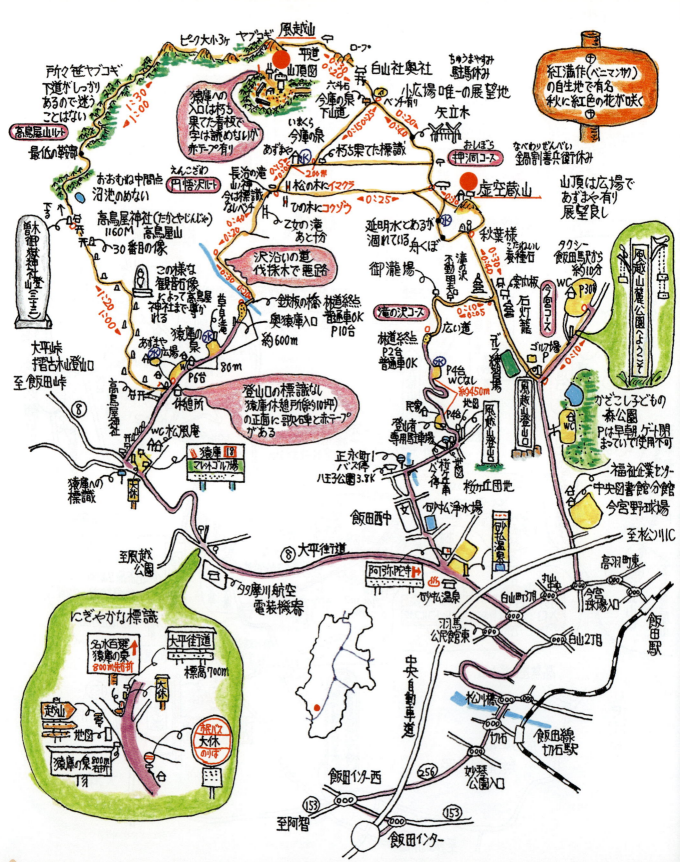

227 座光寺富士 ざこうじふじ／1270m／往復2時間20分

飯田市に有る山

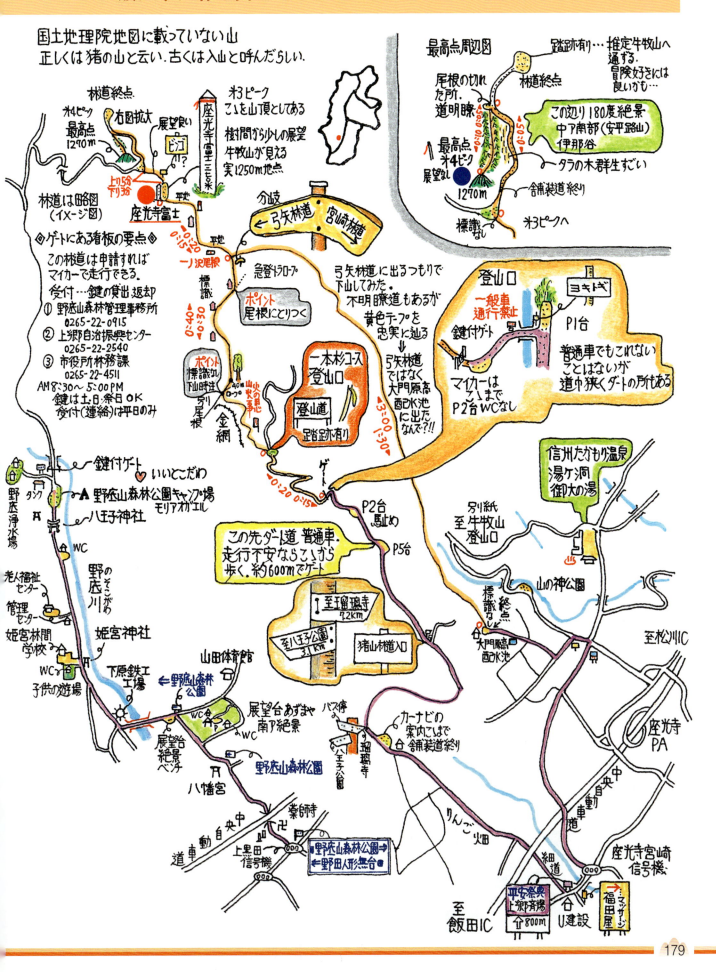

228 押ノ沢山 おしのさわやま／1499m／往復2時間20分
飯田市に有る山

229 鷹巣山 たかのすやま／1444m／往復4時間30分
飯田市に有る山

ピークハンター向き

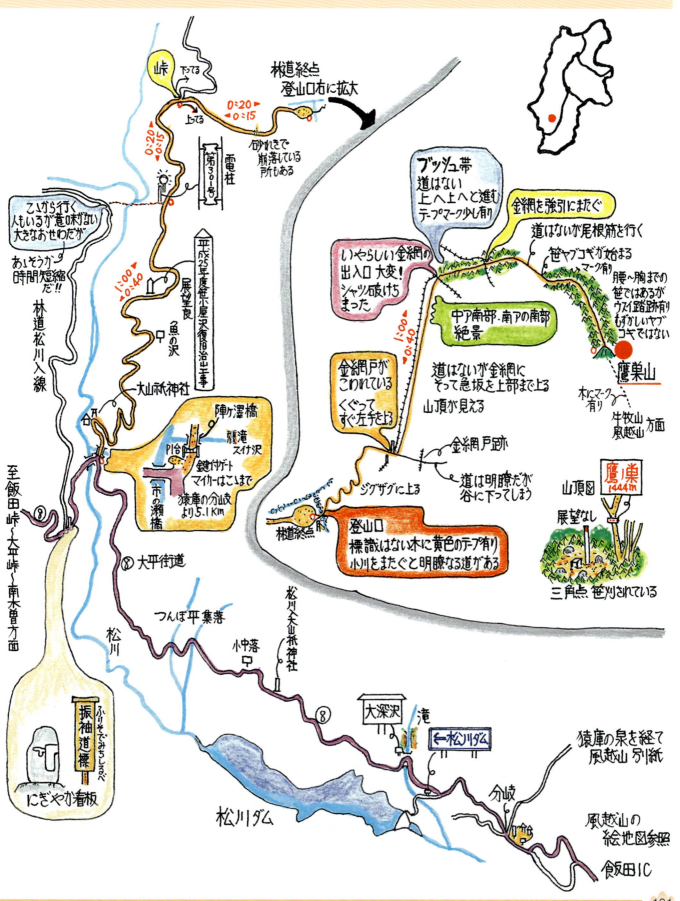

230 牛牧山 うしまきやま／1481m／往復2時間50分
飯田市と高森町の境の山

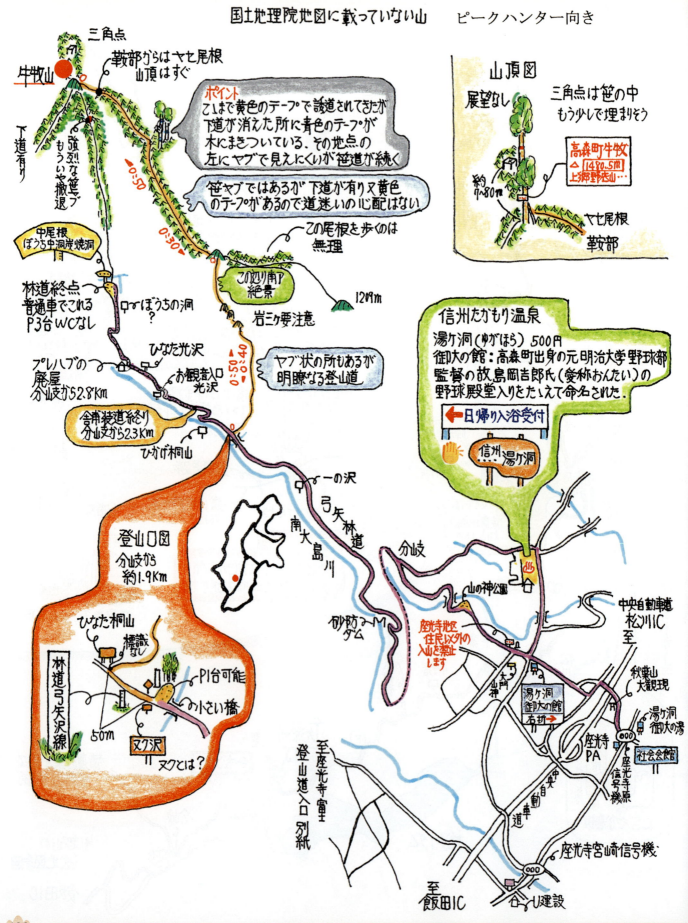

231 中央アルプス茶臼山　ちゃうすやま／2652m／往復6時間50分
塩尻市と木曽町の境の山

232 将棊頭山　しょうぎかしらやま／2730m／往復7時間20分
伊那市・宮田村・木曽町の境の山

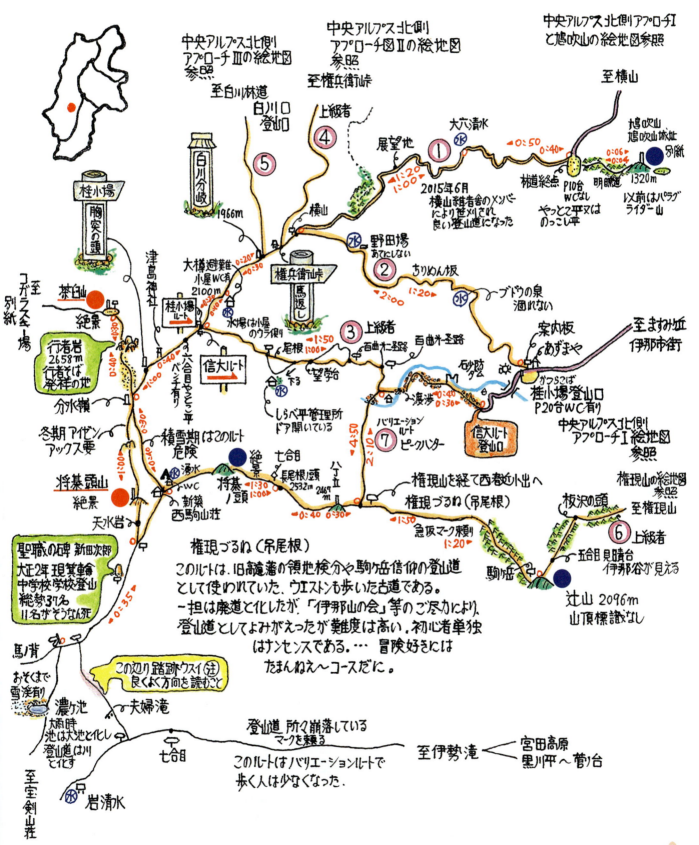

中央アルプス北側、アプローチⅠ

北側からのアプローチは、6通り＋バリエーションルート1通りが有る。
① 鳩吹山（はとぶきやま1320M）登山口。
② 小黒川桂小場からちりめん坂登山口。
③ 小黒川桂小場から信大コース登山口。

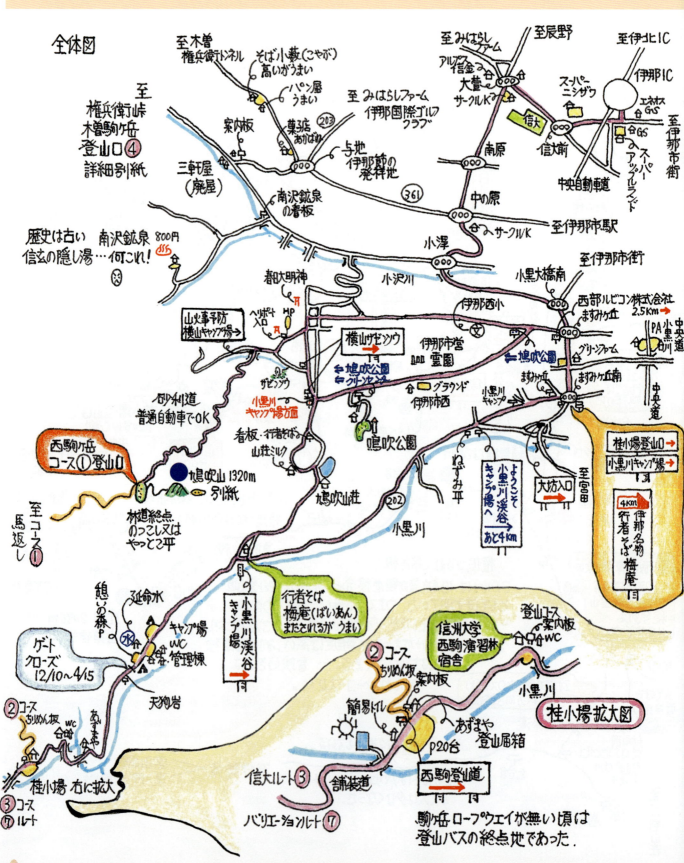

中央アルプス北側、アプローチⅡ

北側からのアプローチは、6通り＋バリエーションルート1通りが有る。
④権兵衛峠から馬返し方面登山口。

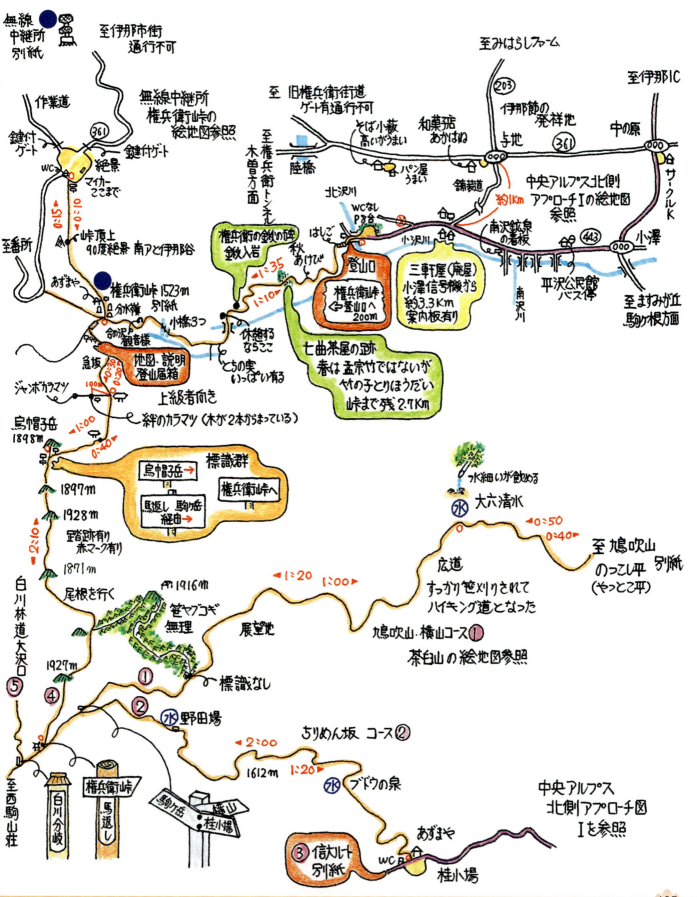

中央アルプス北側、アプローチⅢ

北側からのアプローチは、6通り＋バリエーションルート1通りが有る。
⑤白川林道から大樽避難小屋方面、白川口登山口。

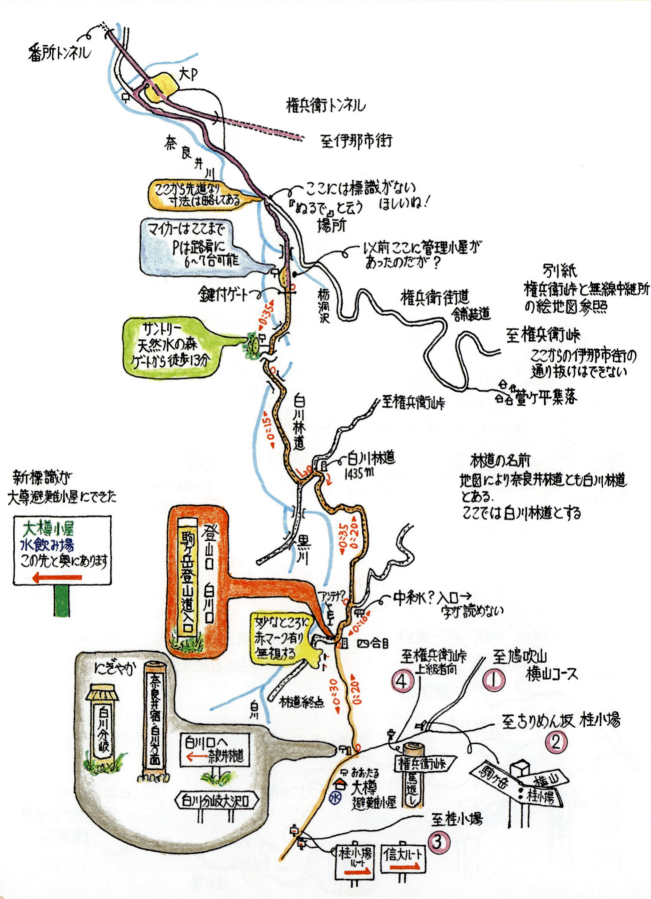

232 将棊頭山 しょうぎかしらやま／2730m／往復11時間40分
伊那市・宮田村・木曽町の境の山

⑦ バリエーションルート　ピークハンター向き

行った本人が云うのも変だが、他に楽しく行ける登山道があるので、このルートは勧めはしない。
下山にとれば早い気もするが初めての人は道迷いのリスクを負うことになる。

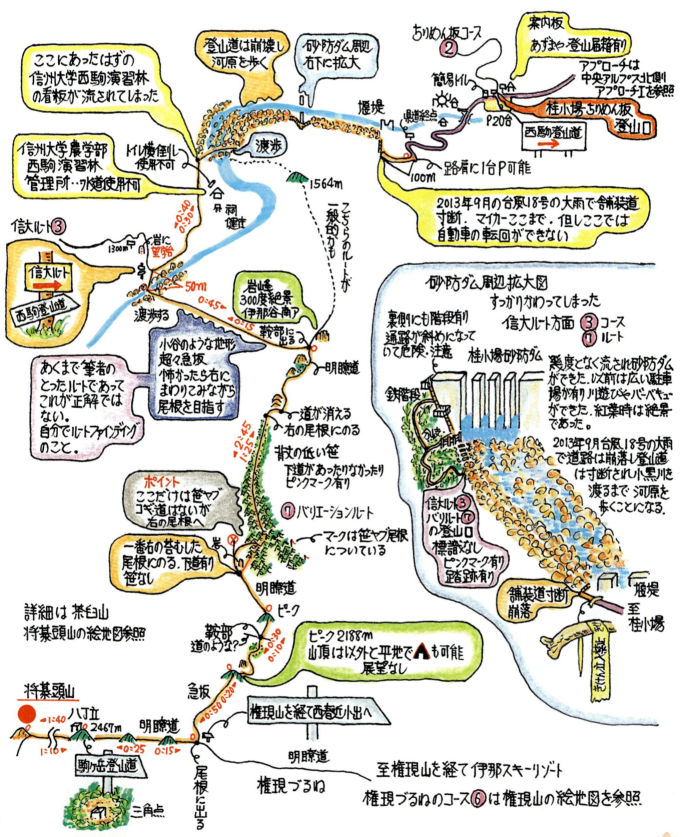

中央アルプス東側、アプローチ図

233 黒川山　くろかわやま／2244m／往復5時間50分
宮田村に有る山

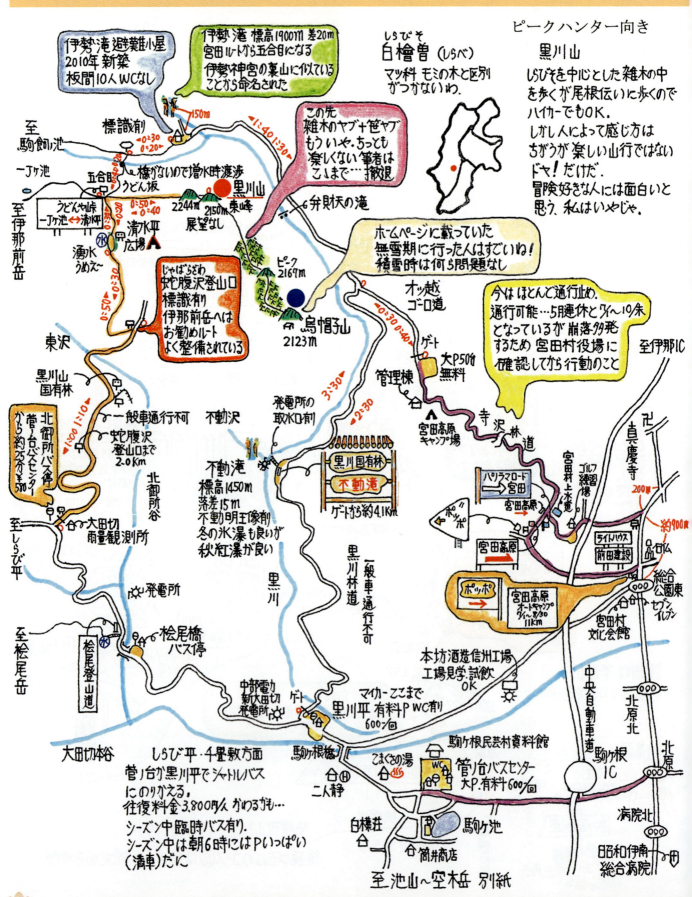

- 234 **木曽の駒ヶ岳** こまがたけ／2956m／往復3時間40分
  上松町・宮田村・木曽町の境の山
- 235 **木曽の中岳** なかだけ／2925m／往復2時間40分
  上松町と宮田村の境の山
- 236 **宝剣岳** ほうけんだけ／2931m／往復2時間20分
  上松町・宮田村・駒ヶ根市の境の山
- 237 **伊那前岳** いなまえだけ／2883m／往復3時間10分
  宮田村に有る山
- 238 **三沢岳** さんのさわだけ／2846m／往復4時間40分
  上松町と大桑村の境の山
- 239 **檜尾岳** ひのきおだけ／2728m／往復5時間30分
  駒ヶ根市と大桑村の境の山

駒ヶ岳…地元では西駒又は木曽駒と呼ぶ、雪解けの頃、高遠から見た中岳の雪形が駒に見えたことからその名が付いた。

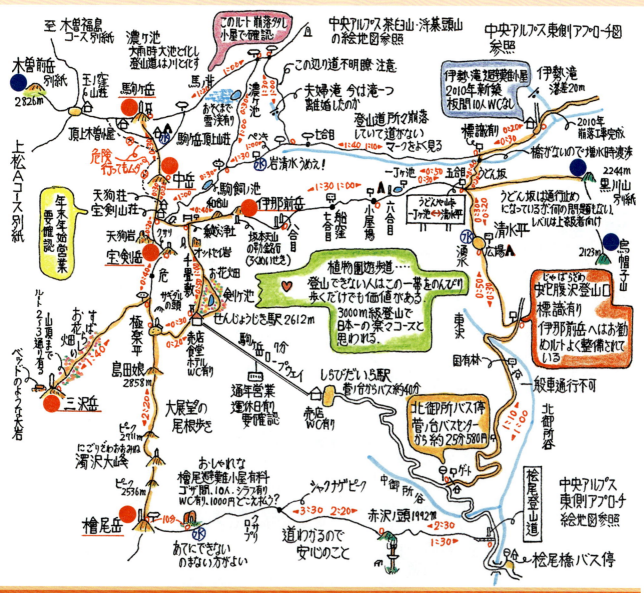

中央アルプス伊那谷側
菅ノ台から空木岳・池山登山口アプローチ図

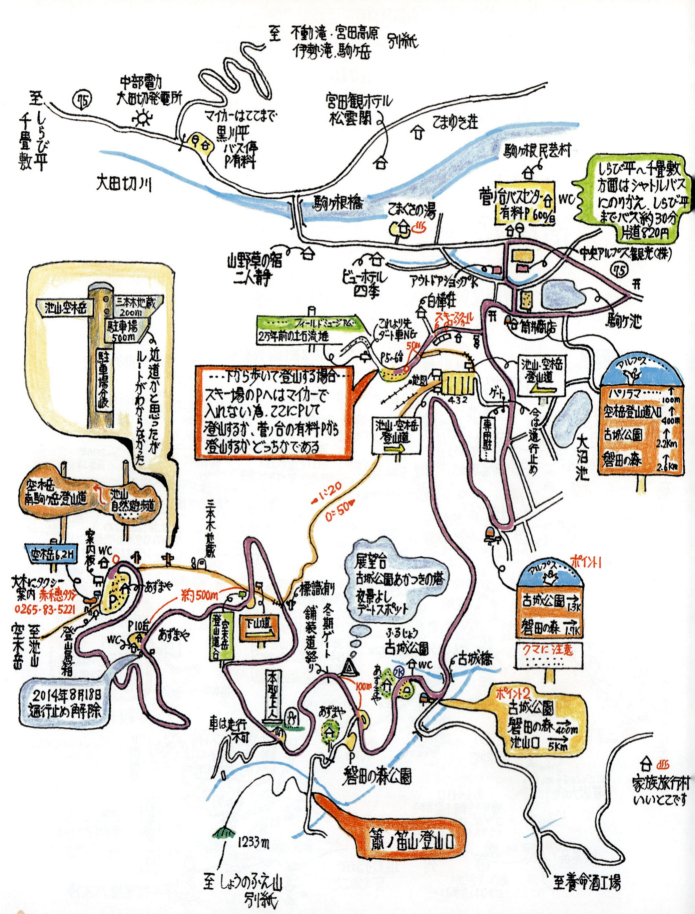

240 簫ノ笛山 しょうのふえやま／1761m／往復3時間40分
241 尻無山 しりなしやま／1969m／往復3時間40分
242 池山 いけやま／1774m／往復1時間20分
駒ヶ根市に有る山

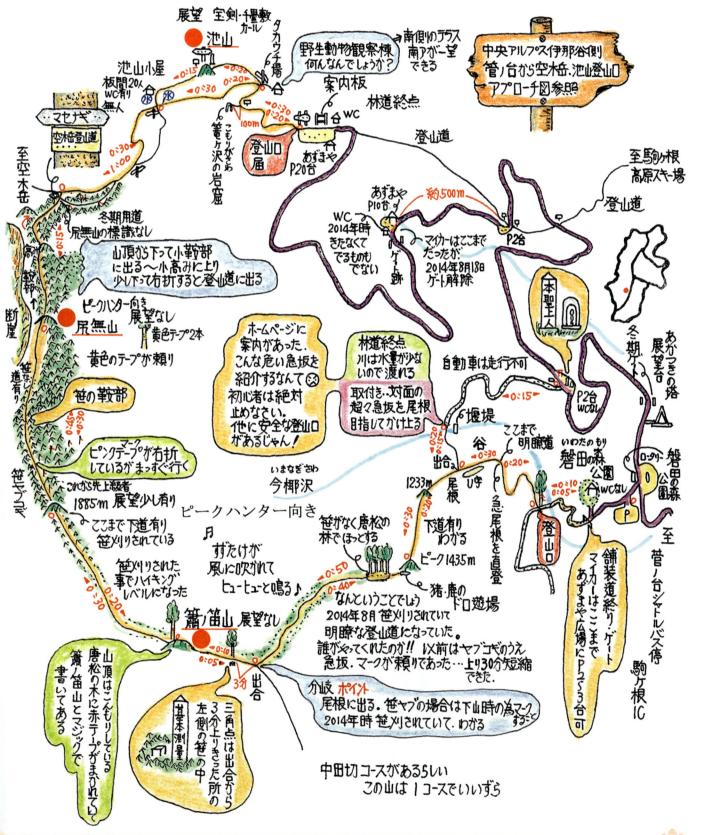

中央アルプス伊那谷側

- 243 **熊沢岳** くまざわだけ／2778m／往復12時間50分
- 244 **東川岳** ひがしかわだけ／2671m／往復12時間50分
- 245 **空木岳** うつぎだけ／2864m／往復9時間20分
  駒ヶ根市と大桑村の境の山

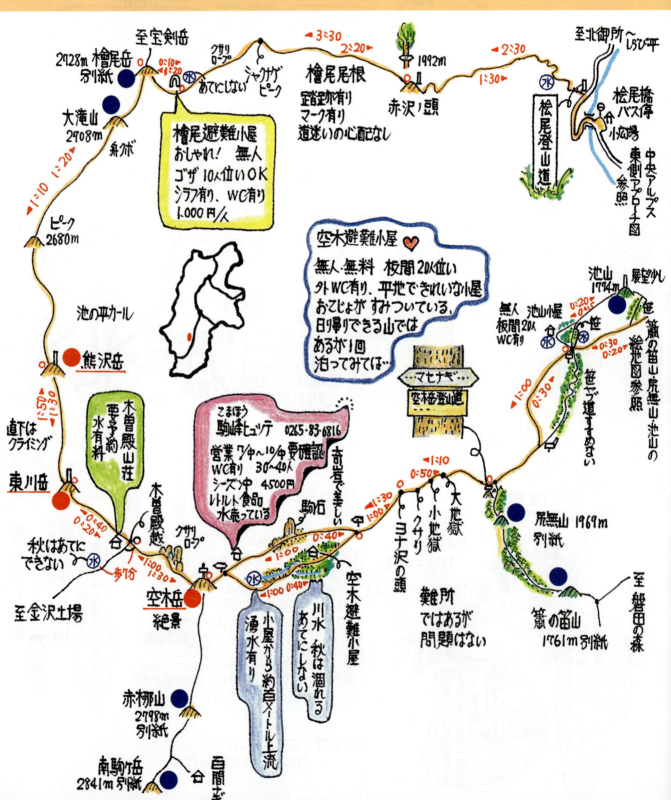

246 黒覆山　くろおおいやま／1905m／往復6時間40分
飯島町に有る山

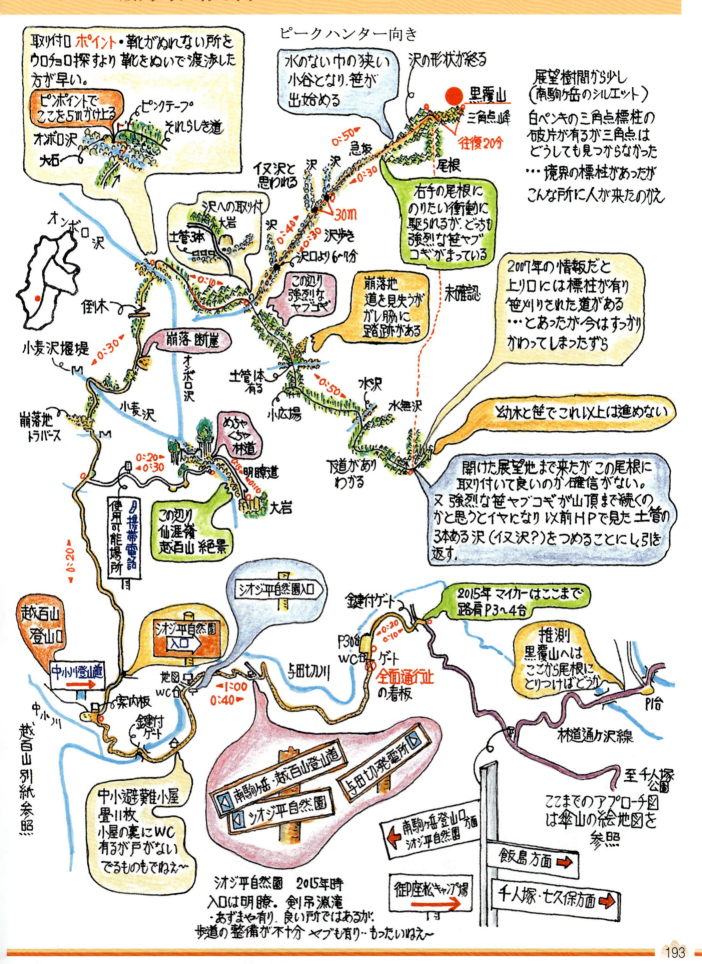

中央アルプス木曽側、アプローチⅠ
福島Aコース＆福島Bコース

231 中央アルプス茶臼山 ちゃうすやま／2652m／往復6時間30分

塩尻市と木曽町の境の山

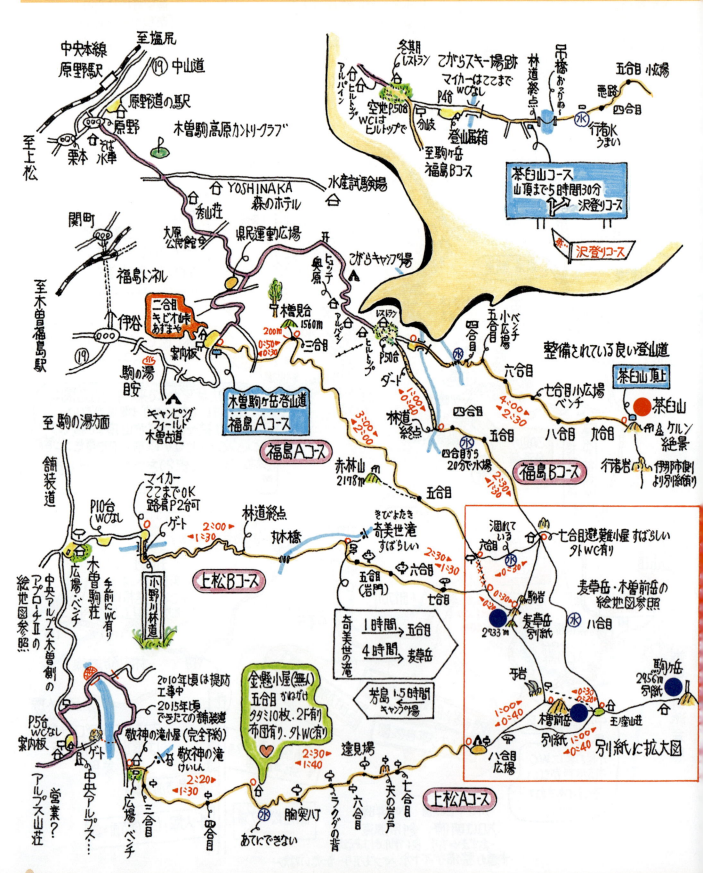

中央アルプス木曽側、アプローチⅡ

上松Aコース&上松Bコース

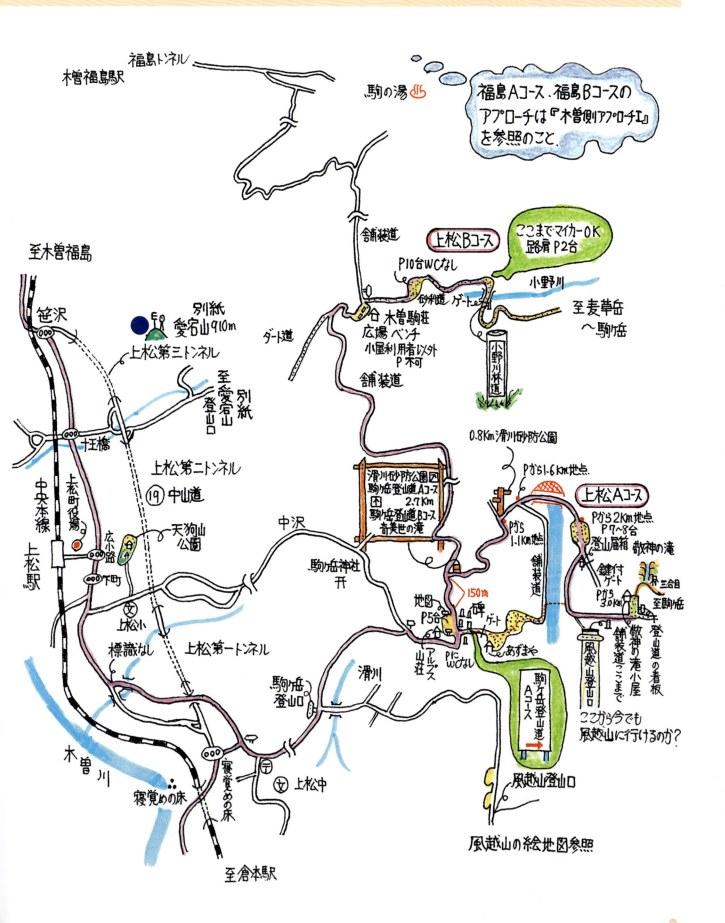

247 麦草岳 むぎくさだけ／2733m／往復7時間10分
248 木曽前岳 きそまえだけ／2826m／往復9時間40分
木曽町と上松町の境の山

木曽側の山頂全図

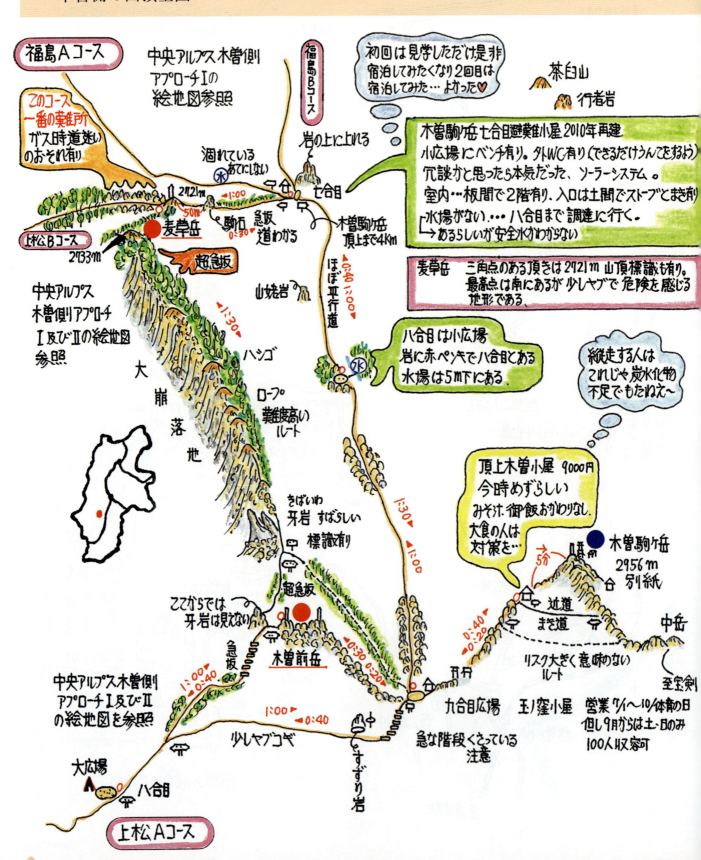

中央アルプス木曽側、アプローチⅢ

中央本線倉本駅方面から…金沢土場～うさぎ平…空木岳へ
中央本線須原駅方面から…伊奈川ダム…南駒ヶ岳・越百山へ

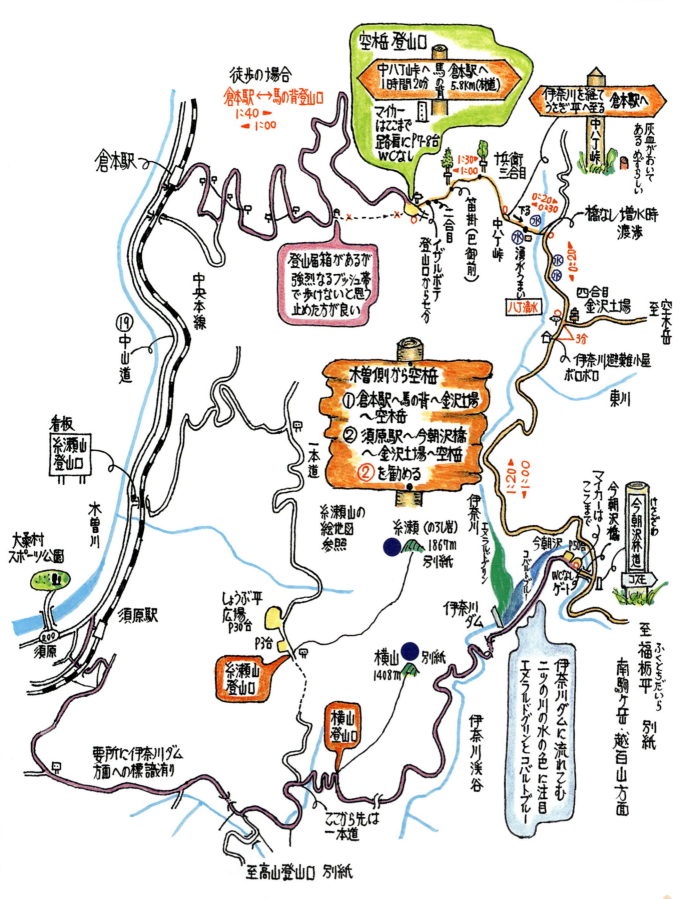

- 249 赤梛岳　あかなぎだけ／2798m／往復12時間40分
- 250 南駒ヶ岳　みなみこまがたけ／2841m／往復11時間
- 251 仙涯嶺　せんがいれい／2734m／往復11時間30分
- 252 越百山　こすもやま／2613m／往復9時間
- 253 南越百山　みなみこすもやま／2569m／往復9時間40分

飯島町と大桑村の境の山

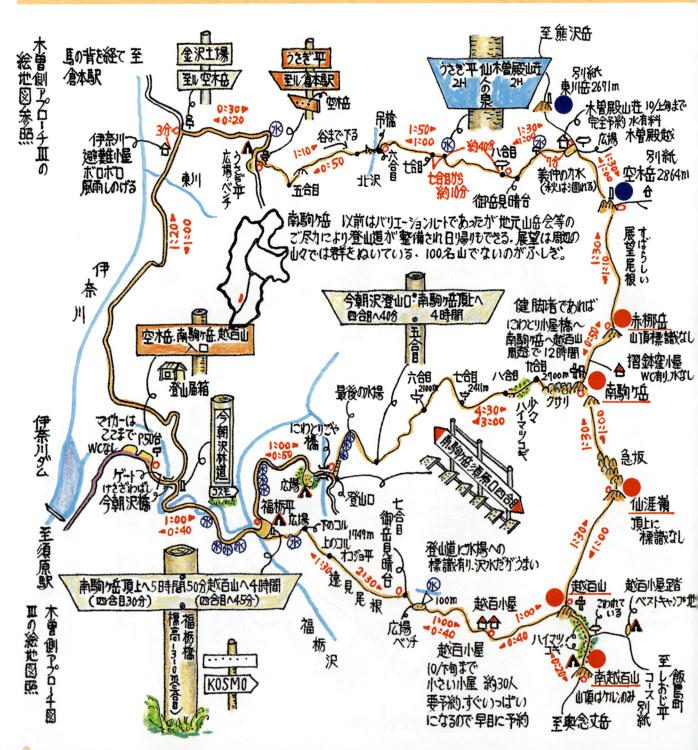

259 寺屋敷 てらやしき／1479m／往復2時間20分
松川町に有る山

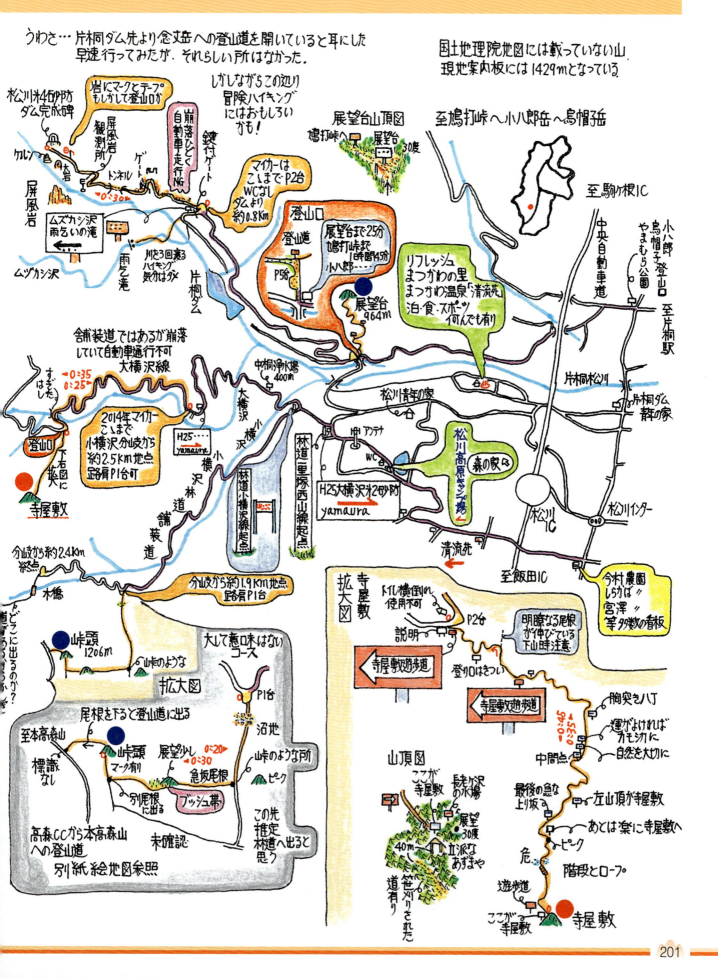

260 前高森山 まえたかもりやま／1646m／往復2時間40分
261 吉田山 よしだやま／1450m／往復3時間10分
高森町に有る山

262 大島山 おおじまさん／941m／往復1時間10分
高森町に有る山

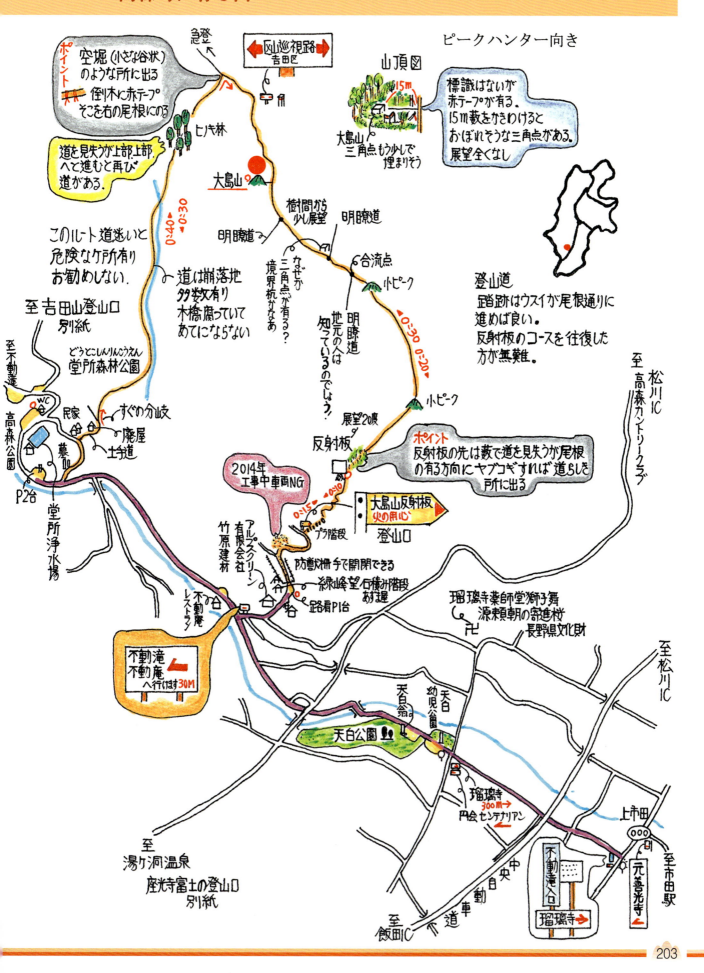

266 夏焼山 なつやけやま／1503m／往復1時間
飯田市と南木曽町の境の山

267 兀岳 はげだけ／1636m／往復2時間
飯田市と阿智村の境の山

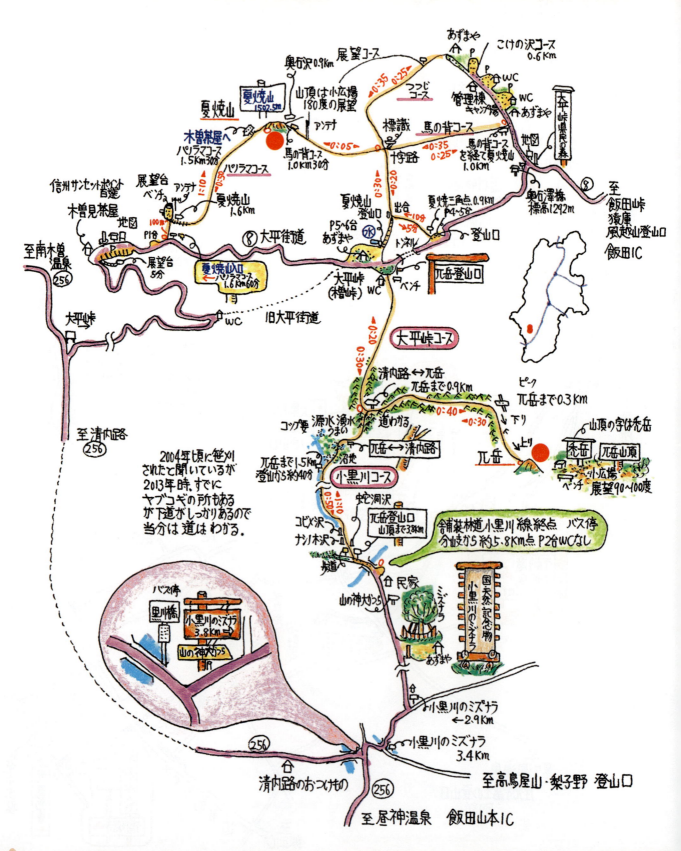

268 男埵山 おだるやま／1342m／往復3時間
南木曽町と岐阜県中津川市の境の山

ホームページに中津川市側からややこしく写真入りの案内があった。どうせ藪コギの山なら、長野県側から林道終点まで歩き直登することにした、山頂まで直線距離で約6～700mであるが、面白くも何も無くピークハンターの行く山で一般ハイカーの行く山ではない…が折角だからご紹介する。

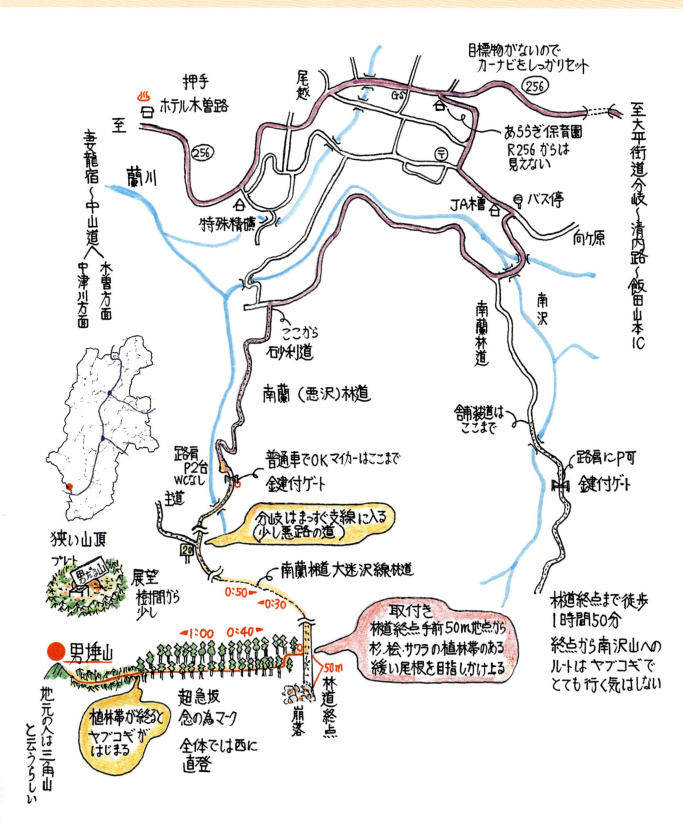

269 南木曽岳 なぎそだけ／1677m／周遊4時間50分
南木曽町に有る山

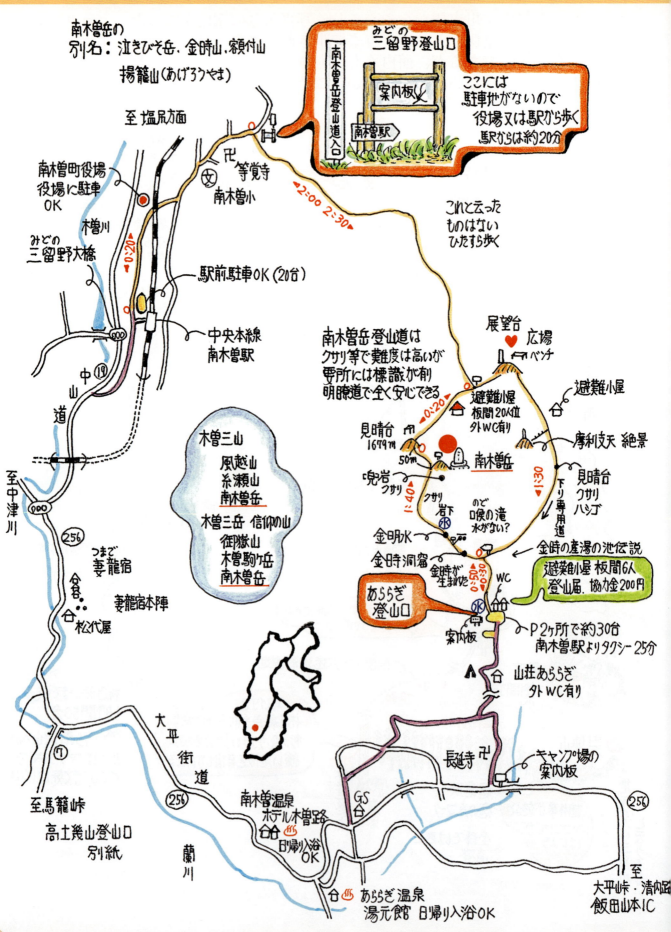

270 高土幾山 たかときやま／1037m／往復2時間50分
南木曽町と岐阜県中津川市の境の山

271 賤母山　しずもやま／767m／往復3時間40分
南木曽町と岐阜県中津川市の境の山

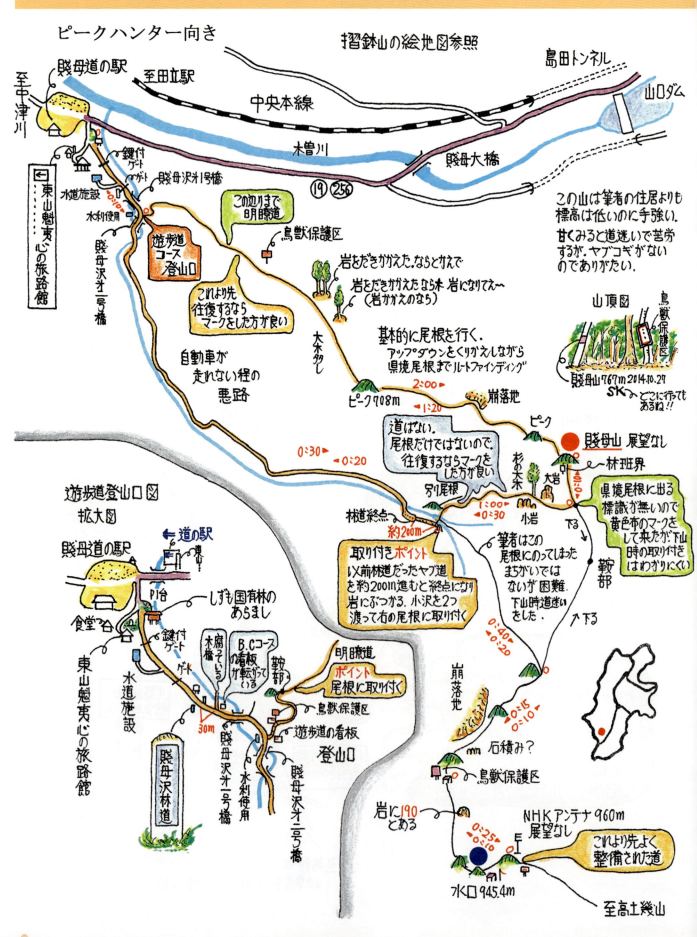

272 摺鉢山 すりばちやま／797m／往復1時間20分
南木曽町に有る山

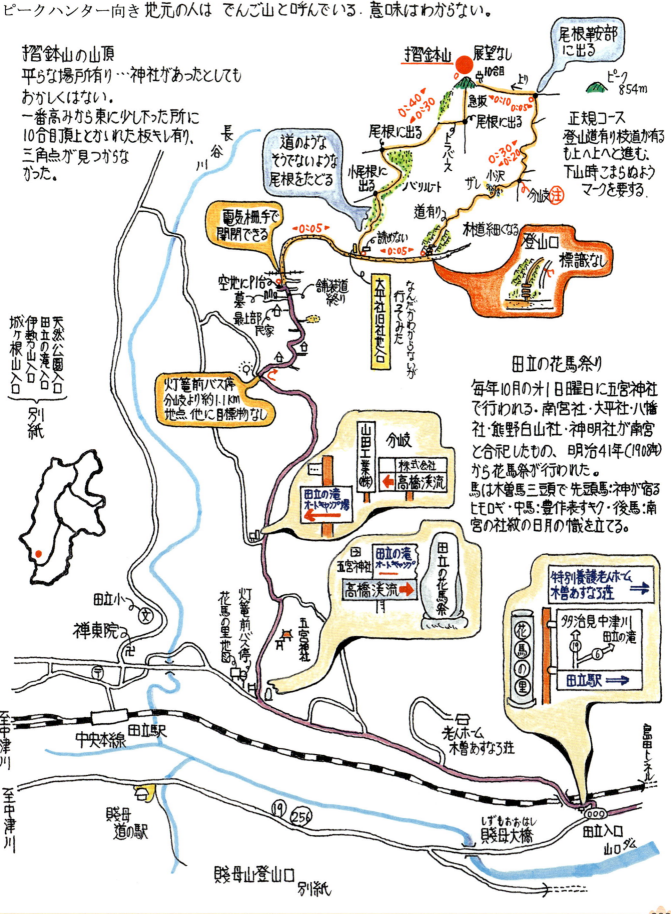

273 城ヶ根山　じょうがねやま／836m／往復1時間
南木曽町と岐阜県中津川市の境の山

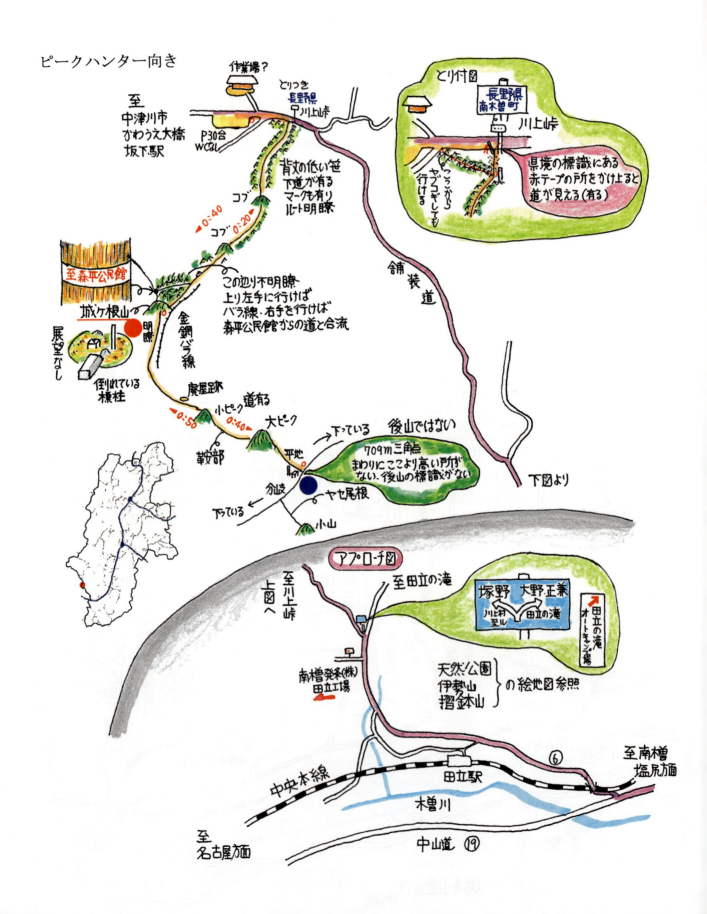

274 伊勢山　いせやま／1373m／往復3時間20分
南木曽町に有る山

興味薄かったが、町制50周年事業の一環として伊勢山を山頂まで開けたとあったので行ってみた、ハイキングにはまずまずの山。

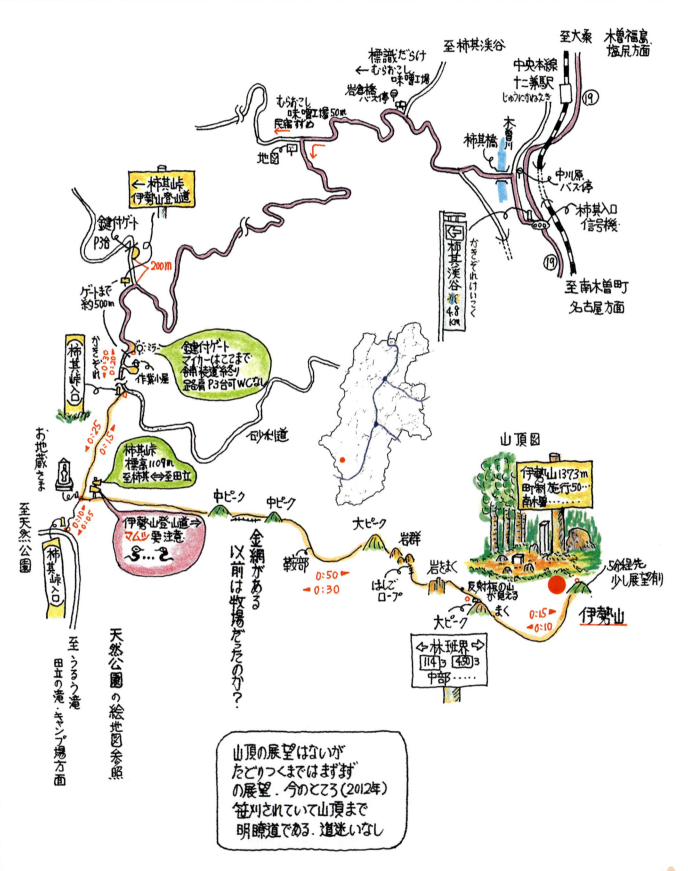

275 天然公園　てんねんこうえん／1580m／往復5時間15分
南木曽町に有る山

長野県側から奥三界岳に行けるものか確認…
…田立の滝〜天然公園〜奥三界岳登山口（別紙奥三界岳絵地図参照）〜山頂は、健脚者で約11時間かかる、ハイカーの日帰りは難しいが奥三界岳山頂まで雨風しのげる程度の避難小屋一軒、立派な避難小屋が三軒あるので1泊2日ならばOK。長野県側からは天然公園までにしましょう。

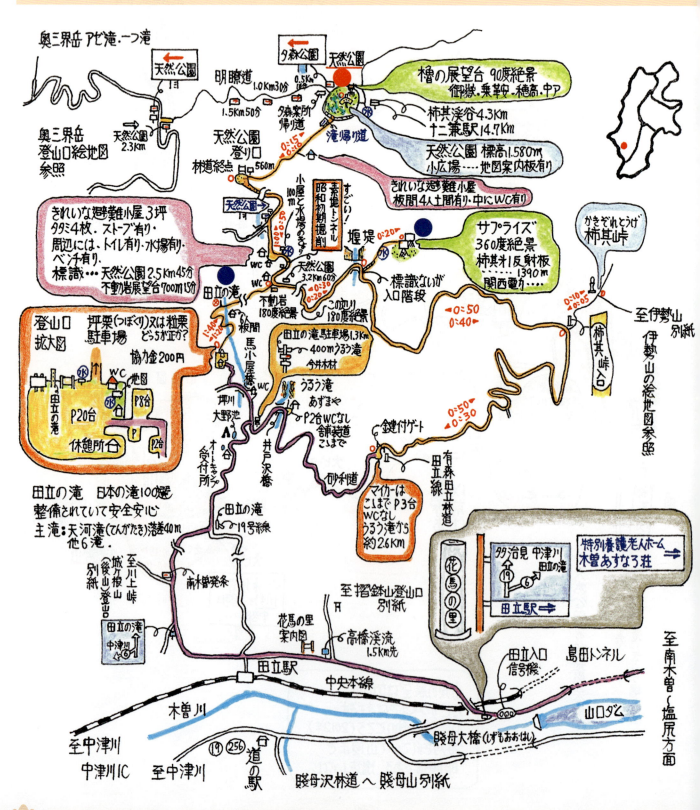

276 奥三界岳 おくさんがいだけ／1810m／往復7時間10分
大桑村と岐阜県中津川市の境の山

長野県側からは天然公園経由で登山可能であるが、一般ハイカーは1泊2日を要する（健脚者は日帰り可能）、日帰りならば岐阜県側からを勧める。
アプローチ図Ⅰ

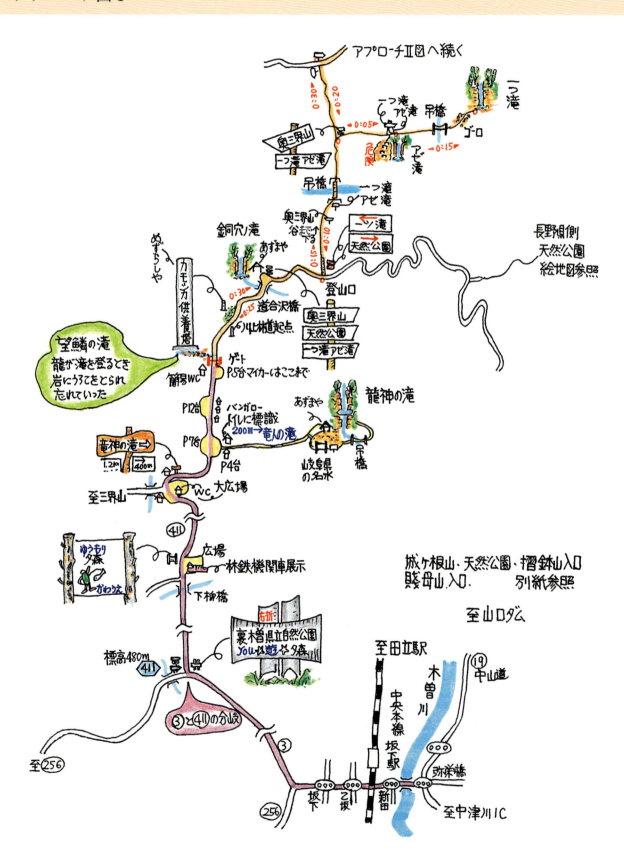

276 奥三界岳 おくさんがいだけ／1810m／往復7時間10分
大桑村と岐阜県中津川市の境の山

アプローチ～山頂図　Ⅱ

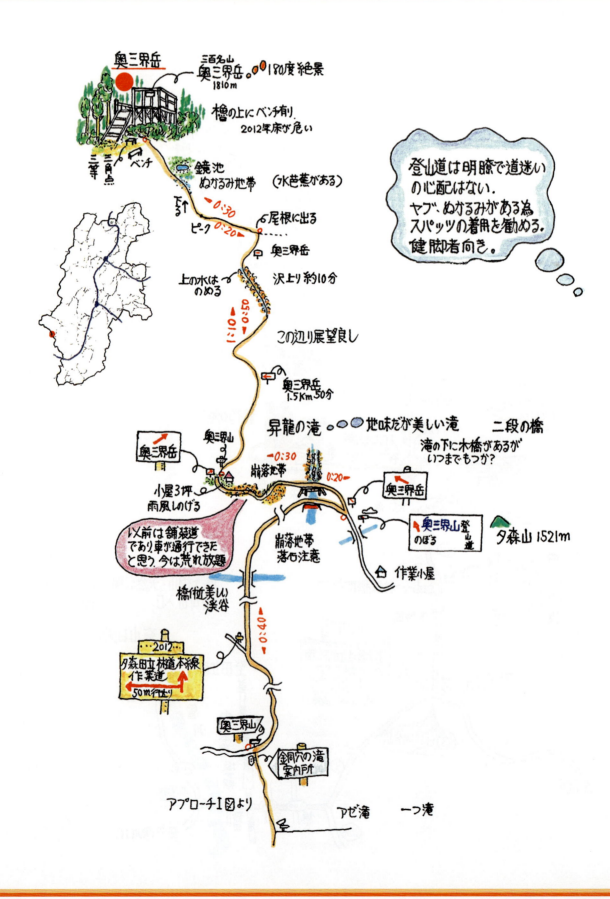

阿寺渓谷 あてらけいこく
砂小屋山 すなごややま／1471m／往復……未踏
277 大桑村に有る山

砂小屋山は途中撤退、無雪期は強烈なヤブコギで無理、しかしながら思わぬ絶景地に出会った正にサプライズである。
幾度か渓谷は見てきたが、阿寺渓谷は美しい、水が綺麗…エメラルドグリーン、光の遊びで黄金に輝きそのグラデーションは一級品である。

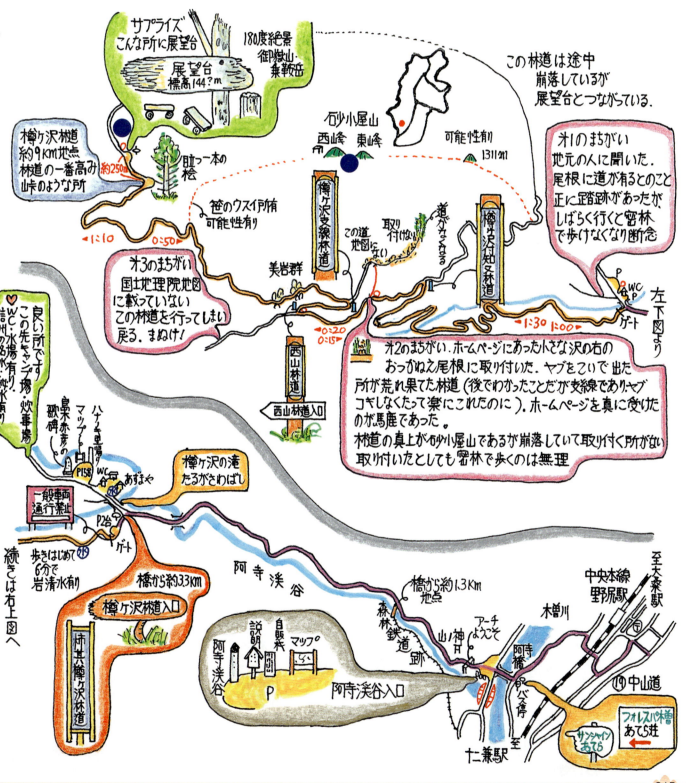

278 飯盛山 いいもりやま／1074m／往復2時間30分
大桑村に有る山

阿寺（あてら）と柿其（かきぞれ）渓谷めぐりを合わせた山行にすると面白い。

279 大桑村の城山 しろやま／1100m／往復1時間40分
大桑村に有る山

全体図

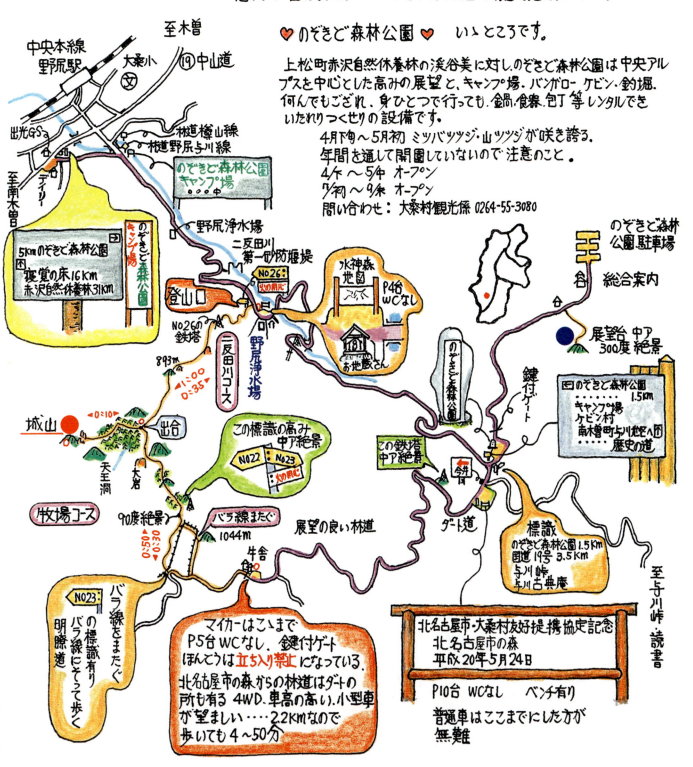

279 大桑村の城山　しろやま／1100m／往復1時間40分
大桑村に有る山

コース詳細図

　ホームページにゴチャゴチャ写真入りで何ページも難しそうに紹介されているが、コースは単純で中級者以上のレベルの人にとっては明瞭なる登山道がある。道中の笹丈は膝までゝ気にならない。
但し山頂直下は胸までの笹をかきわける道はないが眼前に山頂が見えているので迷うことはない。最後の上りは難度が高く初心者単独は無謀と云える。こゝでの紹介コースは正道ではないので自分でアレンジしてみると面白い。

山頂図　展望樹間から少し
三等三角点　岩群
15m 超々急坂　初心者ザイル要
右まわりか左まわりかきめる

ポイント
No26の鉄塔進行方向右へ約50m笹ヤブコギ広い尾根に道有り

登山口　No26　Pから50m
至 野尻駅
P4台 WCなし
二反田川
向ヒ地蔵さん
至のぞきど森林公園

No27・No26へ　火の用心
No25・No27　ここで鉄塔巡視路から外れる

この尾根コースも有り
保安林
大岩　鞍部　小岩 シャチ岩と命名
893mピーク
道は明瞭、笹はあっても下道有り
0:50　0:30
超急坂 このコース一番の難所
下山時別尾根に下りかねないマーク要

少し展望有り
下山時注意 マーク要

二反田川コース

中ア絶景
城山
0:10
出合　こゝまでくれば眼前に山頂が見えるので道はなくとも迷うことはない．
ピークの裾野の尾根に出る
栗ピーク　鞍部
天王洞（天ノ平てんのびら）
大岩　まき道
0:50　0:30

牧場コース

No22・No23　火の用心
この標識のある少し上部の高みは絶景

笹道トラバース
90度絶景
No23の鉄塔
No23の標識有り
バラ線をまたぐ
明瞭道
1044mピーク 中ア絶景
マイカーここまで
牛舎
登山口　立入禁止ゲート　P5台 WCなし
至牧場

この里山は初級冒険コースとして最適且つ面白いと思う。

出合までのコース比較

	二反田川コース	牧場コース
道状況	○ 下道有り	○ 下道・マーク有り
難度	3	3
展望	×	○
往復時間	1時間55分	1時間40分

280 高曽根山 たかそねやま／1119m／往復2時間40分
南木曽町に有る山

281 大桑村の高山　たかやま／1243m／往復3時間40分
大桑村に有る山

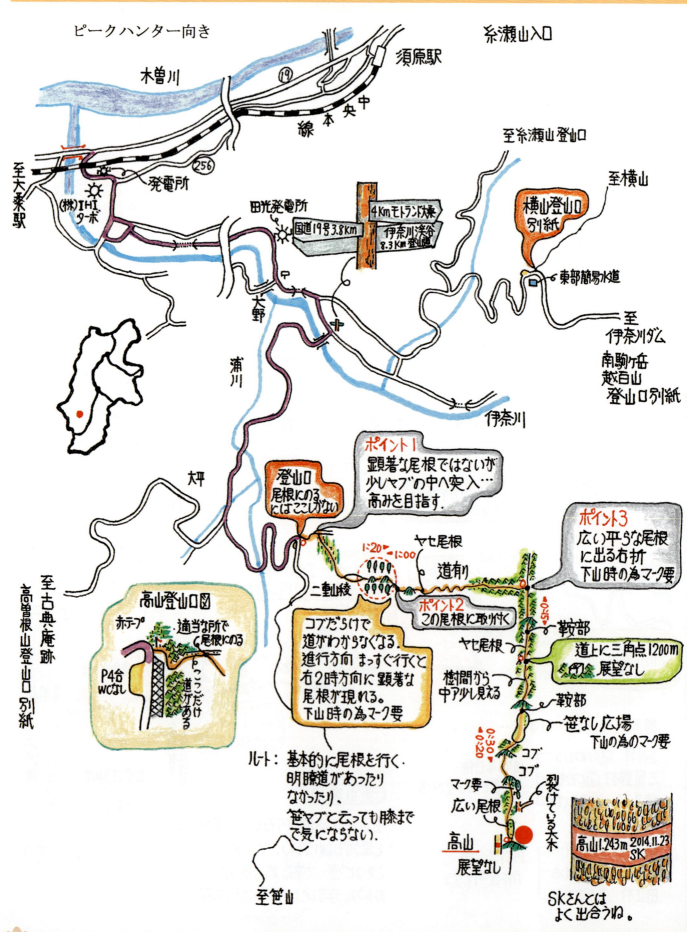

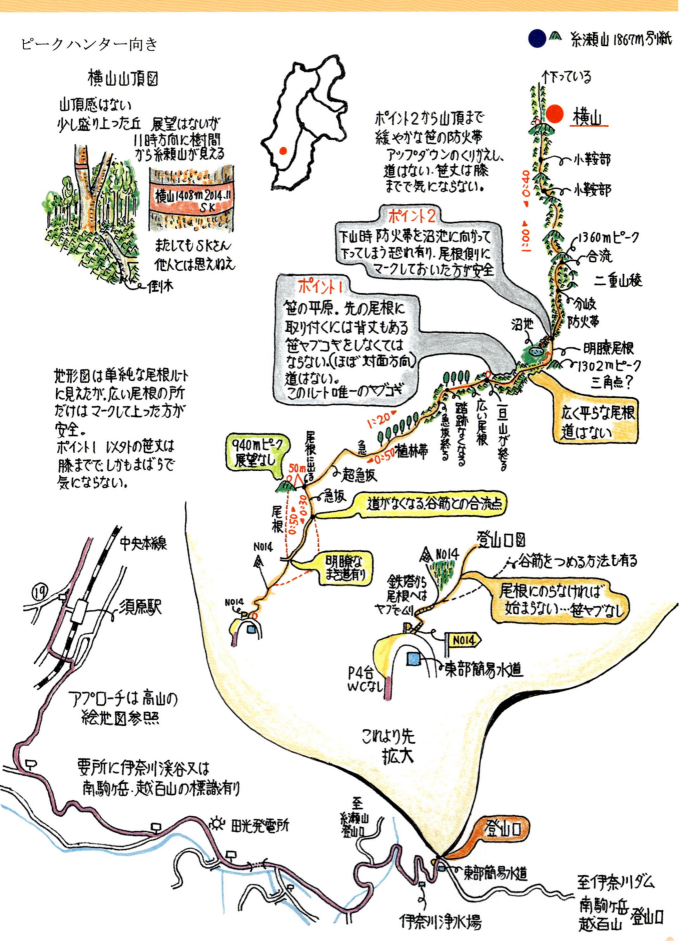

283 糸瀬山 いとせやま／1866m／往復5時間30分

すぐそばに有る…のろし岩…別名くすべ岩
大桑村に有る山

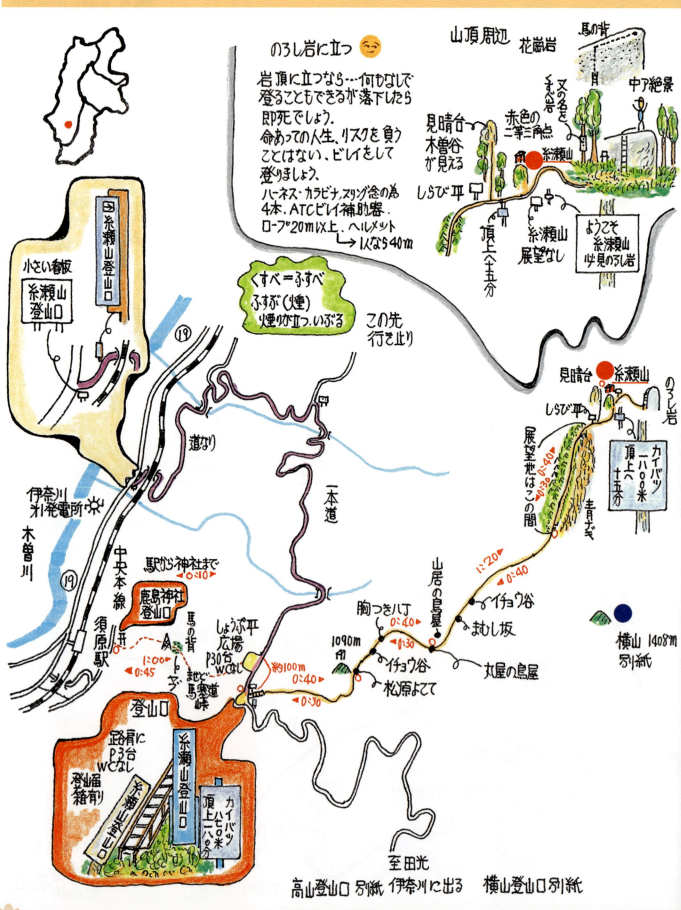

284 木曽上松町の風越山 かざこしやま／1698m／往復2時間20分
上松町に有る山

往復2時間余りの山で、ハイキングコースには、最適です。

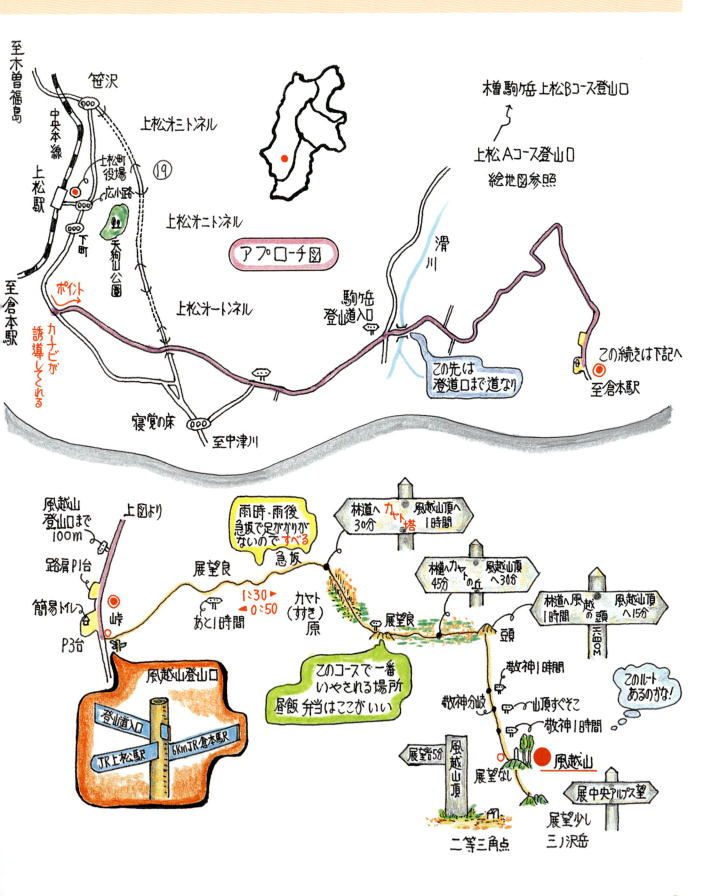

上松町 赤沢自然休養林 あかざわしぜんきゅうようりん
周辺の山　全体図

天然の日本三大美林
　青森ヒバ・秋田スギ・木曽ヒノキ。

木曽五木
　ヒノキ・サワラ・ネズコ・アスナロ・コウヤマキ、尾張藩領として林政改革が行われ五種木を伐採停止木とした。

木曽の山は厄介な山
　林道多くして入山禁止、山道多く道迷い、熊多く生息し危険な山である、心して登るべし。

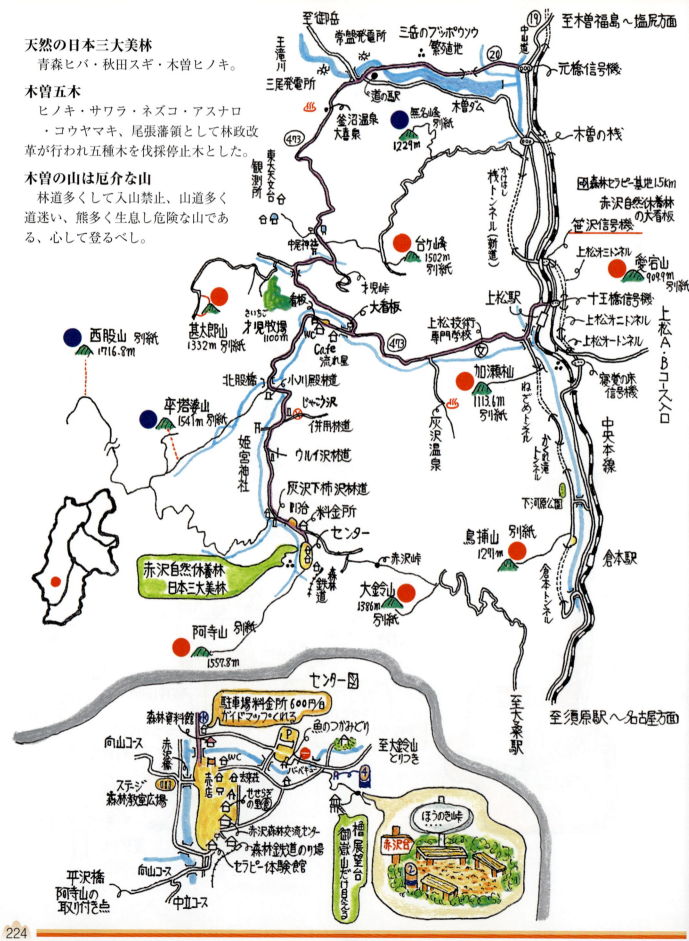

285 阿寺山 あでらさん／1557m／往復3時間10分
上松町と大桑村の境の山

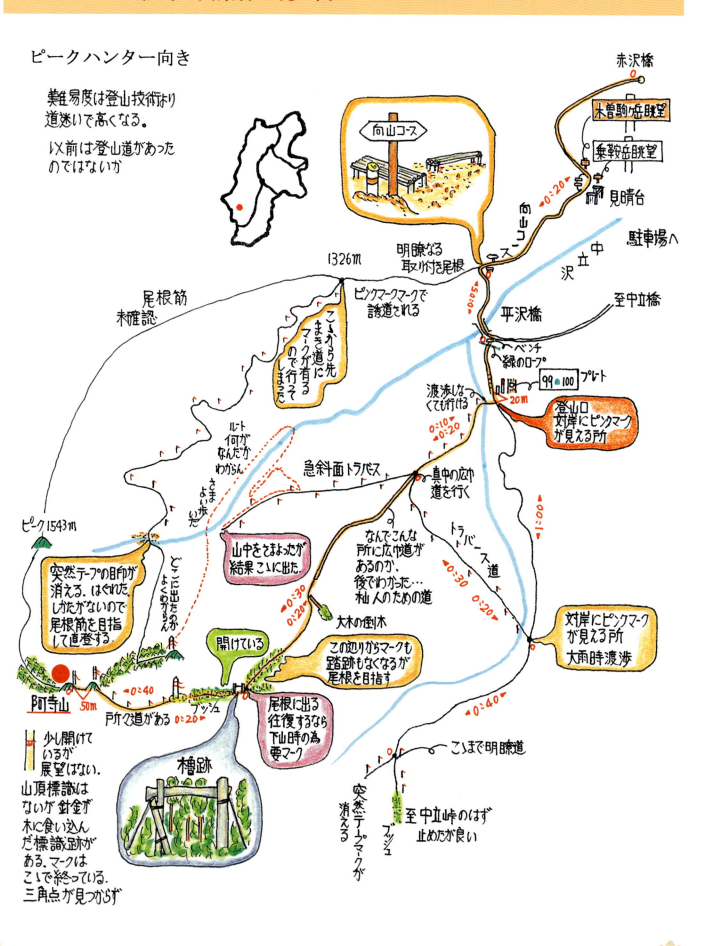

286 大鈴山 おおすずやま／1386m／往復3時間40分
上松町と大桑村の境の山

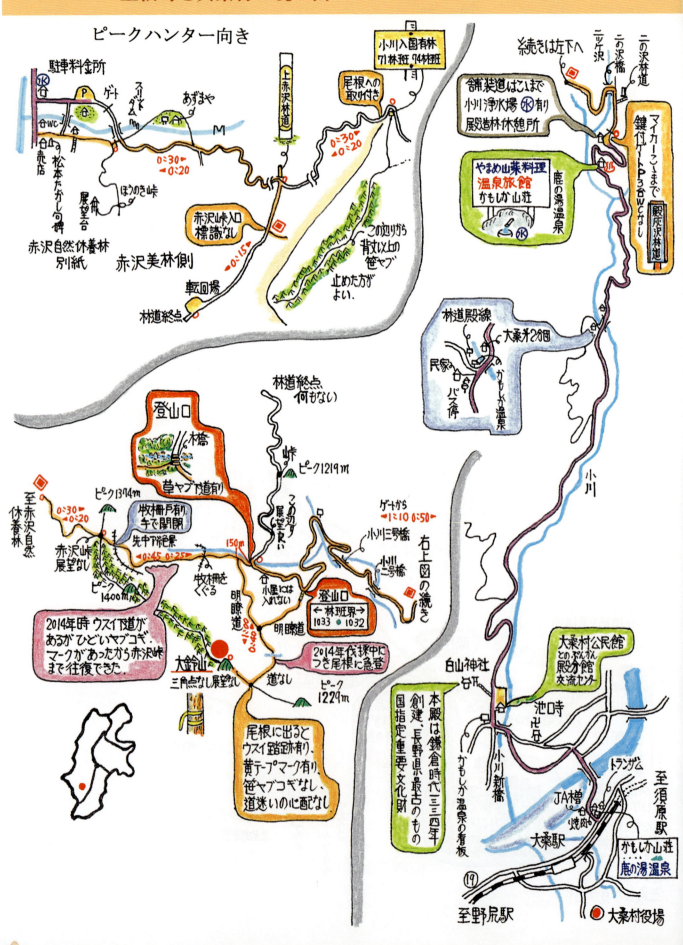

287 鳥捕山　とりほやま／1271m／往復4時間30分
上松町と大桑村の境の山

288 加瀬木山　かせぎやま／1113m／往復1時間50分
上松町に有る山

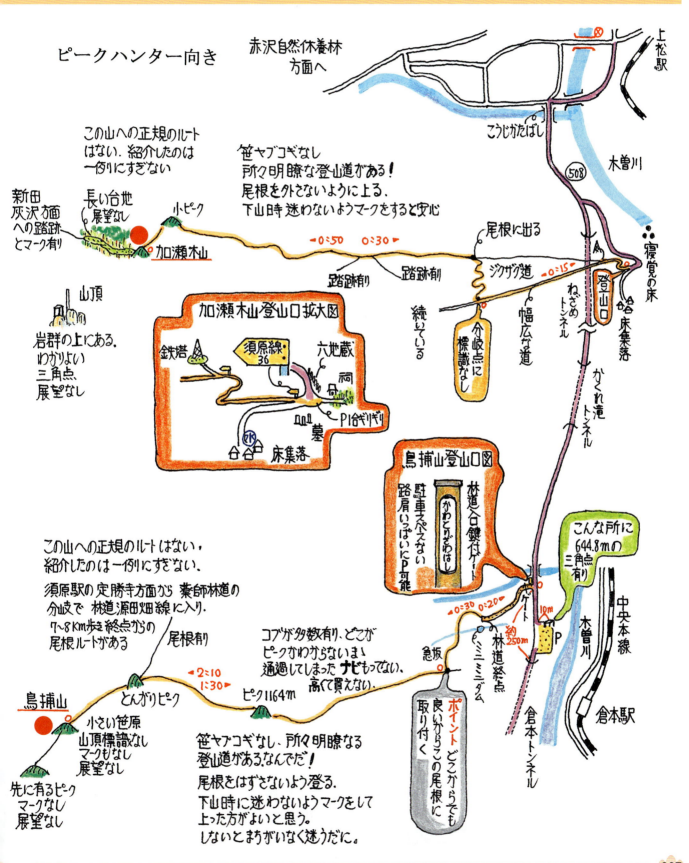

289 上松町の愛宕山　あたごやま／910m／往復0分
上松町に有る山

愛宕山山頂まで普通車で行くことができる(2014年時)
ハイキングであれば鉄塔作業道を利用する。(往復1時間10分位)。低山であるが
わけのわからない里山より気分は良い。

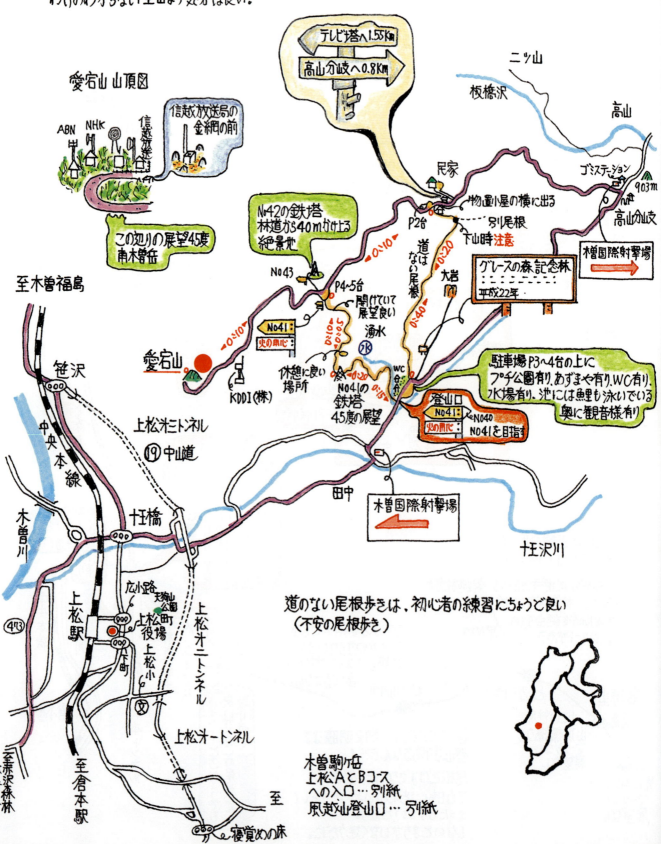

290 台ヶ峰 だいがみね／1502m／往復3時間40分
木曽町と上松町の境の山

木曽桟（きそかけはし）ルート：ピークハンター向き
江戸時代尾張藩は、木曽五木の切り出しを禁じた、地元住民は入山することができなかった、現在は国有林になっている。
中山道を歩いた松尾芭蕉の句に「桟や命をからむ蔦葛」（かけはしやいのちをからむつたかずら）がある。

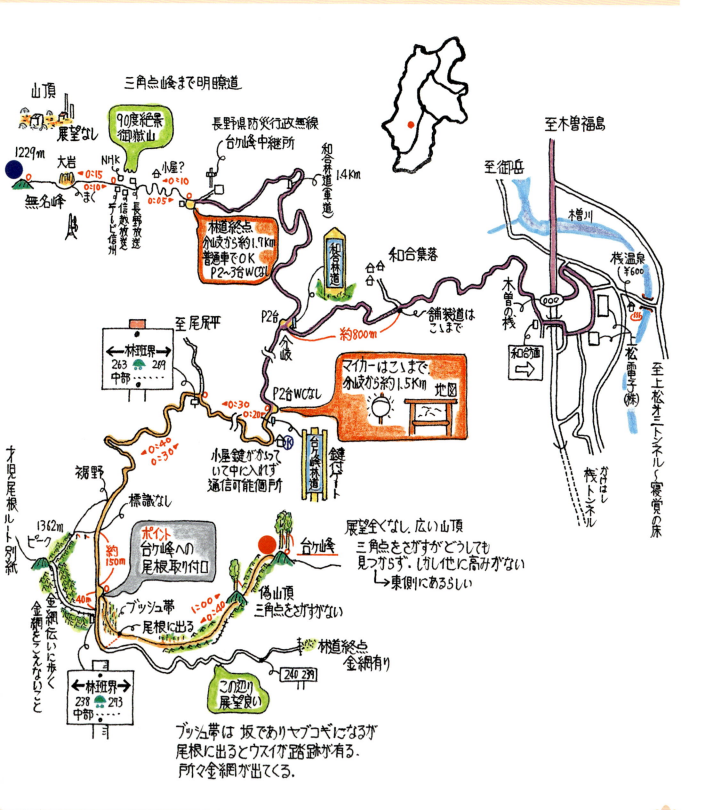

290 台ヶ峰　だいがみね／1502m／往復5時間10分
木曽町と上松町の境の山

才児尾根（さいちごおね）ルート：ピークハンター向き
地形図を見ると簡単に見えたが意外と手強い、甘く見ると痛い目を見る。
尾根は入り乱れ薄い踏跡があっちこっちあるから始末が悪い、往路は問題無いが復路（下山）は道迷いの恐れが有るのでマーキングを怠らない。
笹は山頂まであるがその背丈は最長でもモモまでで疲れるがヤブコギとは言い難い。紹介のルートは、筆者が選択したルートであって正道ではない、ルートファインディング力を要する。どの尾根を選択しても台ヶ峰への取り付きは林道を横切ることになる。

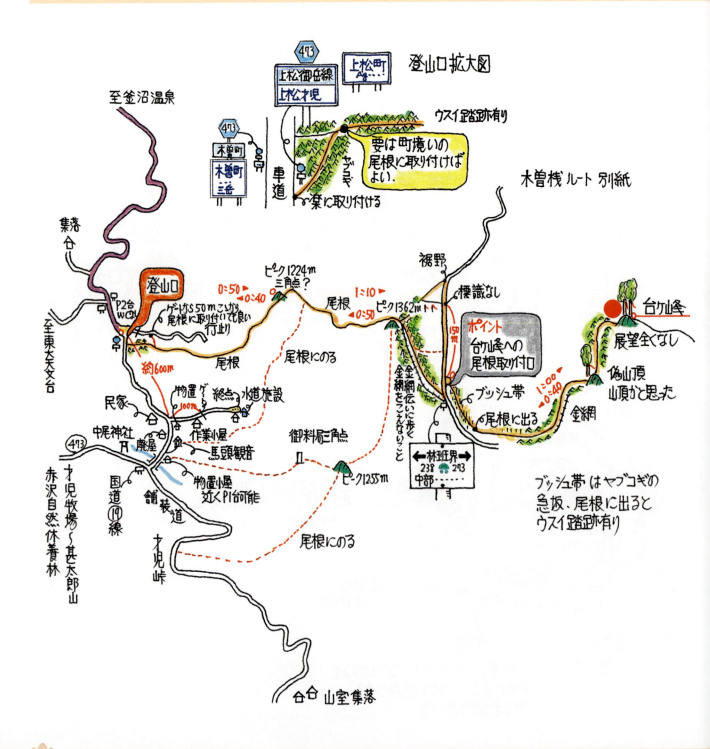

291 甚太郎山　じんたろうやま／1332m／往復3時間25分
上松町に有る山

ピークハンター向き　ピークハンター向きではあるが登山口がわかればヤブコギなしで楽な山である。

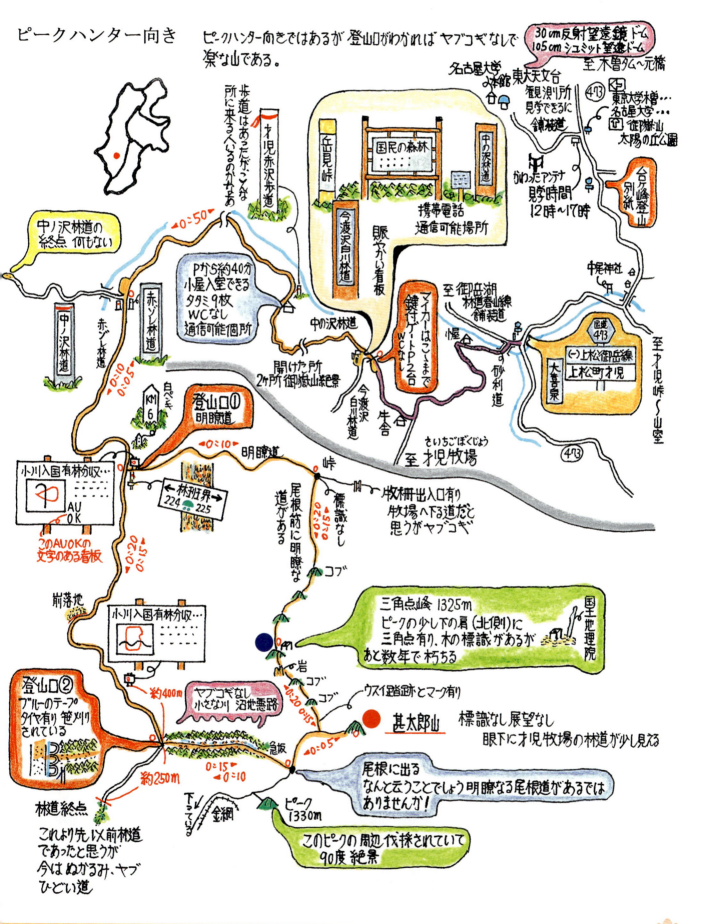

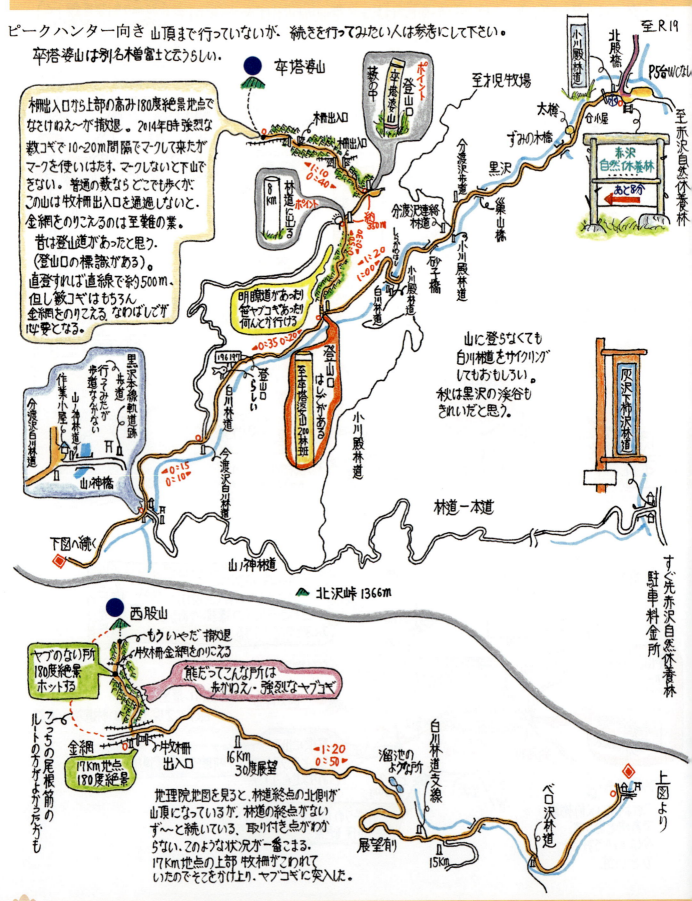

294 高樽山 たかたるやま／1673m／往復7時間50分
王滝村と岐阜県中津川市の境の山

ピークハンター向き、ハイカーの行く山では無い、登山口から山頂まで笹ヤブコギで面白くも無い。長野県側から登山口の真弓峠までは林道入り口にゲートがある為、長距離の徒歩となり現実的では無い。

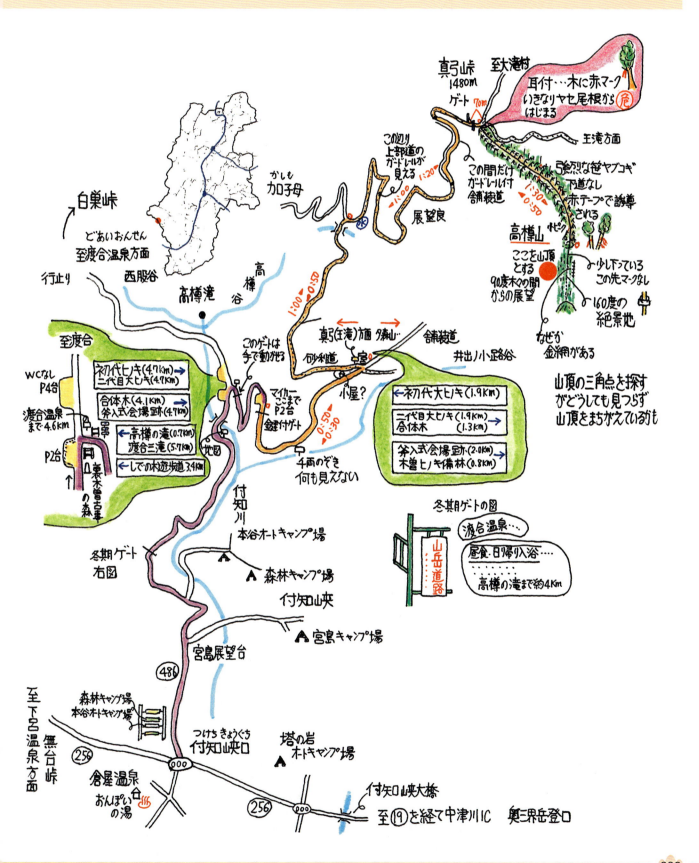

295 小秀山　こひでやま／1982m／往復3時間30分
王滝村と岐阜県中津川市の境の山

長野県側・白巣峠コース：距離は岐阜県乙女滝コースの約半分で最短コース。白巣峠コースは、展望と美岩群にめぐまれているが、登山としては岐阜県側の乙女滝コースの方が面白い。
水公園（そばと岩魚）・自然湖・等をセットにすれば面白い。
余談…高樽山の真弓峠へは、林道入口で車止になっていて10Km以上歩くことになる。又、白草山の鞍掛峠へは、遠すぎる。

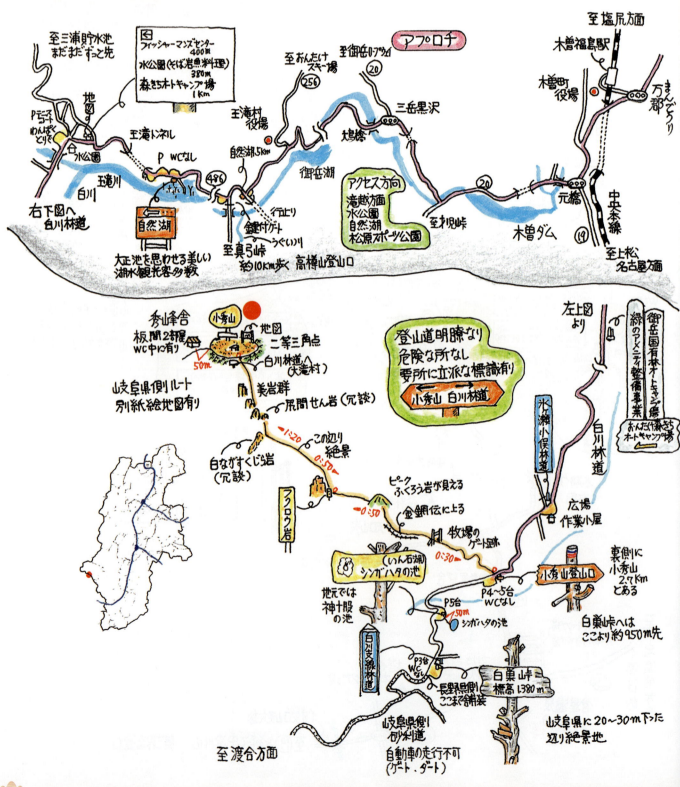

295 小秀山 こひでやま／1981m／周遊7時間10分
王滝村と岐阜県中津川市の境の山

岐阜県側：二の谷登山口～小秀山山頂～三の谷登山口～二の谷登山口の周遊コース

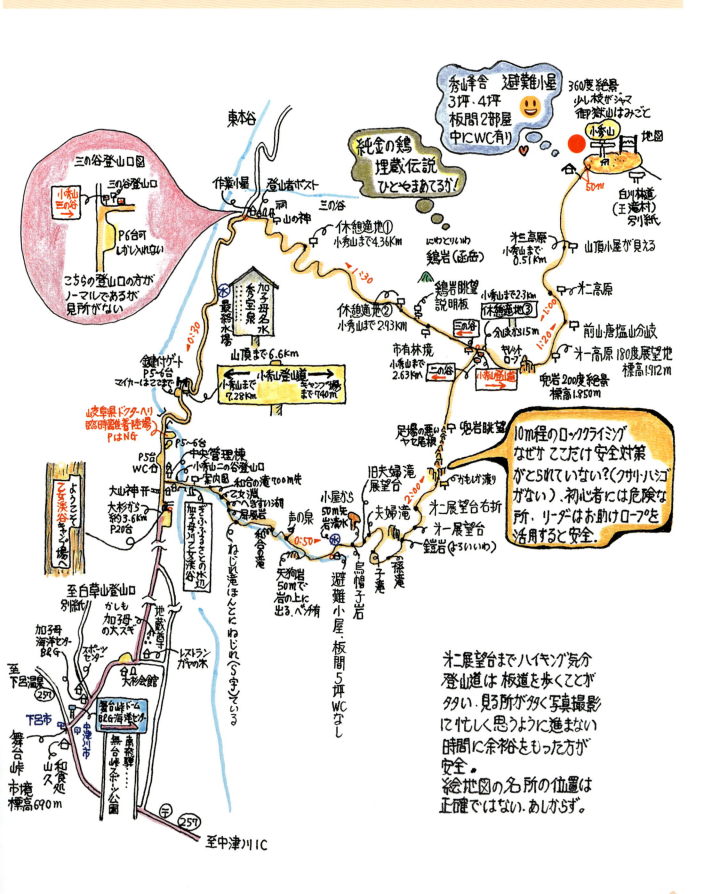

296 白草山　しらくさやま／1641m／往復3時間10分
297 箱岩山　はこいわやま／1669m／往復3時間40分

王滝村と岐阜県下呂市の境の山

アプローチ：乗政（のりまさ）キャンプ場方面、黒谷林道から登山するのが一般的であるが、三国山（さんごくさん）も行く為、舞台峠先の登山口から取付く。鞍掛峠から山頂が一番近いが、鞍掛峠までが遠い…王滝村三浦貯水池方面からは論外である。

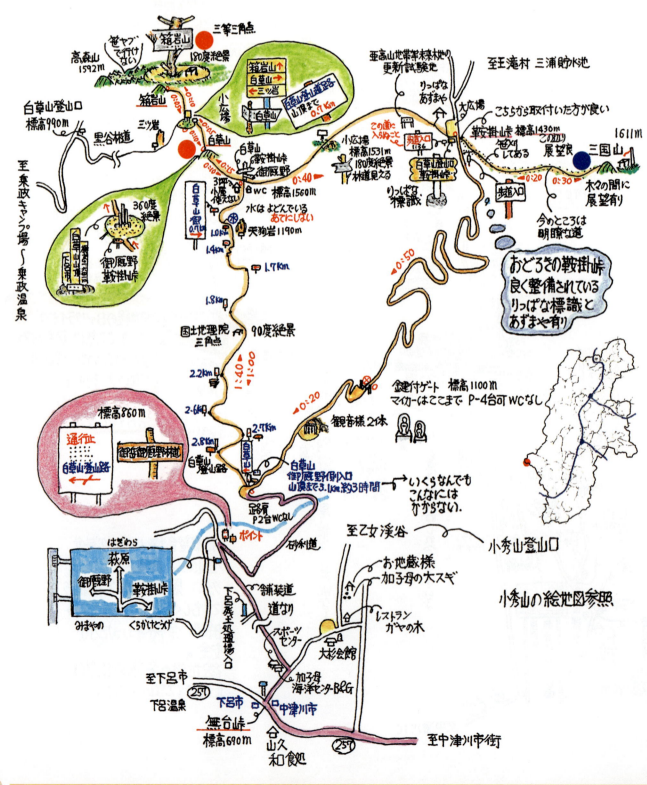

298 椹谷山 さわらたにやま／1884m／往復10時間50分
王滝村と岐阜県下呂市の境の山

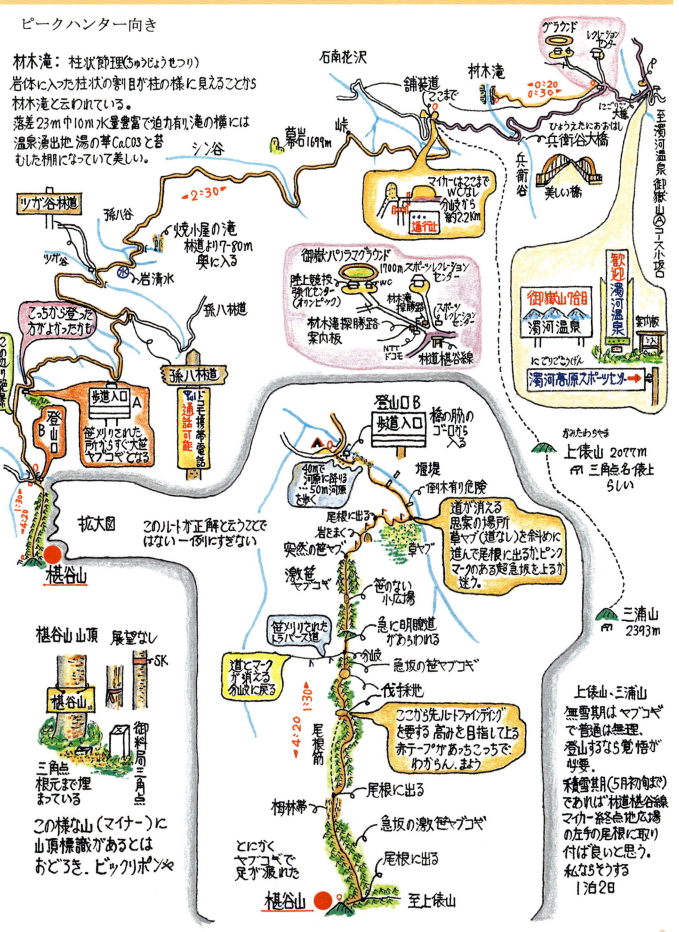

299 御嶽山 おんたけさん／3067m／往復5時間
王滝村・木曽町と岐阜県高山市・下呂市にまたがる山

コースは大別して6通りあります、一番安全安心コースはⒶ飛騨小坂口濁河温泉コースとⒻ田ノ原王滝口コースです。山頂は余りにも広大なため総図と各コースに分けて紹介します。

299 御嶽山 おんたけさん／3067m 王滝村と木曽町の境の山

Aコース　濁河山荘から継子岳往復6時間50分
Bコース　チャオゴンドラリフトを利用した場合の継子岳往復3時間50分
Cコース　日和田口から継子岳往復8時間20分

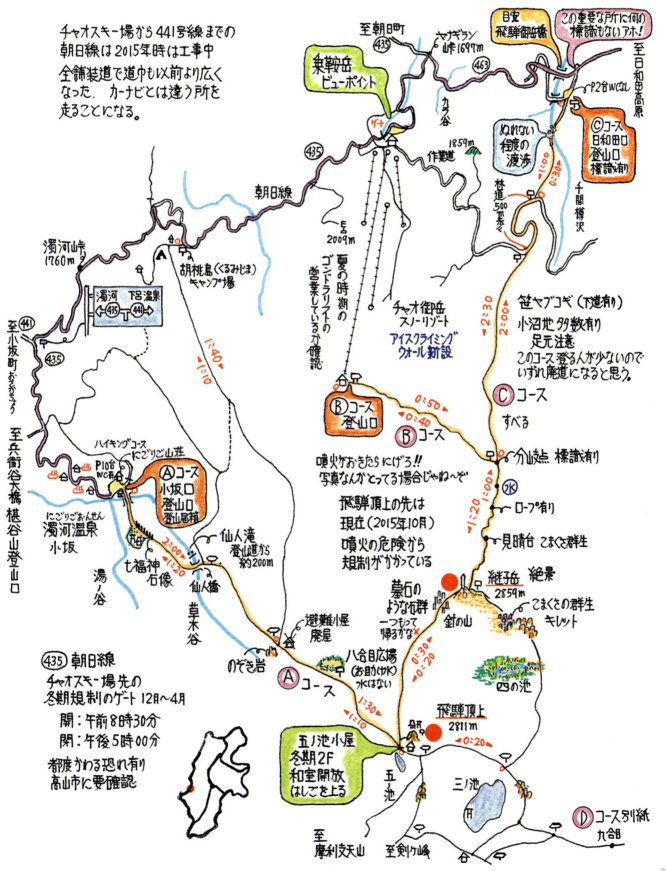

🚶 299 御嶽山 おんたけさん／3067m 王滝村と木曽町の境の山

Dコース　開田口から三ノ池まで往復8時間30分　継子岳まで9時間50分
日帰りは、健脚者向け。

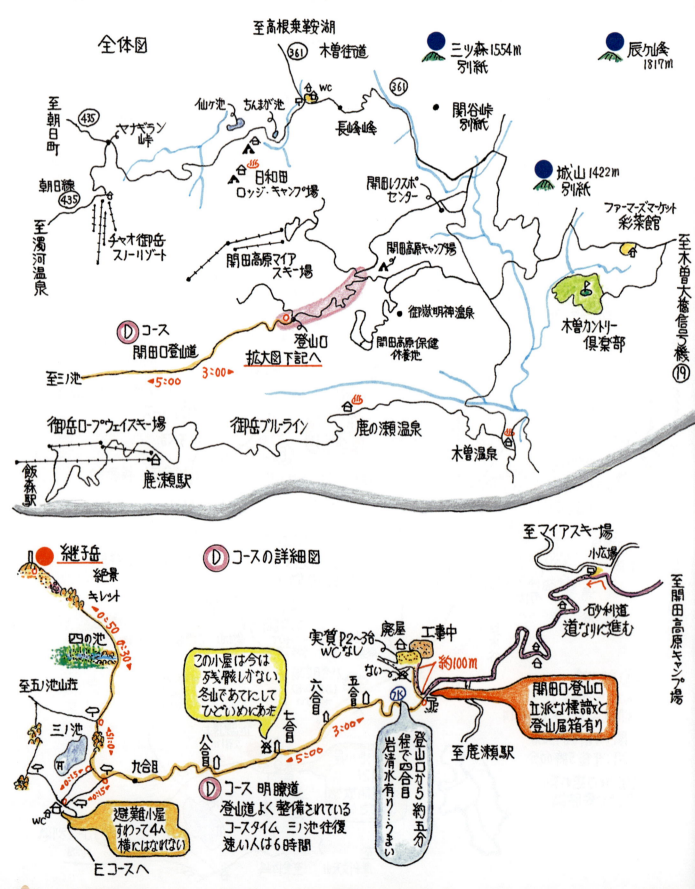

299 御嶽山　おんたけさん／3067m／剣ヶ峰往復5時間（御岳ロープウェイ利用）

Eコース…取付く方法は3通り：油木尾根・黒沢口登山道・御岳ロープウェイ。
具体的には
①御岳霊場Pから徒歩油木尾根コース…八合目。
②中の湯までマイカーで行き、Pから徒歩…八合目。
③御岳ロープウェイを利用、飯森駅から徒歩…八合目。

299 御嶽山　おんたけさん／3067m／剣ヶ峰往復5時間
王滝村と木曽町の境の山

Fコース…田ノ原登山口
2014年9月27日の火山噴火の影響で現在（2016年）は入山規制有り9合目までOK

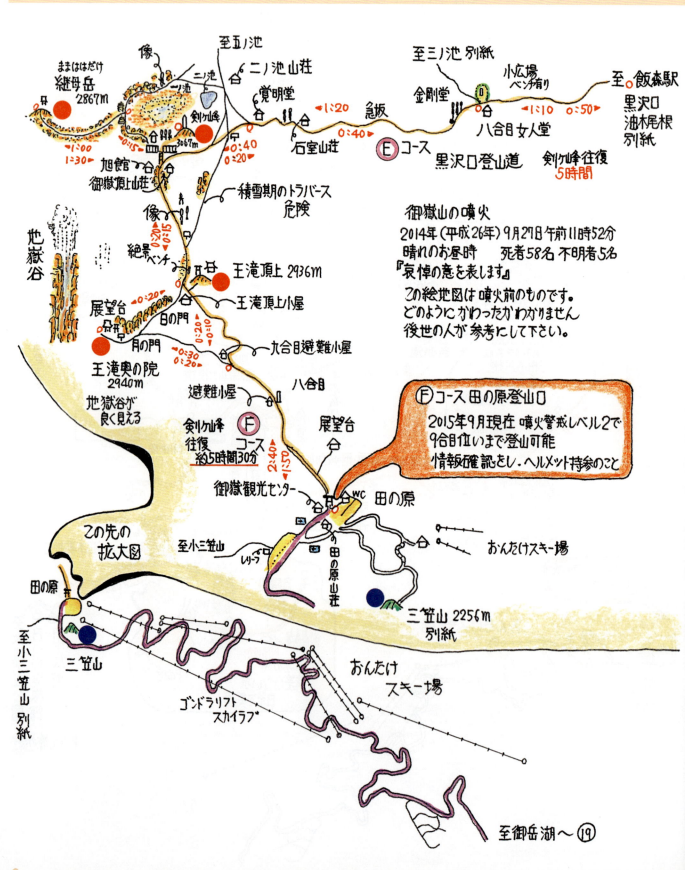

300 三笠山 みかさやま／2256m／往復25分
301 小三笠山 こみかさやま／2029m／往復3時間50分

王滝村に有る山

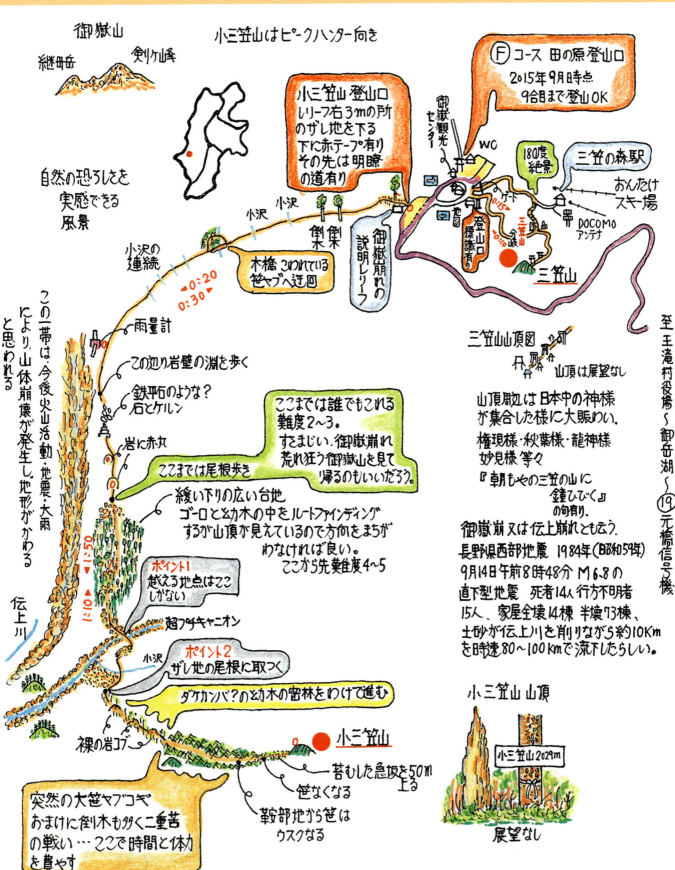

302 仮称 上垂山　かみだれやま／1378m／往復1時間40分
303 仮称 西沢山　にしざわやま／1182m／往復2時間20分
木曽町に有る山

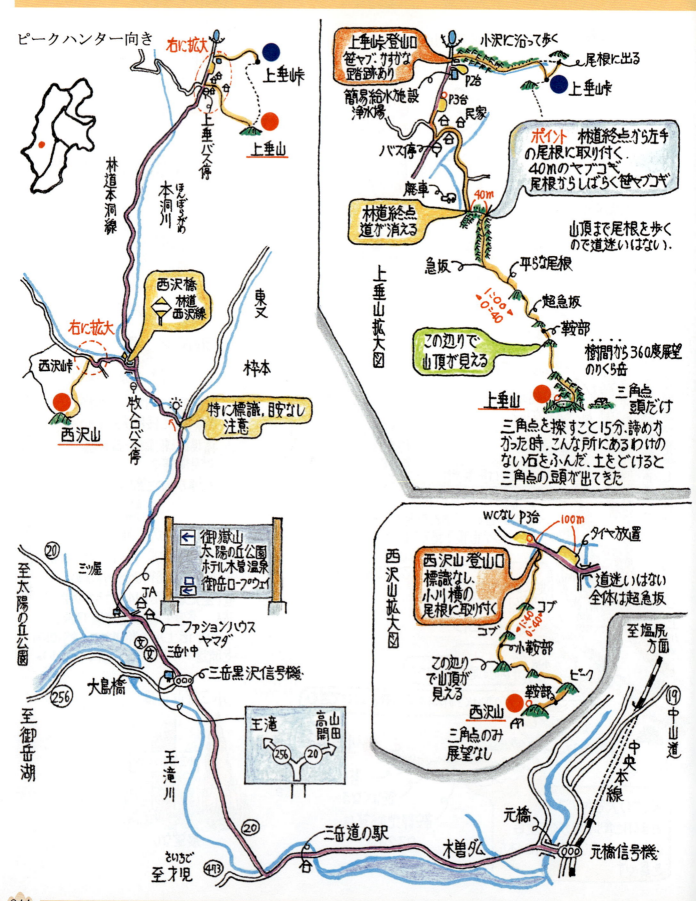

304 木曽町の城山　じょうやま／1281m／周遊3時間30分

木曽町に有る山

山頂（三角点）は児野山（ちごのやま）と云うが、山全体を城山としている。この城山の登山道は明瞭で、分岐には必ず標識があり道迷いの心配は無い…が、枝コースがありすぎる為、何処に向かうか迷う恐れ有り、目標を良く定めて進むこと…ここでは効率の良い周遊コースを紹介する。

木曽福島城

木曽義康が築城、後、義昌の居城となる。妻は武田信玄の娘で、武田勝頼の時代に義昌は織田信長に通じて鳥居峠で勝頼2万の軍勢を破った。
　後、豊臣秀吉に属すが秀吉死後領地を失う。

305 大棚入山　おおだないりやま／2375m／往復9時間10分
木曽町と塩尻市の境の山

306 木曽町の水沢山　みずさわやま／2003m／往復3時間40分
木曽町に有る山

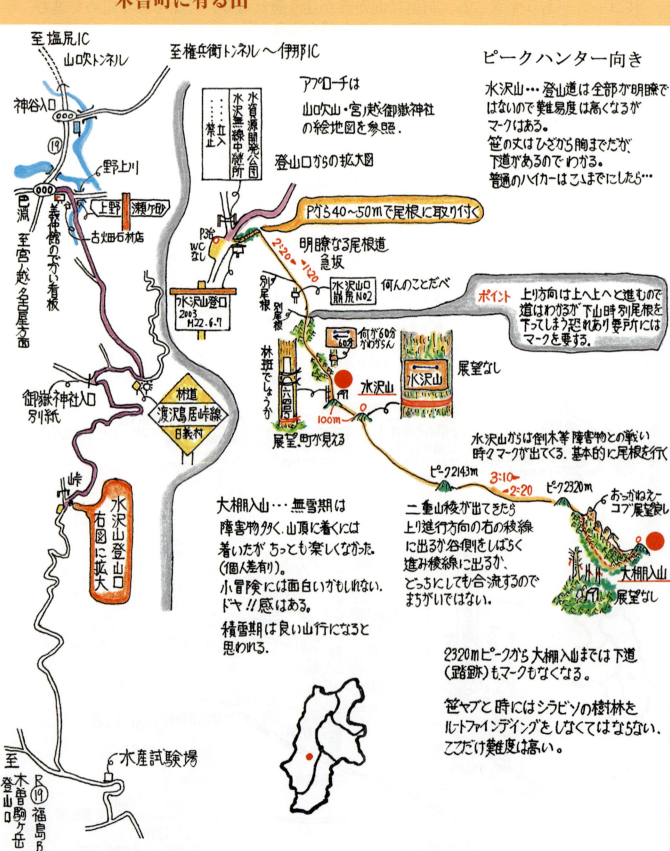

307 宮ノ越の御嶽神社　おんたけじんじゃ／1188m／往復35分
木曽町に有る山

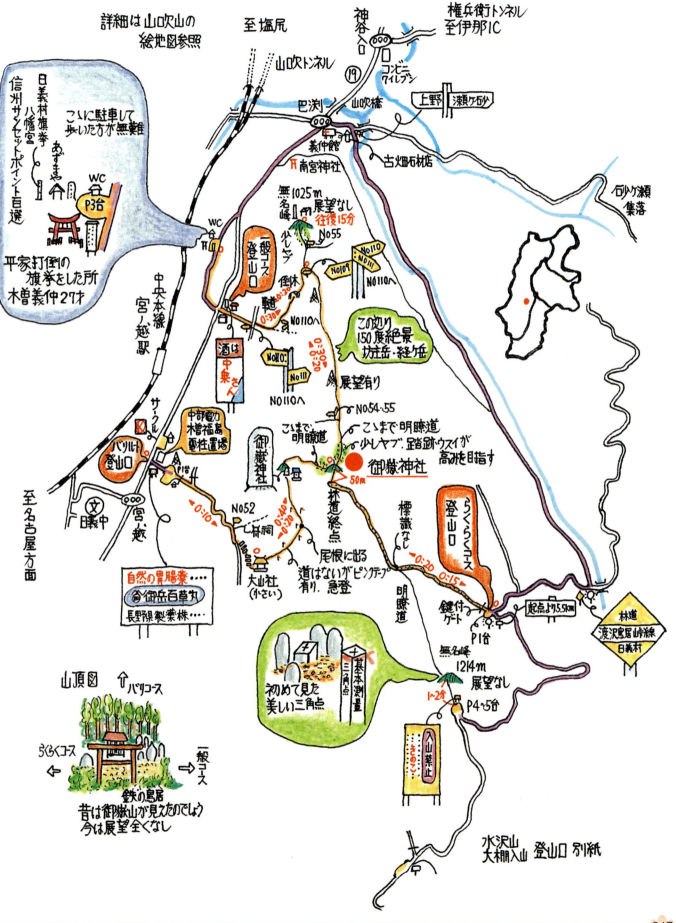

308 姥神峠 うばがみとうげ／1277m／往復1時間10分

塩尻市と木曽町の境の峠

姥神峠は別名羽淵峠とも云う、昔は国道361号線であった.

コースは羽淵集落から登るのが良い. 登山道は整備されていて迷うこともない. 危険な所もない. 家族ハイキングに最適である。

神谷からのコースは. わずか50mの崩落地の為難易度は高くなる。道は荒れているが問題ない。

周遊する場合 (361) 姥神トンネルを歩くことになる

神谷登山口 →40分 ←50分 羽淵駐車場

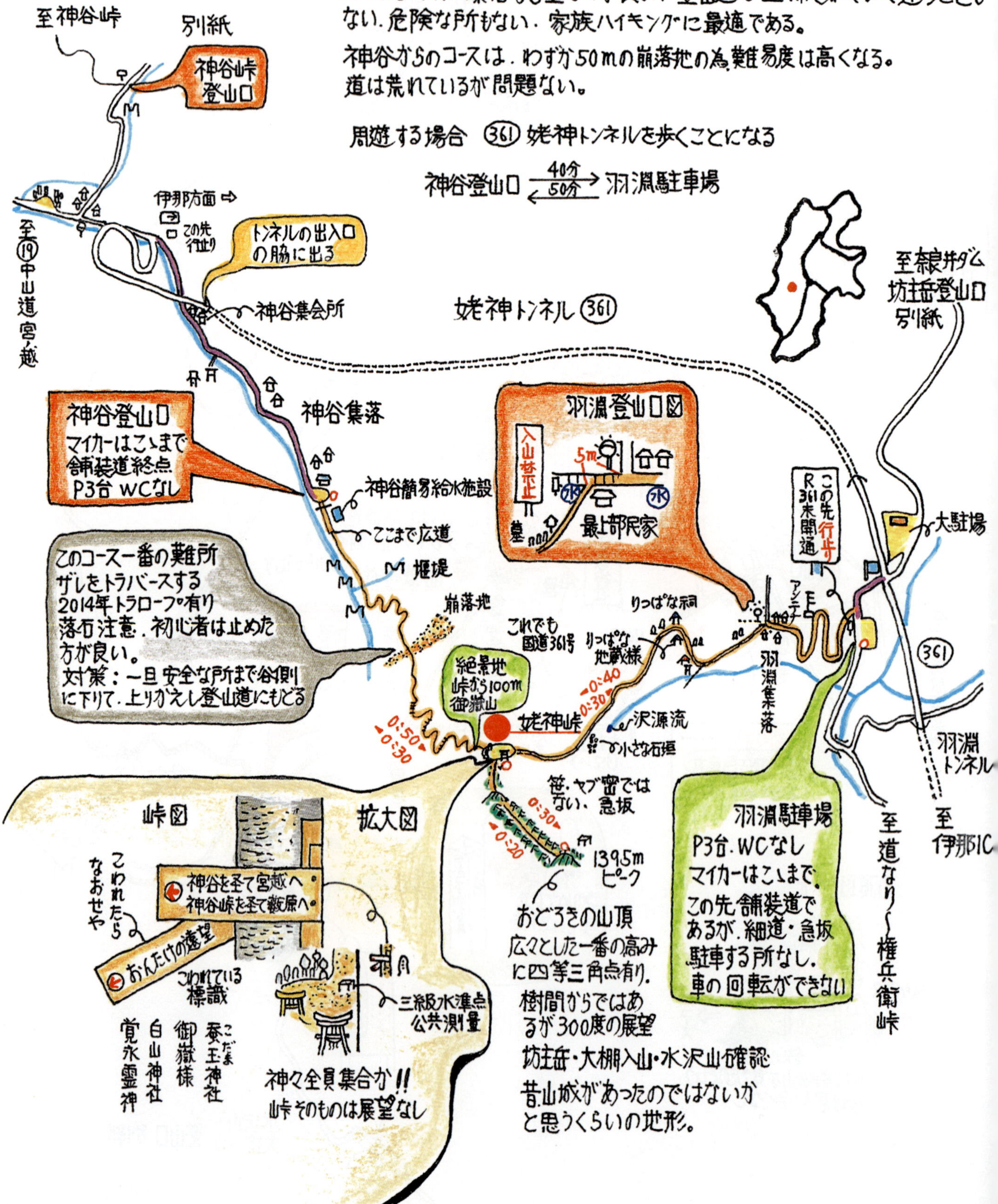

309 神谷峠 かみやとうげ／1191m／往復50分
木曽町と木祖村の境の峠

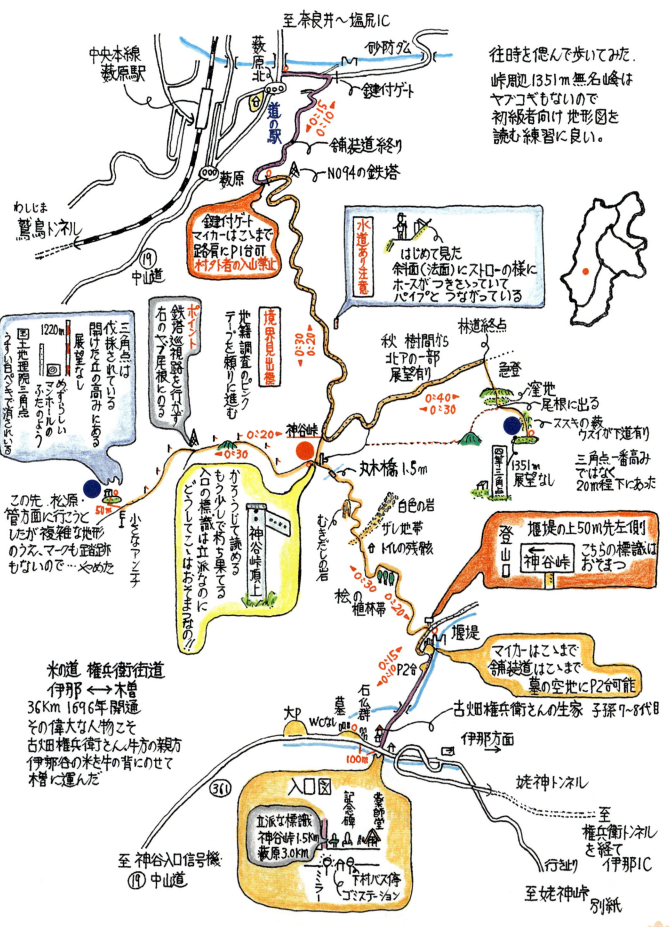

310 山吹山 やまぶきやま／1090m／往復1時間
木曽町に有る山

歴史有る宮ノ越が登山口、義仲館（よしなかやかた）に是非立ち寄って下さい。

311 木祖村の風吹峠 かざふきとうげ／約1400m／往復3時間30分
木曽町と木祖村の境の峠

風吹峠の展望台は御嶽山一点絶景、2014年の噴火で山頂から白い煙が天をついて昇っていた。登山口には駐車場と立派な散策マップ・標識が設置されている、これらは有志者がボランティアで行っていると聞いている、本当に感謝申し上げます、が！散策マップと実態が一致しない又は不完全なのは致命的、地図を直すか地図に合った道を整備するかしないと折角のご苦労が生かされない。

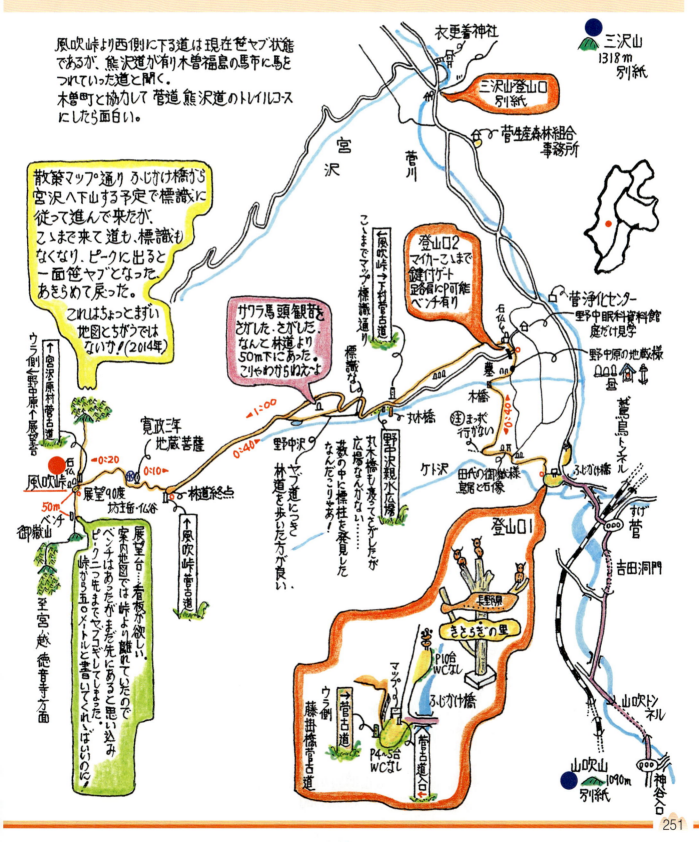

312 木祖村の峠山　とうげやま／1415m／往復1時間10分
塩尻市と木祖村の境の山

4WDで車高の高い車なら山頂まで行ける山（2013年時）。
鳥居峠の数百メートル先からダート道になる、歩いた方が無難。

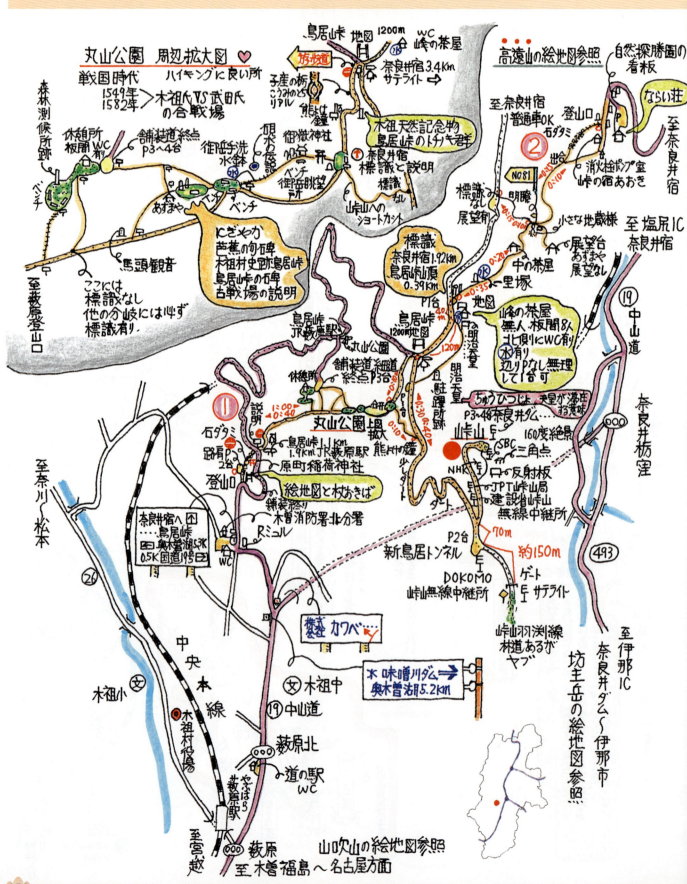

313 木祖村の高遠山　たかとうやま／1463m／往復3時間30分
塩尻市と木祖村の境の山

ピークハンター向き、上部は笹ヤブコギ有り、長袖シャツを着てマークを持参。
要所には必ずマークをすること。
奈良井宿から鳥居峠へのアプローチ図

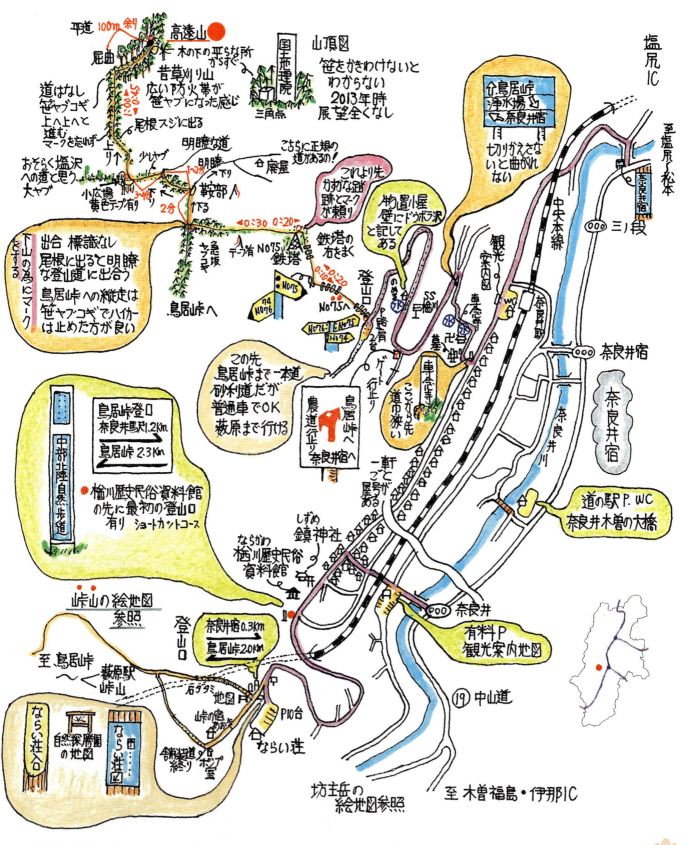

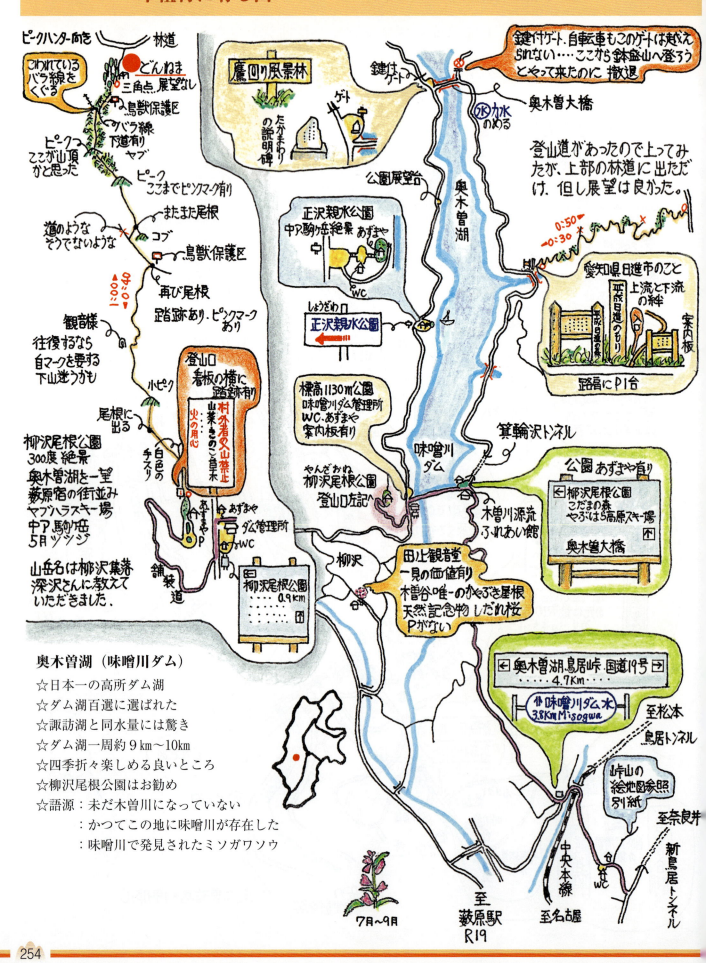

315 木祖村の三沢山　みさわやま／1318m／往復1時間50分

316 立ヶ峰　たてがみね／1689m／往復2時間30分
木祖村に有る山

317 奥峰　おくみね／1711m／往復3時間50分
木曽町と木祖村の境の山

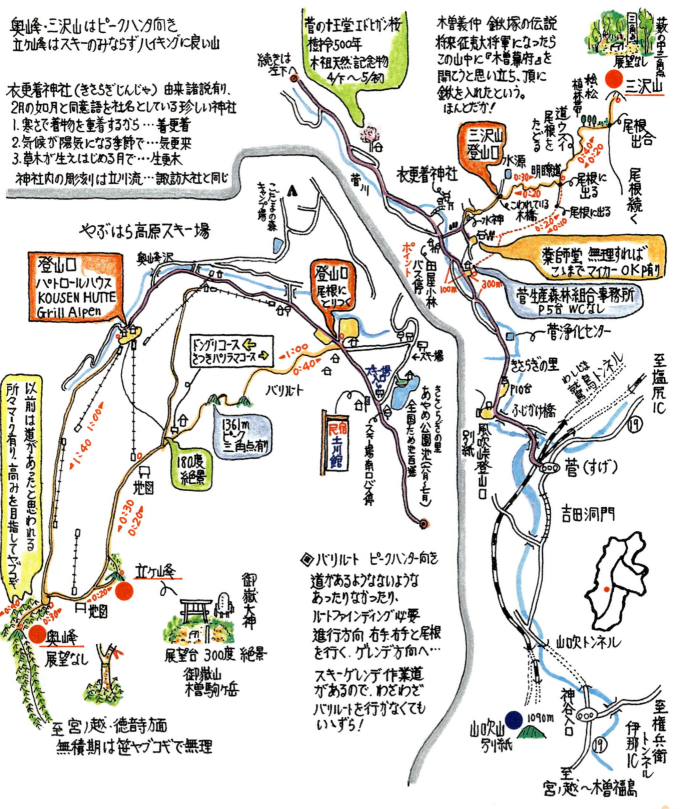

319 木曽福島スキー場　きそふくしまスキーじょう／1904m／往復2時間20分

木曽町に有る山

どこのスキー場も最上部の展望は良いが、木曽福島スキー場の最上部の展望は格別、わけのわからない里山登山よりも楽しい山行となろう。
実のところここから大笹沢山（2040m）に行こうとしたが無雪期は無理（大藪こぎ）。

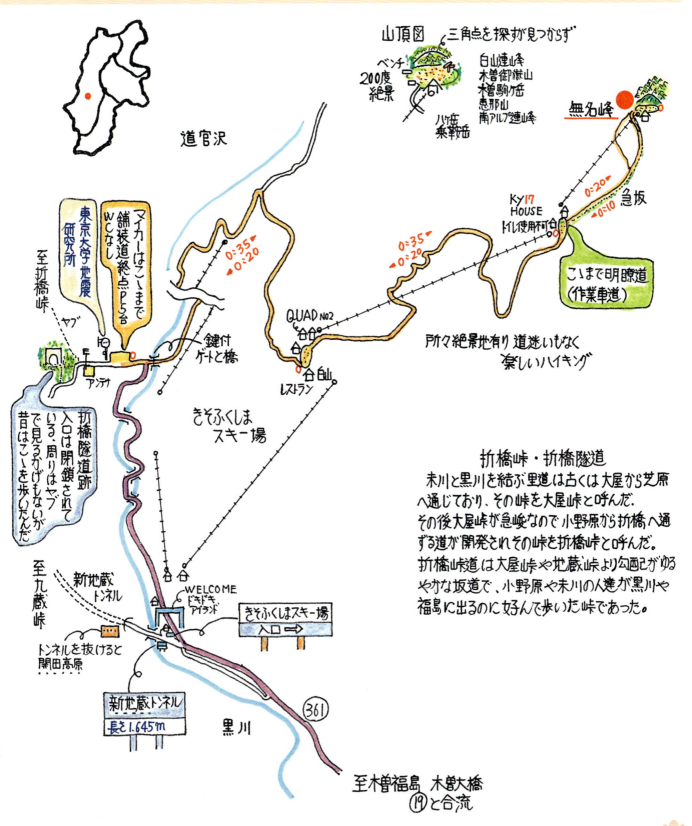

320 樽上 たるうえ／1500m／往復2時間30分
木曽町に有る山

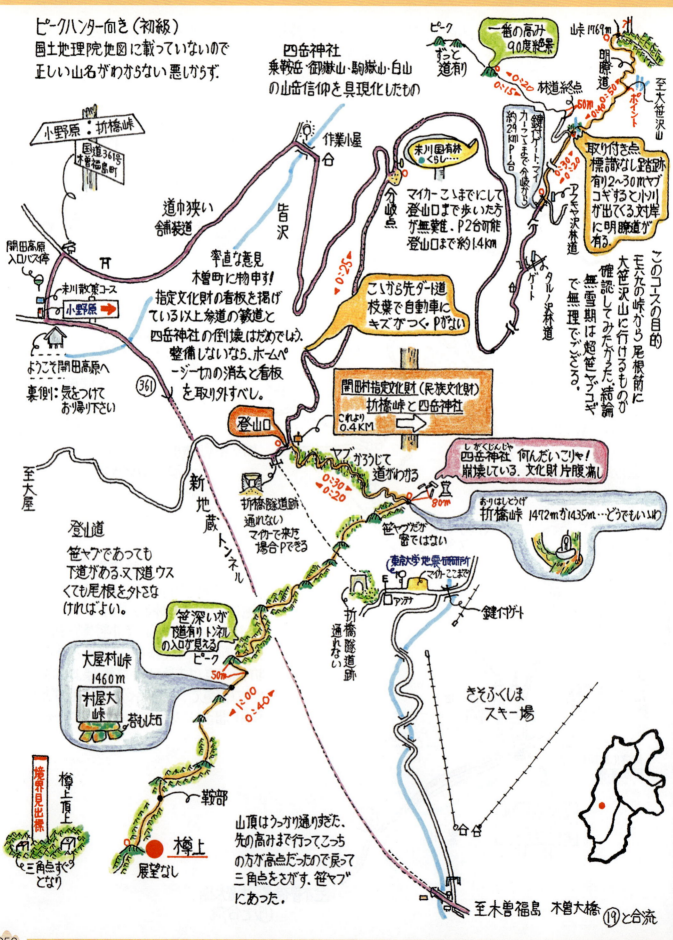

321 切立山 きったてやま／1388m／往復1時間10分
木曽町に有る山

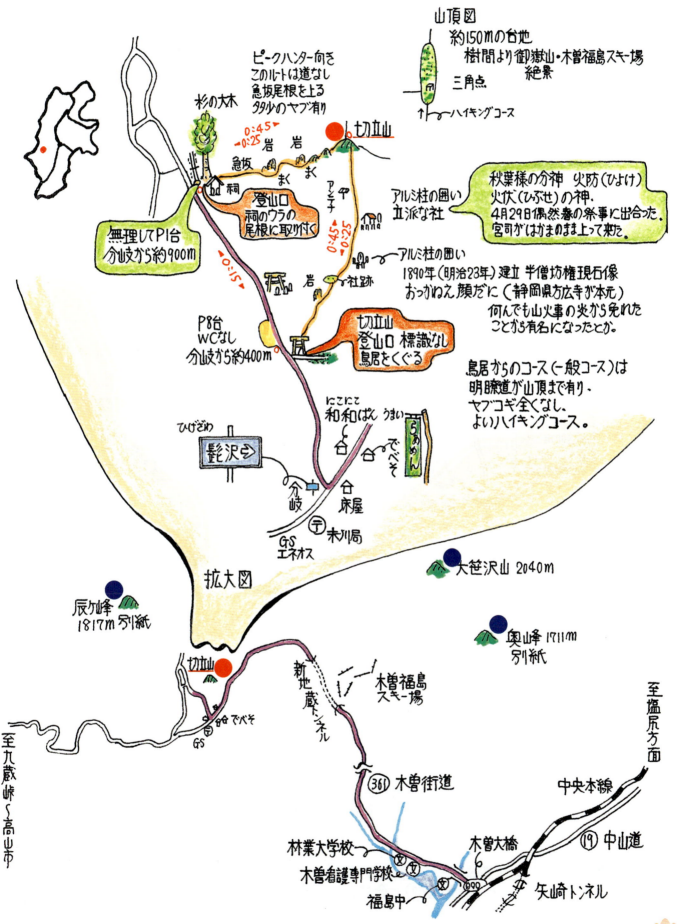

322 辰ヶ峰 たつがみね／1817m／往復4時間10分
木曽町に有る山

323 木曽町西野峠の城山　しろやま／1422m／往復1時間
木曽町に有る山

ハイキングには絶好の山。

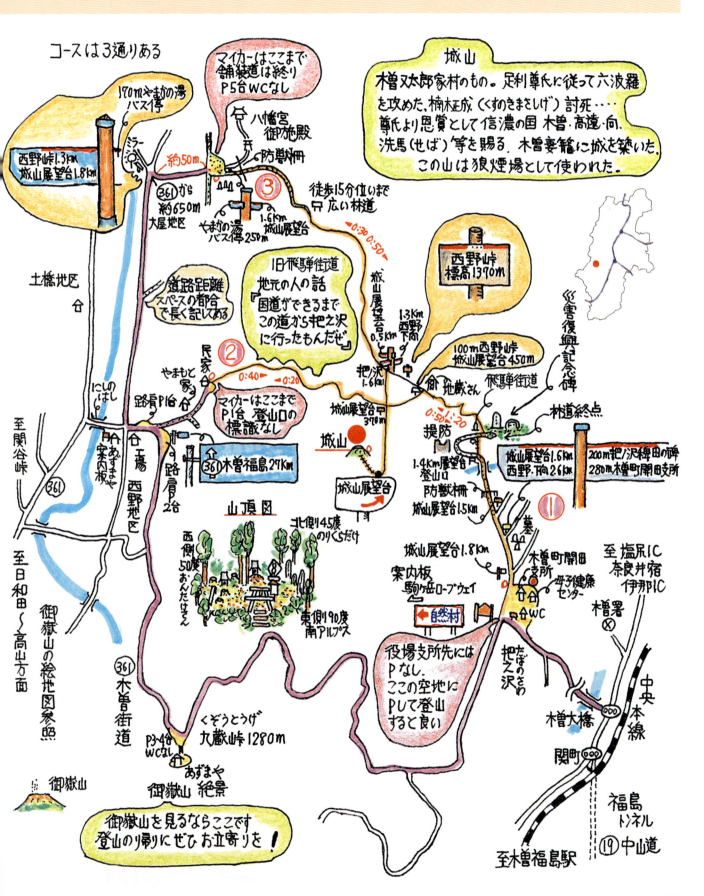

324 木曽町の三ツ森　みつもり／1555m／往復3時間
木曽町に有る山

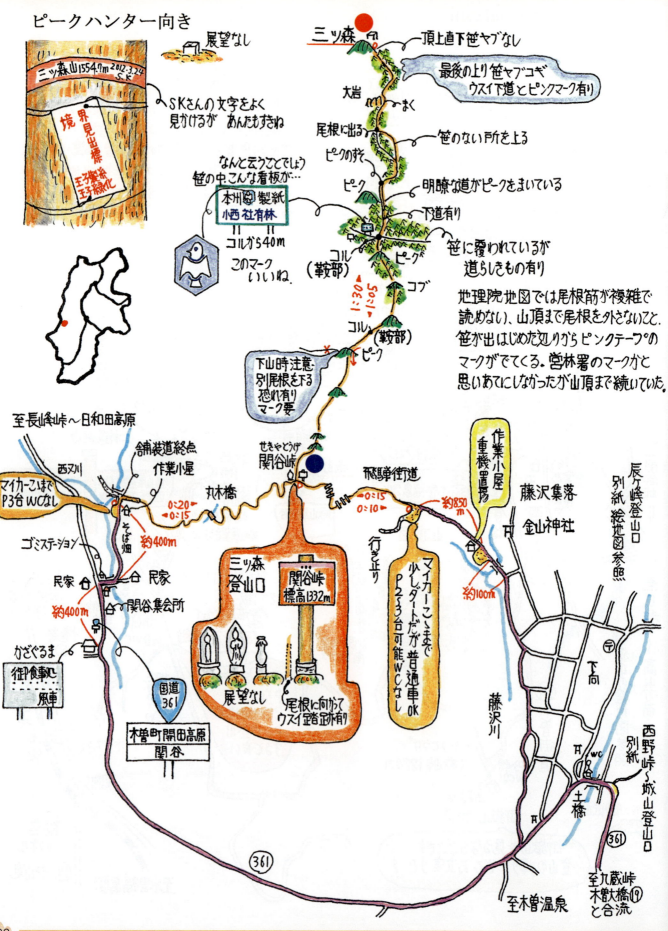

325 高山市の鎌ヶ峰　かまがみね／2121m／往復6時間30分
松本市・木曽町・岐阜県高山市の境の山

超ピークハンター向き

　岐阜県100山に選ばれているのは現況からは考えられない。
　山の形が釜を伏せた様に見えるところから釜が鎌に変化したと云う。
　7～8年前の山頂の写真やコースタイムは現時点（2015年）無雪期では笹藪コギがより厳しいもので、注意されたし、その昔は明瞭道が有ったのではないか、積雪期は問題なく登頂できると思う。
　筆者の感想…実はこの山3回目。1回は途中撤退している、こんな思いまでして登山しなくても良い、修業登山でどや！どやどや登山で得るものなし、しかし原始林が多くまた苔むした尾根でこのような山行が楽しい人もいるから…。

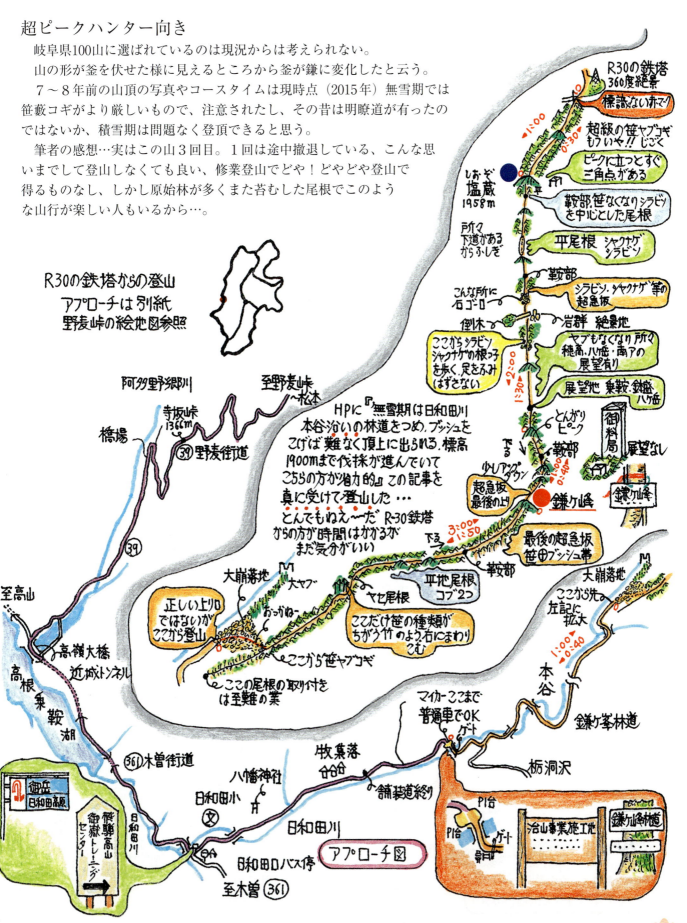

326 野麦峠 のむぎとうげ／1672m
松本市と岐阜県高山市の境に有る峠

野麦峠：峠周辺にある3ヶ所の電線鉄塔は展望が良く家族ハイキングに良いところです。

「ああ野麦峠」：昭和43年朝日新聞社から発刊された作家「山本茂実」のルポルタージュ。

日本は明治から富国強兵策がとられ外貨を稼ぐ手立ては緑茶と製糸業で生糸は総輸出量の2/3を占めていた。明治37年〜38年は日露戦争があった。

世界遺産の富岡製糸場は官営でフランスの機械を導入し労働環境も近代化されていて学校や工場内に診療所もあった、働き手の多くは士族の令嬢であったらしい。

明治41年頃の長野県諏訪地方は民営の製糸工場が247社有った、特に平野村（現岡谷市）は多く、主人公の政井みねも「山一林組」で働いていた、官営の富岡とは違い劣悪な労働環境で1日15時間労働、食事時間20分、暑さ悪臭に苦しみ、政井みね20歳もついに明治42年11月20日この峠にて腹膜炎で帰らぬ人となる悲しい切ない実話である、筆者も岡谷出身で申し訳ない気がする。

工女：工女とはいわゆる出稼ぎ女子で「糸取り女」とも言われた、岡谷市の工女は山梨県が一番多く、続いて富山県・岐阜県・新潟県であった、政井みねは岐阜県河合村の出身、出稼ぎ期間は3月〜12月、賃金は明治29年頃で5円/年、「100円工女」とは普通の人の20倍稼ぐ女子のことで政井みねは100円工女であった。

お助け小屋に当時の政井みねの写真が有るが、大変賢そうで美人でかわいいです。

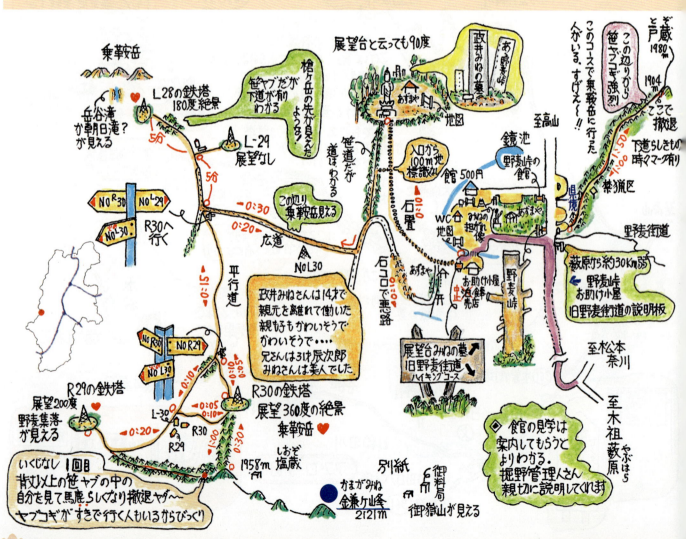

おわりに

　信州の山は想像以上に沢山有り、それを制覇するために好日は山三昧です。一人で登り写真を撮り絵地図にするわけですから時には苦痛になり心が折れそうになりますが、TVや雑誌等で見る素晴らしい人達、特に漆器・家具・刃物等々妥協を許さない職人さんの姿を見て、感動と自分の未熟さを感じながら勇気をもらって、また絵地図の作成に頑張ることができました。

　体を壊すか足が壊れるかどちらが先か分かりませんが、一度始めた以上信州の山を最後の一山まで登り、絵地図にする覚悟です。

　この後は、来春『信州の山中部版』さらに『信州の山北部版』を出版する予定です。

　出版に当たっては駒ケ根市の「アウトドアショップK」の木下さん、そしてご指導編集をしてくれた信毎書籍出版センター小山さんとその編集のスタッフの方々に厚く御礼申し上げます。

　最後によくぞ文句も言わず山に送り出してくれている妻の京子にお礼を言いたい。この償いは高知のかつおと、博多のうどんを食べに必ず行くから待っててください。

御岳山からご来光

信州の山　南部326山　索引

あ

赤石岳	あかいしだけ	102（100・101）
仮称赤坂峠山	あかさかとうげやま	146
仮称赤笹山	あかざさやま	134
赤棚岳	あかなぎだけ	198
アカノラ山	あかのらやま	52
旭山	あさひやま	81
朝日山	あさひやま	123・124・125
芦畑山	あしばたやま	162
根羽村の愛宕山	あたごやま	141
上松町の愛宕山	あたごやま	228（224）
阿寺山	あでらさん	225（224）
穴倉山	あなぐらやま	13
安倍荒倉岳	あべあらくらだけ	62
天ヶ森	あまがもり	133
網掛山	あみかけやま	168
蟻塚城跡	ありづかじょうせき	49
安平路山	あんぺいじやま	199

い

飯盛山	いいもりやま	216
池口岳	いけぐちだけ	107
池山	いけやま	191（188・190）
イザルガ岳	いざるがだけ	106
伊勢山	いせやま	211
糸瀬山	いとせやま	222
伊那荒倉岳	いなあらくらだけ	59
伊那前岳	いなまえだけ	189（188）
入野谷山	いりのややま	69（68）
入山	いりやま	71
易老岳	いろうだけ	105（104）
仮称岩倉山	いわくらやま	136

う

塩尻市の上野山	うえのやま	4
上ノ山展望広場	うえのやまてんぼうひろば	4
兎岳	うさぎだけ	102
牛ヶ城	うしがじょう	41
氏乗山	うじのりやま	88
牛牧山	うしまきやま	182
空木岳	うつぎだけ	192（188・197・198）
卯月山	うづきやま	113
姥神峠	うばがみとうげ	248
仮称売木峠山	うるぎとうげやま	139

え

恵那山	えなさん	170・171
南アルプス烏帽子岳	えぼしだけ	99
飯島町の烏帽子岳	えぼしだけ	199

お

御池山	おいけやま	111
近江山	おうみやま	16・17
大入山	おおいりやま	79
大萱山	おおがやさん	91
大川入山	おおかわいりやま	149
大沢岳	おおさわだけ	102・103
大沢山	おおさわやま	52
大芝山	おおしばやま	6
大島山	おおじまさん	203
大城山	おおじょうやま	14
大鈴山	おおすずやま	226（224）
辰野町の大滝山	おおたきやま	21
大棚入山	おおだないりやま	246
大津山	おおつやま	152
大西山	おおにしやま	93
大松尾山	おおまとうやま	73・90
大嶺山	おおみねさん	77
小川路峠	おがわじとうげ	114・115
奥三界岳	おくさんがいだけ	213・214
奥茶臼山	おくちゃうすやま	95・96
奥念丈岳	おくねんじょうだけ	199
奥峰	おくみね	255
押出山	おしでやま	119
押ノ沢山	おしのさわやま	180
尾高山	おたかやま	96
男埧山	おだるやま	205
鬼ヶ城山	おにがじょうやま	88
鬼ヶ城	おにがしろ	133
恩田大川入山	おんだおおかわいりやま	149
御嶽山	おんたけさん	238・239・240・241・242
宮ノ越の御嶽神社	おんたけじんじゃ	247

か

加加森山	かかもりやま	106
鍵懸山	かぎかけやま	157
飯田市の風越山	かざこしやま	178
木曽上松町の風越山	かざこしやま	223

木祖村の風吹峠	かざふきとうげ	251
風巻峠	かざまきとうげ	65 (63)
笠松山	かさまつやま	108 (104)
笠松	かさまつ	177
野口の春日城址	かすがじょうし	36
加瀬木山	かせぎやま	227 (224)
月蔵山	がつぞうざん	50
金森山	かなもりやま	115・118
高山市の鎌ヶ峰	かまがみね	263
釜無山	かまなしやま	53
鎌根	かまね	135
上烏帽子山	かみえぼしやま	82
上黒田山	かみくろださん	153
上河内岳	かみこうちだけ	105
仮称上垂山	かみだれやま	244
神谷峠	かみやとうげ	249
亀沢山	かめざわやま	163・164
萱野高原	かやのこうげん	35
萱場山	かやばやま	140
飯島町の傘山	からかさやま	74
からたきの峯	からたきのみね	8
鹿嶺高原	かれいこうげん	51
神ノ峯	かんのみね	112
観音山	かんのんやま	128
汗馬山	かんばやま	163

き

木曽川源流の里	きそがわげんりゅうのさと	256
木曽福島スキー場	きそふくしまスキーじょう	257
木曽前岳	きそまえだけ	196 (194・195)
木曽峰	きそみね	156
北荒川岳	きたあらかわだけ	67
切立山	きったてやま	259
鬼面山	きめんざん	83
経ヶ岳	きょうがたけ	25・26 (23・24)
霧訪山	きりとうやま	6
桐山	きりやま	147

く

熊沢岳	くまざわだけ	192
熊伏山	くまぶしやま	126
黒石岳	くろいしだけ	120
黒覆山	くろおおいやま	193
黒河山	くろかわやま	71
黒川山	くろかわやま	188
黒沢山	くろさわやま	28・29 (27)
伊那市の黒檜山	くろべいやま	66 (63)
桑沢山	くわさわやま	18

け

喬木村の毛無山	けなしやま	86・87
源四山	げんしやま	143

こ

鯉子山	こいごやま	171
飯田市の虚空蔵山	こくぞうさん	178
小河内岳	こごうちだけ	99
小式部城山	こしきがじょうやま	31
小城頭	こじろがしら	157
越百山	こすもやま	198 (197・199)
小瀬戸山	こせどやま	64 (63)
小八郎岳	こはちろうだけ	199
小秀山	こひでやま	234・235
甲斐駒ケ岳	こまがたけ	59
木曽の駒ケ岳	こまがたけ	189 (188)
小三笠山	こみかさやま	243
伊那市の権現山	ごんげんやま	38
飯田市久堅の権現山	ごんげんやま	113
権兵衛峠	ごんべえとうげ	..30 (183・184・185)

さ

才ノ神	さいのかみ	146
座光寺富士	ざこうじふじ	179
笹山	ささやま	71
椹谷山	さわらたにやま	237
三階峰	さんがいみね	166
三沢岳	さんのさわだけ	189 (188)

し

塩見岳	しおみだけ	67 (63)
賤母山	しずもやま	208
地蔵岳	じぞうだけ	61 (60)
下烏帽子山	しもえぼしやま	82
蛇峠山	じゃとうげやま	150
十六方	じゅうろっぽう	143
城ヶ根山	じょうがねやま	210
将棊頭山	しょうぎかしらやま	183・187 (184・185・186)
庄田山	しょうだやま	155
簫ノ笛山	しょうのふえやま	191 (188・190)

信州の山　南部326山　索引

宮田村の城山	じょうやま	40
阿智村の城山	じょうやま	167
飯田市の城山	じょうやま	175
木曽町の城山	じょうやま	245
白草山	しらくさやま	236
白倉山	しらくらやま	123・124
白沢山	しらさわやま	92
尻無山	しりなしやま	191（188・190）
白岩岳	しろいわだけ	54
代立	しろたて	143
朝日村の城山	しろやま	2
辰野町の城山	しろやま	13
大桑村の城山	しろやま	217・218
木曽町西野峠の城山	しろやま	261
新栄山	しんえいざん	135
甚太郎山	じんたろうやま	231（224）
陣馬形山	じんばがたやま	76（75）

す

飯田市の水晶山	すいしょうざん	175
すだれ山	すだれやま	118
砂小屋山	すなごややま	215
摺古木山	すりこぎやま	199
摺鉢山	すりばちやま	209

せ

せいきらし山	せいきらしさん	152
青田山	せいだやま	94
石灰山	せっかいやま	160
仙涯嶺	せんがいれい	198
尖剣山	せんげんやま	7
仙丈ヶ岳	せんじょうがたけ	59・61（60）
千本立	せんぼんだち	145

そ

袖山	そでやま	129
卒塔婆山	そとばやま	232（224）
曽山	そやま	116・117

た

台ヶ峰	だいがみね	229・230（224）
喬木山	たかぎやま	89
高烏谷山	たかずやさん	42
高関山	たかせきやま	84
高曽根山	たかそねやま	219
高樽山	たかたるやま	233
木祖村の高遠山	たかとうやま	253
高土幾山	たかときやま	207
高鳥屋山	たかどやさん	173・174
高嶺	たかね	148
鷹巣山	たかのすやま	181
仮称高畑	たかはた	138
大鹿村の高森山	たかもりやま	90
飯田市の高森山	たかもりやま	112
大桑村の高山	たかやま	220
岳ノ山	たけのやま	153
立俣山	たちまたやま	109
辰ヶ峰	たつがみね	260
立ヶ峰	たてがみね	255
樽上	たるうえ	258

ち

南アルプス茶臼岳	ちゃうすだけ	105
根羽村の茶臼山	ちゃうすやま	139
中央アルプス茶臼山	ちゃうすやま	183・194（184・185・186）
長興寺山	ちょうこうじやま	3
長者峰	ちょうじゃみね	148
千代峠	ちよとうげ	118・119

つ

栂立山	つがたてやま	82
栂村山	つがむらやま	94・95

て

光岳	てかりだけ	106
寺屋敷	てらやしき	201
伊那市の天神山	てんじんやま	49
天然公園	てんねんこうえん	212

と

天龍村の峠山	とうげやま	131
木祖村の峠山	とうげやま	252
とうじあげ山	とうじあげやま	133
東方子	とうほうし	147
飯田市の戸倉山	とくらさん	122
伊那富士戸倉山	とくらやま	45・46
鶏冠山	とさかやま	107
戸澤	とざわ	132
鳥倉山	とりくらやま	98

鳥捕山	とりほやま	227（224）
どんねま	どんねま	254

な

中沢	なかざわ	73
中曽倉	なかそくら	72
木曽の中岳	なかだけ	189（188）
長根山	ながねやま	165
長畑山	ながはたやま	16・17
中盛丸山	なかもりまるやま	102
南木曽岳	なぎそだけ	206
梨ノ木山	なしのきやま	144
梨子野山	なしのやま	173・174
夏焼山	なつやけやま	204
鳴雷山	なるかみやま	5

に

仮称新野峠山	にいのとうげやま	134
仮称西沢山	にしざわやま	244
西股山	にしまたやま	232（224）
西峰山	にしみねやま	152
二本松山	にほんまつやま	85
入笠山	にゅうかさやま	52
楡沢山	にれさわやま	15

ね

念丈岳	ねんじょうだけ	199

の

野池山	のいけやま	161
南アルプス伊那市側鋸岳	のこぎりだけ	56（55）
南アルプス富士見町側鋸岳	のこぎりだけ	57
除山	のぞきやま	97
野麦峠	のむぎとうげ	264

は

袴越	はかまごし	127
兀岳	はげだけ	204
箱岩山	はこいわやま	236
伊那市の鉢伏山	はちぶせやま	47・48
朝日村の鉢盛山	はちもりやま	9・10・11
根羽村の鉢盛山	はちもりやま	141
八尺山	はっちゃくやま	154
伊那市の鳩吹山	はとぶきやま	37
花戸屋	はなとや	32

馬原山	ばばらやま	78
半僧山	はんぞうやま	156

ひ

日影山	ひかげやま	80
東川岳	ひがしかわだけ	192（198）
日向山	ひなたやま	80
日の入山	ひのいりやま	166
檜尾岳	ひのきおだけ	189（188）
陽船山	ひふねやま	155
平森山	ひらもりやま	123・124
仮称平谷峠山	ひらやとうげやま	144
平谷山	ひらややま	109（104）

ふ

風穴山	ふうけつやま	199
富士見台	ふじみだい	172
二児山	ふたごやま	70・71
飯田市の二ッ山	ふたつやま	176
不動峰	ふどうみね	48
分外山	ぶんがいざん	158

へ

弁当山	べんとうやま	156

ほ

宝剣岳	ほうけんだけ	189（188）
坊主岳	ぼうずだけ	19・20
法全寺	ほうぜんじ	159
仏谷	ほとけだに	22
本高森山	ほんたかもりやま	199

ま

前高森山	まえたかもりやま	202
荒川前岳	まえだけ	99
前茶臼山	まえちゃうすやま	94・95
前聖岳	まえひじりだけ	102（104）
松沢山	まつざわやま	166
松峰	まつみね	61（60）
伊那市の丸山	まるやま	64
阿南町の丸山	まるやま	151

み

三笠山	みかさやま	243
根羽村の三国山	みくにやま	142

信州の山　南部326山　索引

木祖村の三沢山	みさわやま	255
木曽町の水沢山	みずさわやま	246
手良の水無山	みずなしやま	36
三ッ石山	みついしやま	58
三界山	みつがいさん	43・44
三つ峰	みつみね	34
木曽町の三ッ森	みつもり	262
南越百山	みなみこすもやま	198（199）
南駒ケ岳	みなみこまがたけ	198（197）
南沢山	みなみさわやま	172
見晴山	みはらしやま	164
三峰岳	みぶだけ	62

む

仮称向山	むかいやま	134
昔高森	むかしたかもり	137
麦草岳	むぎくさだけ	196（194・195）
権兵衛峠の無線中継所	むせんちゅうけいじょ	30 （183・184・185）

も

本山	もとやま	81
物見や城	ものみやじょう	39
守屋山	もりやさん	33・34
遠山郷の森山	もりやま	121
守屋山城跡	もりややまじょうせき	49

や

谷京峠	やきょうとうげ	122
しらびそ峠の焼山	やけやま	111
八嶽山	やたけさん	129・130
飯田市の矢筈山	やはずやま	110（104）
山形村のてっぺん	やまがたむらのてっぺん	1
山吹山	やまぶきやま	250

よ

夜烏山	よがらすやま	169
横川山	よこかわやま	172
横山	よこやま	221
吉田山	よしだやま	202

わ

塩尻市の若神子山	わかみこさん	12

新九郎の滝

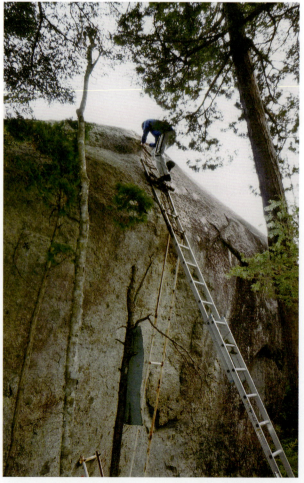

糸瀬山ののろし岩

宮坂七郎（みやさかしちろう）　著者略歴

1946年（昭和21年）長野県岡谷市に生まれる。

本格的登山は20歳の時、八ヶ岳をホームグランドに、立山連峰・北アルプス・南アルプス・中央アルプス・八ヶ岳連峰の登山道のすべてのコースを歩き続けてきました。

冬季はもっぱら山梨県の山を歩き、いつの間にか山梨百名山（百名山だの二百名山には興味は有りませんが）を登り終えていました。

一度は「逍遥山河会」（しょうようさんがかい）と云う山岳会を作り、リーダーとして老若男女を山にいざなったことも有りましたが、出版するのを期に解散し現在はピークハンターで単独登山を行っています。

どこの山岳会にも属さず、肩書も無い普通の登山者です。

山岳本が一段落いたしますれば、本来の大目的である水彩、油絵の山絵を本格的に始め、更に陶芸を再開する所存です。

信州の山　南部326山

2017年5月3日　　発行

著　者　宮坂七郎
　　　　〒399-4501　伊那市西箕輪4230-116
発行所　信毎書籍出版センター
　　　　〒381-0037　長野市西和田1-30-3
　　　　TEL 026-243-2105　FAX 026-243-3494
印刷所　信毎書籍印刷株式会社
製本所　株式会社渋谷文泉閣

定価はカバーに表示してあります。万一落丁・乱丁がありました場合は、お取り替えします。
Ⓒ Shichiro Miyasaka 2017 Printed in Japan
ISBN978-4-88411-142-7